三越 誕生!

帝国のデパートと近代化の夢

和田博文
Wada Hirofumi

筑摩選書

三越　誕生！　帝国のデパートと近代化の夢　目次

三越　誕生！　帝国のデパートと近代化の夢

100年前の百貨①——室内装飾

上:三越が室内装飾を担当した染井の松平伯爵邸の食堂（『三越』1913年11月号）。19世紀末のウィーン分離派（セセッション）の様式を取り入れている。左下:三越の小芸術品展覧会に出品された、バーナード・リーチの花器（『三越』1913年3月号）。右下:三越の洋画小品展覧会に出品された、正宗得三郎の水彩画「永代橋」（『三越』1913年4月号）。

100年前の百貨②——食器類

1

2

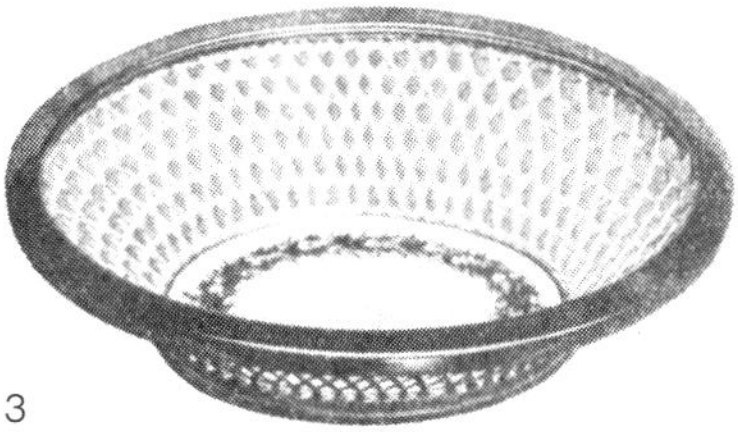

3

4

5

1:オーストリア製の「酒杯及菓具組合せ器」(『三越』1913年3月号)。2:イギリス製の「スパークレット・サイホン瓶」と「圧搾瓦斯玉」で、家庭でサイダーを作る機器。3:ドイツ製で、縁がニッケルのフルーツを盛る陶器。4:ニッケルでできたドイツ製コンビネーションエッグセット、スプーン付き(いずれも1913年6月号)。5:発明されたばかりの「魔法函」(『三越』1913年1月号)で、乳児のために牛乳を約10時間保温できるという。

100年前の百貨③——ファッション

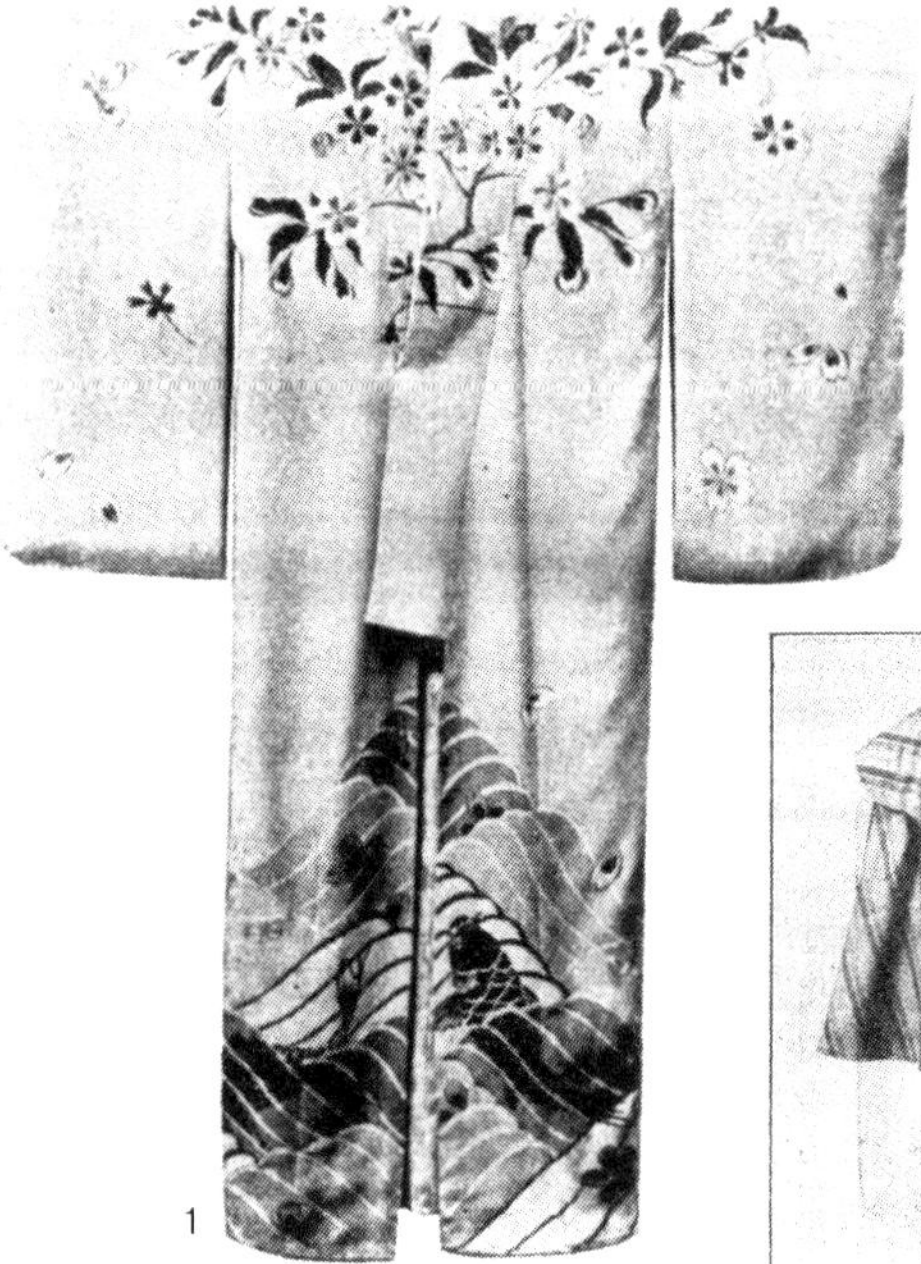

1

2

3

4

5

1:帝国劇場のスター女優・森律子が、1913年にヨーロッパを訪問する際に、三越が調製した二枚襲地の着物（『三越』1913年4月号）。2:小児用のケープ付き縞ラシャのマント。3:白獅子の毛皮を付けたケープ。2歳から7、8歳用、色は白、浅黄、淡紅などがあった（いずれも『三越』1911年10月号）。4:夏向きの白ズック製の編上靴（『三越』1913年6月号）。5:海水浴用のメリヤスシャツ（『三越』1913年7月号）で、3歳用から大人用まで取り揃えていた。

100年前の百貨④——コスメティック

1

2

3

4

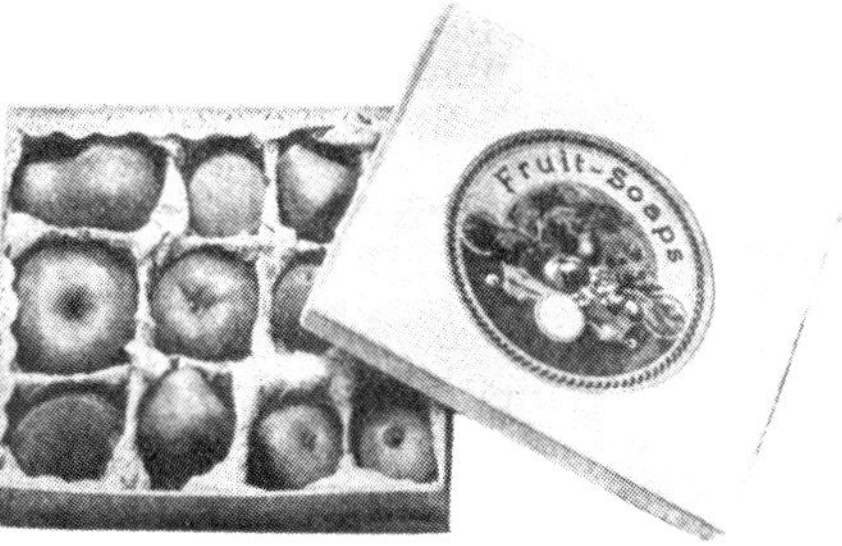

5

6

1:サイクラメン社の「紙白粉」(『三越』1913年7月号)。2:ロシア製のオデコロン香水「夏季洗面手巾《ハンケチ》用」。3:フランス・ピノウ社製の「含嗽用香水」(いずれも『三越』1913年6月号)。4:「浴湯用香料」のセルザルマチツク(『三越』1911年11月号)、浴槽に大匙1杯を注ぐと、香気が立ち上ってくるという。5:林檎・かりん・杏・梅・桜の実など12種類の「果物石鹼」(『三越』1913年7月号)で、進物用として勧めている。6:最新式ゴム製エラスティクブラシ(『三越』1913年6月号)

100年前の百貨⑤——光学機械

左上:「家庭用活動写真機」(『三越』1913年8月号)で、フィルムと「幻燈画」が付いていた。右上:ロンドンで発売が開始された「KINORA MOTION PHOTOGRAPHY」の広告(『三越』1913年6月号)で、「活動写真台」とフィルムを販売している。左下:写真機のイカニクゼ(『三越』1913年11月号)。右下:松田金三郎が撮影したこの写真は「懸賞募集当選写真」(『三越』1913年10月号)の1枚で、写真機の販売によって家族のアルバムが成立するようになる。

序章

日本のハロッズを目指して――デパートメントストア宣言と「学俗協同」

日本のデパートは、いつ頃、どのように誕生したのだろうか。日露戦争で最大の激戦地となった旅順の二〇三高地を、陸軍が第三回総攻撃で占領したのは一九〇四（明治三七）年一二月五日である。この月に発行された三井呉服店のＰＲ誌『時好』に、濱田四郎の「朝鮮だより」が掲載されている。三井に関わる二つの小さいエピソードを、濱田は次のように紹介した。一つは京城で公使を訪問したときのことで、応接室に三井製のクッションが使われている。彼は思わず微笑を浮かべた。もう一つは平壌で驟雨を避けるために、「韓屋《かんおく》」に入って「温突部屋《オンドル》」に案内されたときのことである。壁や天井には『時好』の頁が、壁紙代わりに貼り詰められていた。「韓人」の主人は、日本が韓国を「扶殖する」（盛り立てる）時代になったので、「貴下等が日本人なり」とおっしゃる必要はない、「日本人」と「韓人」の区別はない方がいいと語ったという。

二つのエピソードは、三越呉服店の歴史が、日本近代の歴史と、折り重なるようにスタートしたことを示している。三越の草創期を確認しておこう。一九〇四年一二月二〇日に三井呉服店と三越は、連名の挨拶状を取引先や顧客に送った。同月六日の総会で、株式会社三越呉服店が設立され、日比翁助《ひびおうすけ》が専務取締役に就任したからである。二一日からは三越としての営業が始まる。挨拶状の内容は翌年一月に、全国主要新聞紙と『時好』に発表された。三越は販売商品の「種類を増加」し、「衣服装飾」を一つの建物の中だけで揃えられるようにして、「米国に行はる、デパートメント、ストーアの一部を実現」していくと、そこには記されている。いわゆるデパートメントストア宣言である。さらに「店舗改良」のために、アメリカに派遣中だった店員の林幸平が、近く調査を終えて帰国するので、アメリカの「最新式の店舗改良法」が三越に反映されることになると、挨拶状は結ばれている。

林幸平の署名はないが、「滞米雑記（在紐育店員報）」（『時好』一九〇五年四月号）は調査のレポートである。ニューヨークの人口五〇〇万人の多数を占める中流階級の生活は、日本人の目で見ると驚きの連続だった。高層のアパートメントハウスにはエレベーターが設置されている。各室の温度はヒーターで一定に保たれ、いつでも熱湯を使うことができる。室内の光景は、日本とまったく異なっていた。客間には置物・植木・花瓶が並んでいる。食堂にはさまざまな食器が備えられ、居間や寝室は写真・化粧道具・金銀細工・宝石などで飾り立てられていた。つまり室内には商品が溢れている。衣服の流行（形や色）は変化に富み、彼らはシーズンごとに、フォーマルなドレスや、カジュアルなファッションを購入していた。

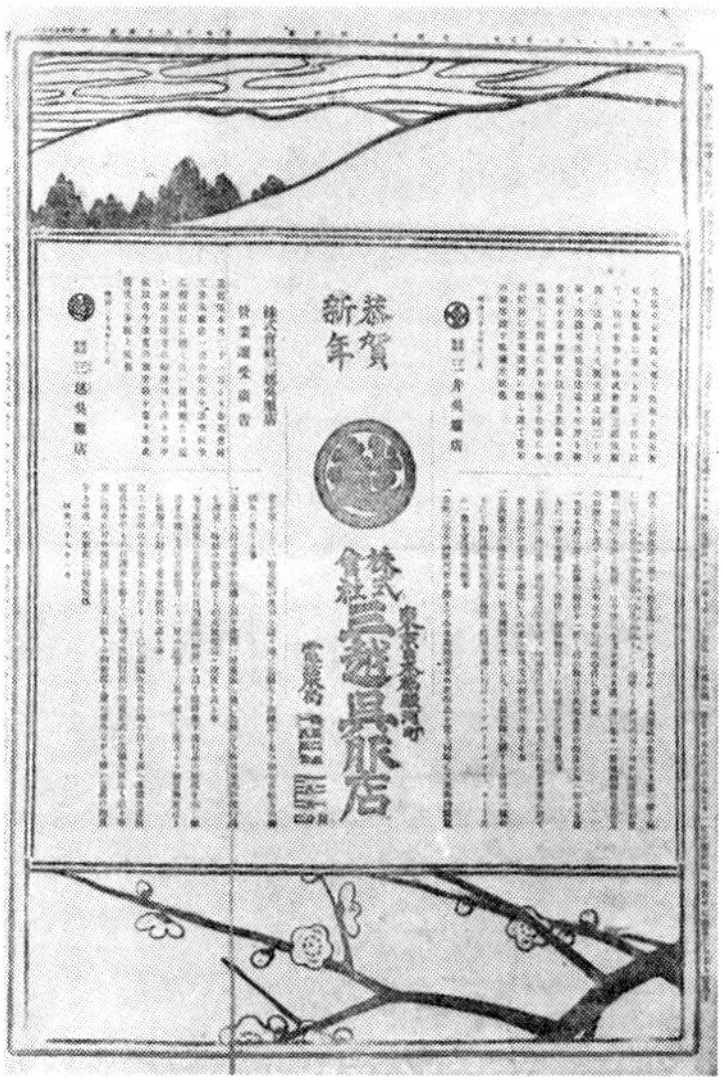

1908年1月3日の『都新聞』に掲載されたデパートメントストア宣言（『大三越歴史写真帖』1932年11月、大三越歴史写真帖刊行会）

ショッピングの光景も日本とは異なる。ニューヨークの市民は、どのように買物をしていたのだろうか。レポートによれば、夫婦は相談しながらお互いの衣服を選んでいた。仕事帰りに「某商店」で待ち合わせて、試着をしながら意見を交換する姿は、他人が見ても「美《うる》はしく」感じられる。銀製のナイフ・フォーク・スプ

1910年のニューヨークのブロードウェイ（岡本米蔵『紐育市内外之地所』1912年1月、博文館）

ーンや、カットグラスの食器、花模様の陶器を購入することもある。肉や野菜でいっぱいの袋を、両手に持って帰宅する主婦の姿は、珍しくなかった。運び切れないほど買物をしたときは、夕食に間に合うように依頼すると、時間通りに商品を配達してくれる。レポートでは「某商店」になっているが、さまざまな種類の商品を買える、デパートの光景であることは間違いない。

デパートメントストァ宣言に明記されたように、三越が呉服店からデパートに業態を変えていく当初に、モデルとして想定したのは、アメリカのデパートである。日本で最初の試みだから、その成否を疑問視する声も出ていた。たとえば一九〇五年一月一三日の『東京朝日新聞』は、「時局雑俎」でこう述べている。「米国にて流行のデパートメント、ストア」をお手本に、三越呉服店は「被服附属品化粧品より漸次拡張して総ての日用品」を販売する方針だが、アメリカのように小売と卸売の価格差が大きいと、廉価で「大仕掛の小売店」を開いて多くの顧客を獲得できるが、「日本の商況」から判断するとデパートは「考へ物」ではないかと。三越もすぐに業態を変更できるとは考えていなかった。宣言はアメリカのデパートの「一部」を実現すると、控え目な言い方になっている。

三越呉服店の歴史は、日本近代の歴史とどのように交差しながら、スタートしたのだろうか。日清戦争後の一八九五年四月の日清講和条約により、清と朝鮮との冊封《さくほう》（君臣）体制は終わりを告げていた。その後の朝鮮半島は、南下政策を進めるロシアと、帝国を拡大させようとする日本が、対峙するエリアになっていく。一九〇四年二月一〇日に日露戦争が始まると、日本は朝鮮半島内の軍事行動を確保するため、同月二三日に日韓議定書を締結する。朝鮮半島に上陸した日本陸軍の第一軍は、四月三〇日〜五月一日の鴨緑江会戦でロシア軍を破った。さらに八月二二日の第一次日韓協約により、韓国は財政・外交顧問に、日本政府の推薦者を任用することになる。六年後の日韓併合条約に向けて、日本は朝鮮半島での影響力を強めながら、極東の帝国に成長しようとしていた。

濱田四郎「朝鮮だより」に出てくる「韓人」の主人の言葉は、そのような状況下で語られている。二つの光景を目撃した濱田は、三井呉服店の名前が、海を越えて朝鮮半島でも広く知られていることを実感した。エッセイはこう結ばれている。韓国では呉服類の価格が「内地の二倍」もする。「三井呉服店の如き老舗」が、韓国で販売を開始したら便利だという居留民の言葉が語るように、三井の名前は浸透していると。居留民のニーズに応じて、三越の韓国京城出張員詰所が開店するのは、二年後の一九〇六年一〇月二〇日である。その翌年の九月六日には、大連にも出張員詰所が設けられた。それらはやがて規模を拡大して、出張所や支店に昇格していく。

一九〇四年一二月に三越呉服店は、三井呉服店の営業を引き継いでスタートした。それは単なる呉服店の引き継ぎではなく、デパートへのスタートでもある。呉服を扱ってきた商店が、呉服

パリのボン・マルシェの絵葉書（刊行年不記載）

を中心に据えながら、百貨を扱う大商店を目指して、企業を近代化していく端緒についた。同時にそれは日清戦争・日露戦争を経て、東アジアの帝国に向けて歩む、日本の近代史と重なっている。日本の植民地や実効支配地に、三越の店舗が進出するのは、その一つの表徴にすぎない。一九世紀後半の西洋の帝国には、帝国を代表するデパートが存在する。イギリスのハロッズや、フランスのボン・マルシェ、ドイツのカー・デー・ヴェーや、アメリカのワナメーカーは、帝国の繁栄を象徴するように、豊かな商品を展示していた。同じように三越は、日本を代表するデパートを目指していく。

三越のデパート化を推進する日比翁助は、そのために「学俗協同」という方針を採用している。『みつこしタイムス』という誌名を『三越』に変更したとき、「新たに

『三越』を発刊するについて」（『三越』一九一一年三月号）で、日比はこう書いている。

『学俗協同』の精神は、嘗《かつ》て余が頭脳を去りたる事莫《な》し。しかも憾《うら》むらくは、わが販売部の進歩発展余りに急速にして、他のあらゆる部面を犠牲にするに非れば、其進歩に伴ふ能はず、わが『三越タイムス』の如きすら、往々にして販売部の広告機関たるに止まらんとしたり。是れ実に『学俗協同』の宿論に相反するもの、余の長く耐ゆる処に非ず、即ちこゝに別に『三越』を新刊し、屢《しばし》ば従来の『三越タイムス』に欠けんとしたる『学俗協同』の事に中《あた》らしめんとす。

日比翁助が主張する「学俗協同」とは、「学問に精《くわ》しく文芸美術に秀《ひい》づる碩学《せきがく》天才」の協力を得て、商業に携わる者が経営を行うことを意味している。それは『みつこしタイムス』を『三越』に変更する一九一一年の段階で、新しく打ち出した方針ではない。「余が十年の昔、雑誌『時好』を発刊したる亦此意に外ならず」と記すように、三越がデパートメントストア宣言を行う設立当初から、一貫している方針だった。その後の一〇年間の歴史のなかで、三越は「学」と「協同」して、流行会を立ち上げ、児童文化研究会を組織する。新しい流行を提案するときも、古今東西の児童の玩具を研究して新製品を作るときも、三越は文化人と手を携えて歩を進めてきた。

「学俗協同」は児童博覧会のようなイベントの、企画を生み出す母体になっている。一九一〇年六月の『みつこしタイムス』に、後藤逓信大臣談で「学俗協同論《児童博覧会に対する所感》」

が掲載された。後藤逓信大臣とは後藤新平。「自分は平生学者と俗人との距離を接近せしめたいと思つて居る。此両者間の距離を接近せしむるといふ事を以て、終生のつとめと信じて居る」と、後藤は語っている。それは児童博覧会に限定した話ではない。「農商工業の発達を計り、貿易の拡張をなす」際に、「学俗協同」は大きな力を発揮すると、後藤は考えていた。これは実体験に支えられた信念である。一八九八年三月に台湾総督府民政局長（三カ月後に民政長官）に就任した際、後藤は農政学者の新渡戸《にとべ》稲造を招聘する。新渡戸は臨時台湾糖務局長として、台湾の糖業を確立していく。新渡戸だけではない。植民地を経営するために、法学者や林学者などさまざまな学者が組織されている。

呉服店のデパート化は、留学から戻った帰朝者の家の光景を、商店の規模に拡大した試みに見える。森鷗外の妹の小金井喜美子に、「旅帰《たびがえり》、末子《すえこ》の病、骨牌《かるた》会」（『三越』一九一一年三月号）という小説がある。一篇はこう始まる。「山村の家では年の暮に押し詰まつて、主人が独逸から帰つた。印度洋経由だから、四〇日余りも掛かる。「シベリヤ鉄道なら、もうとつくに帰つて入らつしやるのだがなあ」と、末子の二郎は郵船会社の定期発着表を、自分の机の傍の壁に張り付けて置いたのへ、色鉛筆で筋を引いて見ては待つて居た」。喜美子が解剖学者の小金井良精《よしきよ》と結婚したのは一八八八年。良精は一八八〇年にドイツに留学して、その五年後に帰国している。鷗外も一八八四年にドイツに留学して、四年後に帰国した。研究者の帰国は、喜美子にとって身近な題材である。

ヨーロッパの土産品は、小説でこう描かれた。トランクから取り出される一つ一つの紙包みに、子供たちの視線は釘付けになる。姉にヴァイオリン、妹に櫛リボンを渡すときは、講釈がついた。ヴァイオリン店の女性スタッフの美しさや、リボンの陳列方法の話に、子供たちは目を輝かす。兄と弟のための最新式鉄時計は、音を確かめようと、手から手へ渡されていった。アルバムや人形、ネックレスや化粧道具も出てくる。「現代名家の絵画の色刷」を見て、「流石違《さすが》ひますね」と嘆声が洩れる。ベルリン〜マルセイユ間の汽車の弁当の、ナイフとフォークですら、「こんな綺麗なのがお弁当に付いてゐますの、流石西洋です」と感嘆の声が上がった。「ニッケルの小さい丸い玉」に穴を開けた鎖付きの品物は、何に使う道具なのかというクイズになる。紅茶用の茶こしが珍しかったからである。

洋行から持ち帰る土産品は、海外の百貨である。この小説の場合、土産品の多くはドイツ製だろう。まだ日本で普及していない雑貨は、憧憬の対象になる。茶こしはさっそくその夜に、試してみることになった。仮に日本で同種のものを購入できても、ヨーロッパから運ばれてくると輝いて見える。「銭入一つ、ペン軸一本」にも、「独逸人は緻密な、商業に抜目の無い性質を発揮」すると評価が下された。家庭での土産品の陳列は、デパートの陳列のミニチュア版である。数個のトランクを、数十個数百個のトランクに拡大すれば、デパートの陳列場の光景が見えてくる。

日比翁助が考えていた「学俗協同」の「学」、すなわち帰朝者は、西洋のデパートを体験している。しかし呉服店をデパートに再編する責任は、「学俗協同」の「俗」、つまり商業に携わる側にある。最新流行の百貨を買い付けるためには、西洋に毎年、店員を派遣することが必要だろう。特定の技術の修得のためには、店員を留学させなければならない。経営陣自らの、西洋のデパー

ハロッド（中央）と共に写る日比翁助（右）（『大三越歴史写真帖』1932年11月、大三越歴史写真帖刊行会）

巖谷小波『巴里の別天地——大日本大使館装飾記』（1908年5月、三越呉服店）の表紙。

トの視察も求められる。日比もヨーロッパやアメリカのデパートの実地踏査を、一九〇六年四月～一一月に執行《しぎょう》弘道と行っている。『時好』同年四月号と一一月号には、二人の連名で出発と帰国の挨拶が出ている。濱田生「英国の模範的小売大商店《デパートメントストーア》（我三越呉服店が則《のっと》るべきデパートメントストーア）」（『日本の三越——大阪支店開設紀念』一九〇七年五月、三越呉服店）は、「吾人の理想は我三越をして第二のハーローヅ即ち東京のハーローヅ」にすることだと述べた。これは日比が実地踏査で得た感懐の代弁でもある。デパートメントストア宣言から二年が経過したとき、三越経営陣の視線は、アメリカのデパートではなく、イギリスのハロッズを捉えていた。

　デパートメントストァ宣言をしたからといって、呉服店がすぐにデパートに変身できるわけではない。西洋のデパートと肩を並べるデパートの誕生は、鉄筋コンクリート構造で地下一階、地上五階の、本店新館が開店する一九一四年一〇月一日と考えていいだろう。それまでの一〇年間は、呉服店がデパートになるための試行錯誤の年月である。その一〇年間に三越は、西洋の帝国のデパートを模倣しただけではない。西洋のデパートを知ることで、西洋とは異なる自らの文化にも目を開かれていく。パリの日本大使館の新設に際して、三越が受注した内装の仕事は、その象徴的な例だろう。一九〇八年一月に完成するこの室内装飾を、巖谷小波は「巴里の別天地——大日本大使館装飾記」(『時好』同年四月号)で、「二十世紀の流行界に、特筆大書の第一位に置くべき」と称えた。

そこには日本画家・橋本雅邦の最後の作品も含まれている。「雅邦翁絶筆の竹」(『東京朝日新聞』一九〇八年一月一八日)によれば、パリ日本大使館の各室の意匠装飾を受注してから、三越呉服店は意匠部の久保田米斎と林幸平を中心にプランを練ってきた。応接室の竹の間は、室内すべてを竹で装飾することが決まる。ストーブの左右に飾棚を据え、袋戸にも竹を描くことになる。大使館は「第一流の画家」に依頼したいという注文を出した。橋本に白羽の矢が立つが、彼は闘病中であるⒸ一九〇七年八月中旬に久保田が橋本家を訪ねて依頼すると、早くも数日後には、完成したという連絡が来た。絹地六枚の袋戸に描かれた竹は、風に靡いているようで、病中の作とは思えない。「日本美術を海外に紹介すべき無二の好機会」という一言に刺激を受けて、橋本は病気を忘れたかのように描き続けた。この作品を最後に、橋本は二度と筆を執ることはなく、翌年一月一三日に帰らぬ人となっている。

100年前の百貨⑥——生活雑貨

1

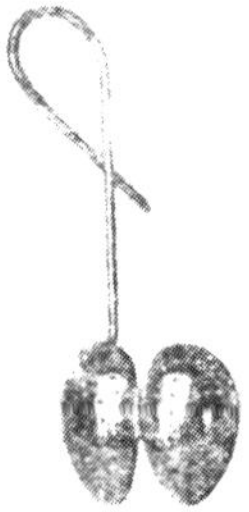

2

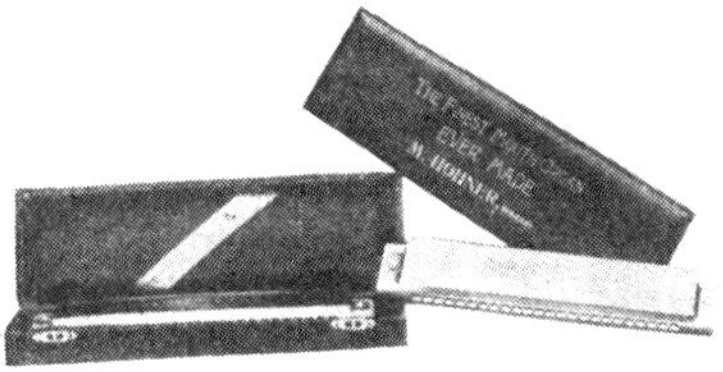

3

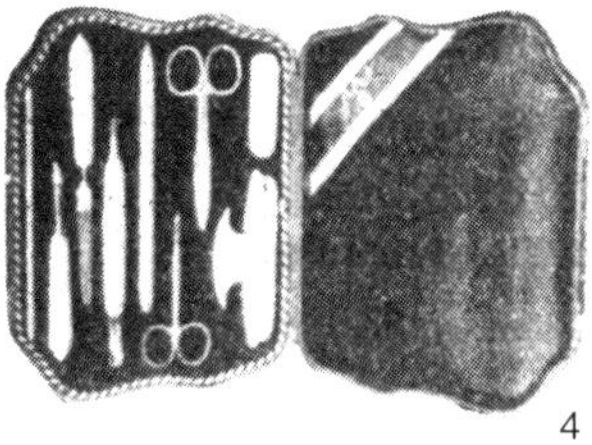

4

6

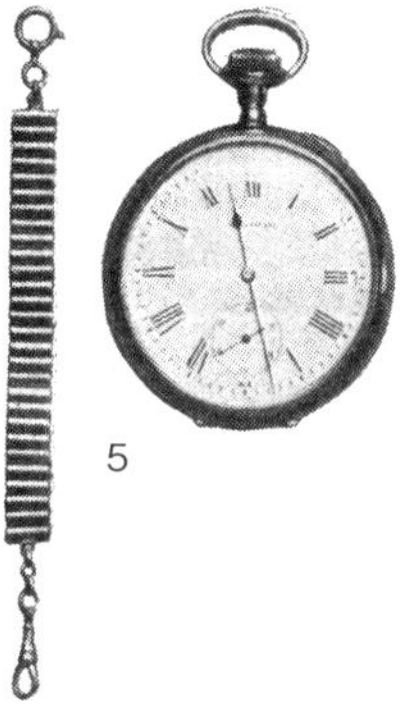

5

1:「三越新案タトー形スーツケース」（『三越』1913年2月号）で、注文によって大きさは変えることができた。2:「舶来紅茶漉」（『三越』1912年2月号）、3:「ハーモニカ」（『三越』1913年8月号）、4:「爪掃除具」（『三越』1913年6月）、5:米国ウォルサム会社製懐中時計と「十八金白金交りハツ橋形短鎖」、6:「ハンドル附オペラグラス」（いずれも1913年9月号）

第一章

極東の帝国とデパートへの道

1　三井呉服店から三越呉服店へ

三越呉服店にとって一九〇四（明治三七）年は大きな節目の年となった。年末の一二月六日に株式会社三越呉服店を設立して、日比翁助が専務取締役に就任したのである。合名会社三井呉服店の営業を引き継ぎ、店章を「丸に越の文字」と定めた。株主に設立総会開催通知を発送した直後の一一月一九日に、『東京朝日新聞』は「三井呉服店の変更」という記事を掲載している。記事によれば三井家は、事業内容を銀行・物産・鉱山の三部門に限定する方針を固め、呉服店は閉鎖する方向で検討していた。その結果、大阪支店は閉店となり、東京本店は三井家の重役が引き継ぐことになる。三井高利が越後屋という呉服商を開業したのは一六七三年のことである。三井家の「三」と、越後屋の「越」の、頭文字を組み合わせて、三越は新たに出発した。

三井呉服店の営業を引き継いだので、一九世紀末から二〇世紀初頭にかけて、三井呉服店が押し進めてきた近代化の成果は、そのまま取り込まれる。近代化に伴う大きな変化の一つは、陳列場の開設である。日本の企業として最初のＰＲ誌になる『花ごろも』を、三井呉服店は一八九九年一月に発行している。月刊誌『時好』はその延長線上で一九〇三年八月に創刊された。この雑誌に連載された見物左衛門「三井呉服店縦覧記」は、店内の様子を今日に伝えている。

見物左衛門「三井呉服店縦覧記（十三）」（『時好』一九〇四年八月号）に、次のような一節がある。「陳列場の総ては今全く観了《みおわ》りぬ、この上は事務室の外《ほか》、他に観るべき処もなし。其事務員の働くさまを視るにつけても、学ぶふし多かるべしとは思へども、そは今回の目的に非ず。唯麗しき

上＝三井呉服店の外観（『大三越歴史写真帖』1932年11月、大三越歴史写真帖刊行会）。越後屋の暖簾を三井呉服店に掛け代える直前の、1894～95年頃の写真。配達用の箱馬車を、通りに停めているのが分かる
下＝三井呉服店の店内（『三越のあゆみ』1954年11月、三越本部総務部）。1895年11月に2階には、ガラス張りのショーケースの陳列場が新設された。1階の売り場は従来通りの座売りになっている

五彩の色を眼に残したるまゝ帰国して、知人にこの美観と用意の周到なることを吹聴するこそよけれ。偖伺《さて》ひたきは吾娘などの衣服にて地質は銘撰位にし下着、襦袢、裏地等をも合せて凡《およ》そ何程にて新調し得べきか」。呉服店内の景観（「美観」）や品揃え（「用意」）の素晴らしさは、故郷に帰って知人に吹聴するのに値する。この景観の新しさを支えていたのが陳列場である。

一八九五年八月に三井呉服店は、経営全般の大改革に乗り出した。仕入・意匠・売場・陳列場・外売・帳簿・計算・出納・誂物・庶務の係を新設して責任者を定め、経理は大福帳式から簿記式に改める。顧客の視線で眺めると、最も大きな変化は陳列場の設置である。この年の一一月に階上に新設した陳列場には、ガラス張りのショーケースを設置し、商品を展示した。顧客はショーケースの間を自由に移動して、多くの商品を見比べながら、選択できるようになる。店側が選んだ限定された品物しか見られない、座売りの方式と比べると、選択肢ははるかに増え、遠慮や気遣いの必要もなくなった。座売りから陳列へという販売方式の変革は、五年後の一九〇〇年一〇月になると、東京本店全体に拡大する。ショーケースの間を見て回る顧客の様子は、見物左衛門「三井呉服店縦覧記（十）」（『時好』一九〇四年五月号）にこう描かれている。

硝子函の相対せる間を通れば、そこには、襟飾《ネクタイ》、ハンケチ、靴足袋、帯、其他各種のもの、陳《なら》べられたるあり。其中には外国の地を踏まざる我には、観るが初めての品多く、一々用途を聴きて会得するなりけり。可笑《おかし》かりしは、形状の変りたる頭巾ありしを姪の土産に購求《もと》めんかと、店員に談《かた》れば、それは茶鑵《ちゃいれ》の湯の冷めざらんため被せおくものなりと答へられたることなり。

これに懲りて、後は此の絹は何に使ふにや、彼の織物は何の用にやと五月蠅《うるさ》く問ひしは迷惑のことなりしならむも、店員は、させる気色は少しもなく叮嚀に教へられけり、其一隅にありし、羽二重地に花の刺繡《ぬい》ある蒲団《クッション》を外人の枕かと問ひて、また笑はれける。

ショーケースに展示されているのは、日本人に馴染みのある品物だけではない。外国製の輸入商品や、輸出用の商品も陳列されている。洋行体験のない「我」は、初めて目にするものが多い。西洋風のリビングルームに置くソファを知らなければ、クッションを「枕」と思い込んでも不思議ではない。一八九六年に越後屋に入社した中村利器太郎の『私より見たる三越回顧録』（一九三六年八月、日本百貨店通信社）によると、三井呉服店は羽二重の輸出を企図して、一八九八年一二月に呉服部の出張所を横浜に開設し、翌年一一月に産地の越前福井に出張所を設けた。羽二重の暴落のため、二つの出張所は一九〇一年三月に閉鎖されるが、「三井呉服店縦覧記（十）」の「我」が見たクッションは、輸出用に作られた製品だったのだろう。

滞欧中の藤村喜七と山岡才次郎（『大三越歴史写真帖』1932年11月、大三越歴史写真帖刊行会）。1886～87年頃の撮影と思われる

同じように「我」が見たネクタイやハンカチは、輸入品だったのかもしれない。二〇世紀初頭の日本では、まだ男性の洋服は一般化していない。越後屋は三井呉服店と改称する前の

一八八八年一月、越後屋の西側に三越洋服店を開業したことがある。東京に洋服店を設置する目的で、藤村喜七は山岡才次郎を伴って、その二年前にフランスに旅立った。中村利器太郎『私より見たる三越回顧録』によれば、パリでフランス人女性の「裁縫師」を雇い、洋服店の開業にこぎつけている。「宮中の御用」を務めたこともあるが、三越洋服店自体は一八九五年一二月に閉鎖を余儀なくされた。鹿鳴館の開館は一八八三年一一月だが、その三年後には舞踏会が、欧化主義として非難の的になっている。洋服店の営業はまだ、時期尚早だったのである。しかしこの試行錯誤は、一九〇六年に三越呉服店が開設する洋服部につながっていく。

さて見物左衛門「三井呉服店縦覧記（十三）」の「我」は、陳列場を一回りしてから、商品の支払いを済ませ、店員に促されて休憩室に入る。「茶を喫し煙を吹し」ながらしばらく待っていると、別の店員から番号付きの小さい木札を渡された。入口の横の「御買上品差上所」に木札を出せば、商品を受け取れるので、それまでゆっくりとご休息くださいと、店員は「我」に語りかける。階下にも階上にも休憩室が設けてあり、接待係から茶菓子のもてなしを受けて、客はしばらく休むことができた。見物左衛門「三井呉服店縦覧記（十一）」（『時好』一九〇四年六月号）の「我」は、アメリカから輸入した蠟製のマネキン人形や、「西洋婦人用の首飾、襟飾」などを見て回るうち、午後一時になってしまう。帰宅しようとしたときに、店員から昼食を用意したと言われているので、大切な顧客には休憩室でランチを提供することもあったのだろう。

陳列場や休憩室という店内設備や、取扱商品以外にも、三井呉服店の近代化の成果は、三越呉服店に引き継がれている。美術家との強いつながりは、その一つである。一八九五年一二月に三井呉服店は意匠部を設置して、島崎柳塢《りゅうう》・高橋玉淵・福井江亭ら、一九世紀末から二〇世紀初頭に活躍する日本画家を嘱託として招き、新しい模様の開発に取り組む。見物左衛門「三井呉服店縦覧記（九）」（『時好』一九〇四年四月号）が、「飾函の右より十一番売場とて主に外国人向の品々を陳列せられたる処へ案内せられんとして、右方を見れば、広き卓子《てーぶる》に数名の画家の彩毫《さいごう》を揮《ふる》ひ居らる丶あり」と書いたのは、彼らの姿だろう。西洋的なデザインも、日本的なデザインも、三井呉服店では共存している。ちなみに高橋は一九〇〇年のパリ万国博覧会や、一九〇四年のセントルイス万国博覧会で、銅賞を受賞した美術家である。

女性店員の採用も三井呉服店時代に行われた。中村利器太郎は『私より見たる三越回顧録』で、次のように回想する。「初めて此の店で試験的に女子を採用したのは明治三十二年二月でありま す。その後三十三年の二月、一年経つて電話女子を採用したのであります。それから三十六年の六月に至つて初めて売場に女子を採用した、三十六年六月募集の時は、応募者四百四十九人、其の中採用二十六人、初めてこの二十六人が売場に立つことになつたのであります」と。二〇世紀を迎える頃に女性店員を採用し始めた三井呉服店は、女性の社会進出が目立つ一九三〇年代になると、高等女学校を卒業する女性たちの、花形の職場＝三越として、憧憬の対象になっていく。

三井呉服店では正札販売を行い、東京だけでなく地方にも、また海を越えて朝鮮半島や中国、西洋各国にも顧客を獲得していた。『時好』一九〇四年三月号に「御注文の栞り」が載っている。「当店の品物は総《すべ》て正札付なれば、御来店の上御買求め相成候とも亦地方より御書面にて御注文被下 候《くだされそうろう》とも値段に二様は無之候」と記すように、正札販売は中央・地方の価格差をなくし、品質保証の証になっていた。地方在住者や海外在住者が着物を注文するときは、性別・年齢・寸法や、模様・縞柄の好みを伝える。染物の場合は、色合い・御紋の大きさと数を連絡する。三井呉服店では見積書を作成し、模様物の場合は希望に応じて、下絵を郵送した。もちろん仕事や観光を兼ねて上京すれば、選択肢は格段に広がることになる。

2　日露戦争の戦況とナショナリズム

三越呉服店が三井呉服店の営業を引き継いだ一九〇四（明治三七）年は、日本が本格的に極東の帝国へ歩んでいく年でもある。急速な近代化を進行させた日本が、初めて植民地を獲得するのは、日清戦争後の一八九五年四月に結ばれる日清講和条約によってである。遼東半島・台湾・澎湖列島の割譲と、朝鮮の独立承認が、条約に含まれていた。しかしドイツ・フランス・ロシアの三国干渉により、日本は遼東半島の全面放棄を余儀なくされる。ロシアはその三年後の露清密約で、遼東半島にある大連・旅順の租借権と、東清鉄道敷設権を獲得した。さらに義和団事件後の一九〇〇年一一月に、ロシアは満州占領地域の独占的権益を手に入れる。清は列強のため半植民地の状態に陥っていた。

極東に不凍港を獲得したロシアは、旅順を太平洋艦隊の基地にする。さらに一九〇三年七月になると、東清鉄道の完成により、バイカル湖の航路を含めてだが、シベリア鉄道が全通した。ま

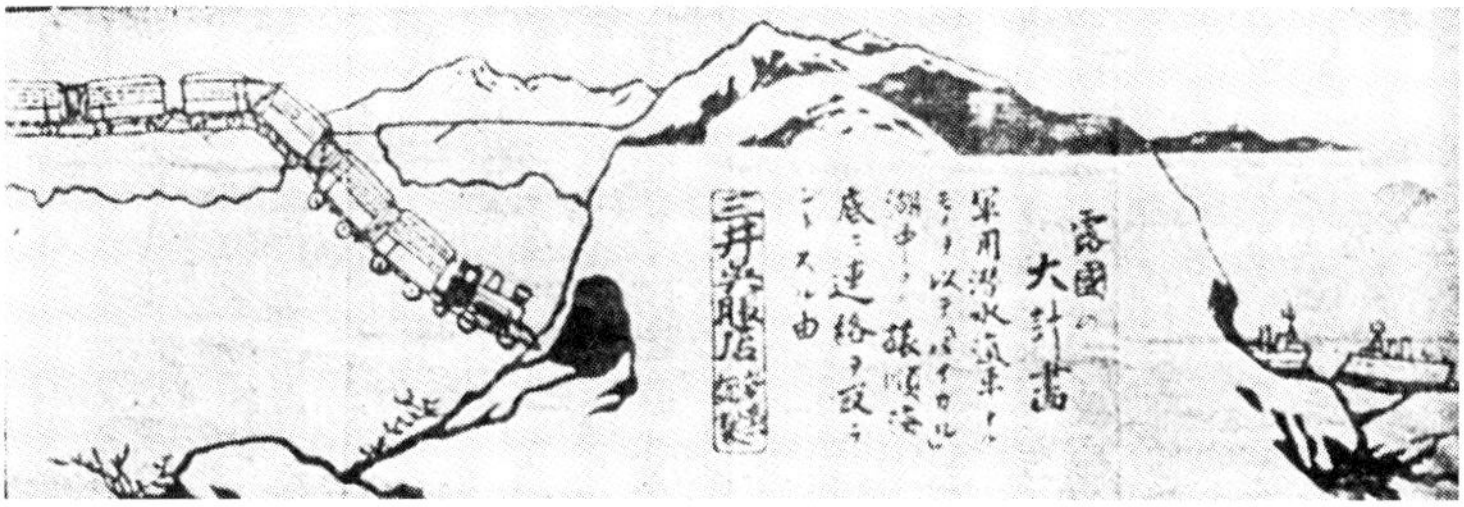

『時好』1904年5月号に掲載された「新案のポンチ手拭」。三井呉服店では3種類のポンチ手拭を調製したが、すぐに売り切れる状態だった。特に日本滞在中の外国人客に人気で、何度も増産しているという

だバイカル迂回線は竣工していないが、ロシアのヨーロッパ側から極東に向けて、軍隊を送り込むことができるようになる。帝国の拡大を目指す日本は、朝鮮半島を境として、ロシアと対峙することになった。一九〇四年二月八日に日本の陸軍先遣部隊が仁川に上陸し、連合艦隊が旅順港外のロシア艦隊を攻撃して、日露戦争が始まる。五月一日に第一軍は鴨緑江を渡って九連城を占領した。第二軍は二六日に南山を、三〇日に大連を占領している。ロシアの旅順艦隊はバルチック艦隊の東航を待つ作戦をとり、旅順港内に待機する。代わりにウラジオストク艦隊が日本の海軍と交戦した。

三井呉服店は戦地への恤兵品《じゅっぺいひん》（軍隊への寄付）の取り扱いを開始する。同店が販売する物品に限って、顧客の依頼で託送した。また戦捷ポンチ手拭や戦捷帛紗を発売している。図版は前者の一つ。バイカル湖は冬になると凍結する。ロシアは軍事力を輸送するため氷上鉄道を敷設した。「新案のポンチ手拭」（『時好』一九〇四年五月号）によると、バイカル湖の氷上列車事故を揶揄して、このポンチ絵は作られている。「かの陥落したりと云ふ列車は事実軍用潜水汽車にして、バイカル湖中より旅順海底に

『時好』1904年10月号掲載の「遼陽占領紀念手拭」

連絡を取らんとするの計画なり」と記事は説明する。春になると氷が溶けるので、氷上鉄道は利用できない。ロシアはバイカル湖迂回線の工事を急ぎ、一九〇四年九月に開通にこぎつける。

旅順にはロシアの堅固な要塞が築かれていた。陸軍は旅順攻撃のため、乃木希典《まれすけ》大将を司令官とする第三軍を編成する。八月一九日に第三軍は第一回総攻撃を行うが、死傷者一万五八六〇人を出して、攻撃は失敗に終わった。多くの死傷者が出たのは旅順だけではない。その直後の八月二八日に、第一軍・第二軍・第四軍は遼陽に向けて進撃を開始し、九月四日に遼陽を占領する。図版は、三井呉服店が販売した「遼陽占領紀念手拭」で、『時好』一九〇四年一〇月号に掲載されている。倒れたロシア兵を、三人の軍人が介抱する図である。両軍合わせて二八万人の兵士が戦った遼陽会戦で、死傷したのはロシア軍の兵士だけではない。日本軍の死傷者は二万三五三三人を数えている。

小説家の遅塚麗水《ちづかれいすい》に「軍人の妻」（『時好』一九〇四年八月号）という作品がある。日露戦争に出征中の香山樟雄《くすお》の、妻の勝子が内職をしていると、「日本大勝利の号外」という声が聞こえてくる。号外を手に入ってきた隣家の隠居に、何のニュースか尋ねると、南山の戦闘で勝利したという。この戦いで日本軍の死傷者は四三八七人、小説には三〇〇〇人と書かれている。その夜、勝子は夫が戦死する夢にうなされて、「あ、厭な夢を見た、切望《どうぞ》正夢にしたくない」と願う。しかしその直後に、夫の戦死を知らせる電報が届く。この小説のイデオロギーは、二人の子供に言い聞かせる、勝子の言葉に端的に表れている。「是れからは母様一人、お父様になり代つてお前方を成人させます」。戦死は「御国への御奉公」で、軍人の「名誉」であると、遅塚は考えていた。

旅順の要塞は難攻不落に見えた。一〇月二六日に第三軍は第二回旅順総攻撃を行うが、死傷者三八三〇人を出して撤退を余儀なくされる。一一月二六日の第三回総攻撃では、途中で方針を変更して、二〇三高地の攻略を優先した。ロシア旅順艦隊が碇泊する港内を、一望できる場所だったからである。この戦いで日本軍は一万六九三五人の死傷者を出すが、一二月五日に二〇三高地の占領に成功する。「旅順口包囲軍の中に在る弟を歎きて」という副題をもつ「君死にたまふことなかれ」を、与謝野晶子が『明星』に発表したのは、第一回総攻撃直後の一九〇四年九月である。大町桂月は「詩歌の骨髄」（『太陽』一九〇五年一月号）を書いて、与謝野を「不敬」「罪人」と非難した。そのような言葉を背後から支えていたのは、ナショナリズムの高揚である。

三越呉服店が設立されるのは、第三軍が二〇三高地を占領した翌日である。旅順要塞の戦闘はその後も続くが、一九〇五年一月一日にアナトーリイ・ステッセル司令官は降伏を申し出た。日本軍は一三日に入城する。旅順陥落を祝賀する東京市の式典は、一月七日に日比谷公園で開かれた。会場付近には数万人の群衆が集まり、松本楼の前から花火が打ち上げられている。「東京市大祝捷会の光景」（『東京朝日新聞』一九〇五年一月八日）は、会場から離れた日本橋区の呉服店の、当日の様子をこう伝えた。大丸呉服店は「桃太郎宝の山入りの縮緬細工」を、三越呉服店は「新年の山」として多くの織物を、白木屋呉服店は「洋服婦人の少女」を飾っていると。これらは通例の新年の飾りにすぎないが、街路に出ると紅白の垂れ幕が人目を引き、陸海軍旗や日章旗が戦勝気分を盛り上げていた。

日本軍入城後の一月二〇日に、実業団体の大祝捷会が催される。「昨夜の賑ひ」（『東京朝日新聞』一九〇五年一月二一日）によると、昼から夜まで、花火が間断なく打ち上げられ、日比谷公園の周辺は群衆で賑わった。銀座通りには電燈トンネルが設けられ、暗くなってくると、日比谷正門から多くの人々が東に向かう。そのために付近の露店は大賑わいになっている。新橋〜京橋間は電燈が一斉に灯され、各商店のイルミネーションが加わり、壮観な光景を作り出す。両側の「人道」は、人また人で埋め尽くされた。京橋から先の日本橋界隈でも、三越呉服店や三井銀行のイルミネーションが華やかに輝いている。

旅順を攻略した陸軍は、ロシア軍の拠点がある奉天を目指す。三月一日に総攻撃を開始し、一〇日には奉天の、一六日には鉄嶺の占領に成功した。日本軍は七万人を越える死傷者を出している。戦勝のニュースに接した人々が、日曜日の一二日に市内に繰り出し、「帝国万歳満州軍万歳」と祝ったことを、『昨日の賑ひと祝捷行列』（『東京朝日新聞』一九〇五年三月一三日）は伝えた。浅草や上野のような盛り場は大混雑。日本橋区も国旗や球燈で飾られ、華やかな雰囲気を醸し出していた。夜になると、三越呉服店と三井銀行が有名なイルミネーションを点じるというので、付近は雑踏を極める。祝賀行事は翌日も続いて、慶応義塾の学生ら二五〇〇人以上がたいまつ行列を行った。芝園橋を出発した彼らは、新橋・京橋を経て、三越呉服店の前を通過している。

陸軍の第三軍が旅順第一回総攻撃を行う直前の一九〇四年八月一〇日、ロシア旅順艦隊はついに出港する。しかし待ち受けていた連合艦隊に黄海海戦で敗れ、旅順に戻ってしまう。ウラジオストク艦隊は日本の陸軍運送船の撃沈など戦果をあげていたが、八月一四日の蔚山《うるさん》沖海戦で大きな損害を蒙る。三井呉服店が戦捷ポンチ手拭や戦捷帛紗を製作したように、三越呉服店も戦勝の記念品を作って販売した。図版は、「花吹雪」（『時好』一九〇五年四月号）が紹介する「東郷大将肖像織物」。「世界の英傑として雷名隠れなき我戦勝提督東郷海軍大将」の肖像を織り込んだ、室内用の壁飾りである。

三越呉服店が販売した「東郷大将肖像織物」（『時好』1905年4月号）

ただ東郷平八郎の名前が「世界の英傑」として有名になるのは、翌月の日本海海戦に勝利してからだろう。一九〇四年一〇月一五日にロシアのバルチック艦隊は、フィンランド湾外のリバウ港を出航し、半年以上かけて極東への長い航海を続けていた。翌年の五月二七日に連合艦隊と遭遇して、砲撃が始まり、戦闘は翌日まで続く。バルチック艦隊は戦艦など二一隻が沈没し、拿捕船や抑留船を含めると、艦艇のほとんどを失った。

それに対して連合艦隊の損失は、わずかに水雷艇三隻。海戦史上稀に見る一方的な結果である。日本海海戦を踏まえて、アメリカのセオドア・ルーズベルト大統領は、日本とロシアに講和を提案する。九月五日に日露講和条約が結ばれ日露戦争は終結した。

世界の戦前の予想を覆した、日本のロシアに対する勝利は、海外の眼を三越呉服店に向けさせる。「戦捷と日本服」（『読売新聞』一九〇五年六月一〇日）によれば、友禅染の着物を日本土産として購入する外国人は、以前から少なくはなかった。しかし日露戦争後に、着物を求める外国人が急増して、三越に多くの人々が訪れる。アームストロング社の代表者は黒玲瓏織繍《おりぬい》模様の袷《あわせ》、ドイツ武官は友禅縮緬の布、アメリカの富豪は白絹無垢袷や紋羽二重長襦袢というように、すでに百数十口の購入があったという。その他に書簡による注文も増加している。海外では婦人服の上着に付ける、「日本風」の刺繍が流行していた。極東の日本への関心は、消費の世界では、三越への関心に転化するのである。

3　三越の凱旋門と、三笠艦材記念品

日露講和条約が締結された翌月、東京市内では海軍の凱旋を迎える準備が着々と進んでいた。一九〇五（明治三八）年一〇月二〇日の『読売新聞』に、「市内凱旋歓迎準備」という記事が出ている。凱旋門は東京市内の各地に建設予定で、浅草の雷門跡や、上野公園の黒門跡にも、姿を現

することになっていた。三越も歓迎準備に怠りない。正面の入口には高さ四〇尺（約一二メートル）、間口一五間（約二七メートル）の、木造漆喰塗の門を建設する。南側の柱には「陸海軍万歳」と、北側の柱には「帝国万々歳」と記した。花模様を飾って、門の上は国旗と連隊旗で埋めている。側面にも木造の歓迎門が建てられた。正面の額には「歓迎」の二文字を入れ、夜は二〇〇個のアーク燈を灯している。

図版は、『時好』一九〇五年一一月号に掲載された「夜の三越凱旋門」の写真。同号の「三越の凱旋門」によると、新橋・京橋・日本橋の凱旋門と並ぶ、東京市中の四大凱旋門の一つだった。もちろん立派な凱旋門が話題になれば、三越呉服店の客足が伸びて、売上増加につながるだろう。

「夜の三越凱旋門」（『時好』1905年11月号）。10月24日に2頭の白馬が曳く花馬車で、東郷平八郎が三越前を通過したときは、車道の両側は鈴なりの見物客で一杯だった

しかしそれだけが建設の目的だったのではない。三越はナショナリズムに寄り添い、戦争終結後の凱旋を共に祝おうとしていた。

帰国する軍隊数・軍人数が多いので、凱旋のセレモニーは一日では終わらない。一九〇五年一〇月二三日の『東京朝日新聞』に、「日本鉄道汽車時刻改正」が掲載されている。凱旋軍隊の鉄道輸送は二八日からスタートする。そのため同日から、列車の時刻は全線で変更が予定されていた。日本鉄道は凱旋を祝うために、上野駅などの主要駅に旗を飾り、夜間はイルミネーションのスイッチを入れる。凱旋する兵士には、「戦捷紀念」として帛紗を贈ることになっていた。二羽の鳩と、軍旗をあしらった帛紗の調製は、三越呉服店が依頼されている。

凱旋する軍隊に先立ち、東郷平八郎連合艦隊司令長官を始めとする各司令長官は、一〇月二二日に凱旋入京した。この日は日曜日で、好天に恵まれている。「東郷大将凱旋雑況」（『東京朝日新聞』一〇月二三日）によると、「沿道は旗と人とを以て埋めたらんやうにて其盛況筆紙の能く尽すべきにあらず」という状態だった。一行を乗せた列車が到着する新橋停車場前の広場や、桜田門内に向かうコースは、立錐の余地がないほど群衆が集まり、無数の国旗が振られている。日比谷公園では砲兵隊の号砲に続き、花火が繰り返し打ち上げられた。音楽堂では英国艦隊の楽団が演奏を行う。東郷らの「勇姿」を見ようと集まった人々は、一行が行く先々で帽子を振り、両手を挙げて「万歳」を連呼した。祝賀気分を盛り上げるように花電車が市内を走り、三越呉服店も花自動車を繰り出している。

夜になるとイルミネーションの見物客で、市内は溢れ返った。「一昨夜の都下」（『東京朝日新聞』一〇月二四日）によると、新橋駅前の凱旋門のイルミネーションを目当てに、何万人なのか分からない「老幼男女」が集まってくる。特に一九〜二一時の時間帯は、見物客が去らないのに、新たな見物客が四方から押し寄せ、進むことも退くこともできない。銀座の博品館やビヤホール、天賞堂や明治屋など、イルミネーションは付近にいくつもあり、道路はすし詰め状態になった。巡査が声を涸らして交通整理をするが、押し合いへし合いで身動きできない。京橋から日本橋方面でも、三越呉服店や白木屋呉服店のあたりは人々でごったがえし、銀座と同じ混雑ぶりだった。

一〇月二三日に軍艦台南丸などを使って観艦式が行われ、その翌日は上野公園で大歓迎会が催される。二五日の『東京朝日新聞』は、関連記事に多くの紙面を割いている。後者を報じる「海軍大歓迎会」によると、歓迎会には東郷大将・各司令長官だけでなく、参謀幕僚や将校らも招待された。新橋駅から上野の東照宮まで、花馬車のパレードが行われる。花馬車は、車台から車輪まで、白・黄の菊の花や、杉の葉で飾られていた。沿道を埋め尽くした人々は、一行の姿が見えると「万歳」を叫ぶ。その声が、新橋から上野まで間断なく続いていくので、「東京全市」が「震動」していると思えるほどだった。「東郷大将歓迎沿道の光景」(『東京朝日新聞』一〇月二五日)で日本橋付近の様子を補っておこう。橋は紅白の布で巻かれている。沿道で歓迎する人々の中に、三五〇人の日本橋芸妓が含まれていた。彼女らの姿を認めた東郷は、微笑を洩らす。三越呉服店の歓迎門は「壮麗」で、

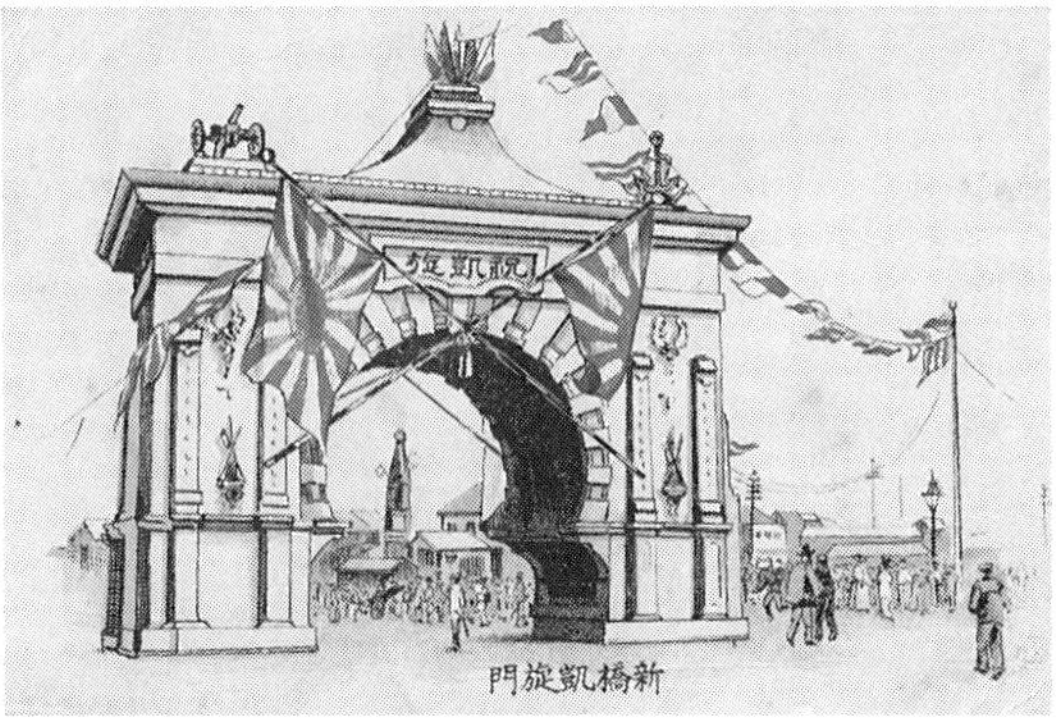

「新橋凱旋門」の絵葉書。裏面には「UNION POSTALE UNIVERSELLE CARTE POSTALE」と印刷されている

「日本橋凱旋門」の絵葉書。裏面には「UNION POSTALE UNIVERSELLE CARTE POSTALE」と印刷されている

角に設けた三井家一族の歓迎所も美しく飾られている。

　暗くなってからの人出も、しばらくは減ることがなかった。「市中一昨夜の賑ひ」（『東京朝日新聞』一〇月二五日）は、二三日夜の繁華が、前夜と同じであると伝えている。凱旋門が電光で輝き始める時刻になると、新橋・京橋・日本橋に数万人の群衆が集まってくる。身動きできない雑踏で、警部や巡査が剣の柄を握り、提灯を振って、止まらず進むように声を上げる。紳士の帽子はいつの間にか行方不明になり、婦人の髪型は崩れてしまう。片方の下駄がなくなって裸足の人がいる。怯えて親にすがりつく幼子もいる。三越呉服店や白木屋呉服店の前は、「耳を聾する」という形容がふさわしいほど、群衆の声が騒がしい。街路を走る電車は満員で、二三時を過ぎても混雑は続いていた。

　凱旋を祝うことは同じだが、三越呉服店と白木屋呉服店では、カラーの違いがおのずから出てくる。「ハガキ集」（『読売新聞』一一月一日）は、前者は「ハイカラ的」で、後者は「床の間の生花的」と評している。日本海海戦の結果が一方的な勝利だっただけに、連合艦隊を率いた東郷平八郎大将の凱旋に、人々は熱狂する。凱旋門やイルミネーションは、一日しか見ることができない仕掛けではない。しかし群衆は毎日、押し寄せてきた。彼らの最大の目的が、凱旋門やイルミネーションではないように見えても不思議ではない。「一昨夜市中の光景」(『東京朝日新聞』一〇月二六日)は、こう述べている。「彼等は賑ひを見んために出で来りて、自《みずか》ら其「賑ひ中」のものと化した」と。実はそれこそが、ナショナリズムの熱狂の本質かもしれない。

一九〇五年一〇月の凱旋は、海軍の凱旋で、陸軍の凱旋はその後に続いた。「三越呉服店の陸軍歓迎」(『東京朝日新聞』一一月一六日)によれば、三越の凱旋門は当初、海軍用の装飾を施していたので、陸軍に因む装飾に変えることになる。特に大きな変化は、凱旋門の全体を、陸軍の軍服に合わせて、カーキ色に塗り替えることだった。翌年二月一七日の『東京朝日新聞』に、「第二回歓迎会沿道雑感―上野より万世橋まで」という記事が掲載されている。陸軍の野戦砲兵第一中隊を先頭に行われたパレードのニュースである。「三越の凱旋門例によりて花々しく」という記述が、そこには含まれている。

日本海海戦で連合艦隊司令長官東郷平八郎が乗り込んだ旗艦は、イギリスの造船所で建造され、一九〇〇年に進水した戦艦三笠である。日本海海戦から五カ月後、『時好』一九〇五年一〇月号に掲載された「軍艦香取進水式紀念絵はかき《ママ》」には、こう書かれている。「我が東郷大将座乗軍艦三笠艦が、過日痛嘆すべき不慮の出火によりて沈没せるは、国民の情として誠に心細き限りなる」と。実は日露講和条約に調印してから、わずかに六日しか経過していない九月一一日に、佐世保港内で三笠の後部弾薬庫が爆発した。死傷者三〇〇人以上を出して、三笠は沈没してしまう。一九〇六年八月に浮揚させられたこの戦艦は、佐世保工廠で修理され、その二年後に再び軍役に復帰した。

三笠を修理する際に取り除いた艦材を、三越呉服店は買い取り、記念品を作って販売することにする。「三越の日露海戦紀念品」（『東京朝日新聞』一九〇八年一一月二八日）は、「十二月一日より同店内に於て洽《あまね》く希望者へ割愛する」と報じている。戦勝の記憶を形として手元に置きたい人々は、先を争って三越に赴いた。「何れも実戦の痕跡を留めたり製作亦頗《すこぶ》る巧妙にして雅致に富み花瓶、棚、机、硯箱等座右の珍とすべき者少からず」と記事は続けている。三井呉服店・三越呉服店は、日露戦争の戦中・戦後を通じて、多くの記念品を製作したが、最もリアルに戦争の追体験ができたのは、艦材を基にした商品だったかもしれない。

熱狂的なナショナリズムが収束するのは、日露講和条約から半年後のことである。その表象の一つは、着物の流行色だった。「染色《そめいろ》の変遷」（『東京朝日新聞』一九〇六年一二月七日）によると、日露戦争後の人々の購買力は高くて、三越呉服店では年末に春着の注文が相次いでいる。友禅の場合は生産が追い付かずに、注文を断る事態になっていた。その盛況はしばらく継続するが、流行の色合いが変化する。戦中から戦後にかけて流行したのは、小豆・葡萄・紫など赤系統の色調である。「報国に専《もつぱ》らなりし処より自《おのずか》ら紅《あか》なる色の尊まれし故なるべし」と、三越の担当者は解説した。しかし一九〇六年の春から翌年になると、「戦捷後の平和を意味する」藍青《らんせい》色が流行するのである。

4　日英同盟の更新と、絵葉書の制作

一八九五（明治二八）年の日清戦争で敗れた清は、ヨーロッパの帝国や、帝国に成長しようとする日本による、覇権争いの場になっていく。イギリスは阿片戦争後の一八四二年の南京条約により、広東・福建・浙江・福州・上海を自由貿易港にすることに成功していた。また香港を割譲させ、清をイギリスの半植民地の状態にする。ところが日本への賠償金を支払うために、清がロシアやフランスから借款すると、状況は大きく変動する。その見返りとして、ロシアは北方から、フランスは南方から、清に進出していったのである。一八九八年にロシアが大連・旅順の租借権と東清鉄道敷設権を獲得して、その二年後に満州を軍事占領すると、もはやイギリスは看過できなくなる。その結果、南下するロシアを警戒するイギリスと、朝鮮半島を間に挟んでロシアと向き合う日本の、利害関係が一致してくる。

一九〇二年一月に両国は、日英同盟を締結した。中国や朝鮮半島で、どちらかが他国と交戦する場合は中立を守る。他国が複数の場合には参戦する。他国として日本が意識していたのはロシアである。同盟の有効期間は五年間だが、締結して二年後の一九〇四年二月に日露戦争が勃発する。日本軍が旅順を攻略し、日本海海戦でバルチック艦隊を破る頃から、日英同盟を単なる防守ではなく、攻守に変える協議が重ねられる。日露講和条約の前月、一九〇五年八月にロンドンで、第二回日英同盟協約の調印が行われた。同盟の適用範囲は、中国や朝鮮半島だけでなく、イギリスの植民地であるインドに拡大される。その代わり、日本による韓国の保護国化が合意された。

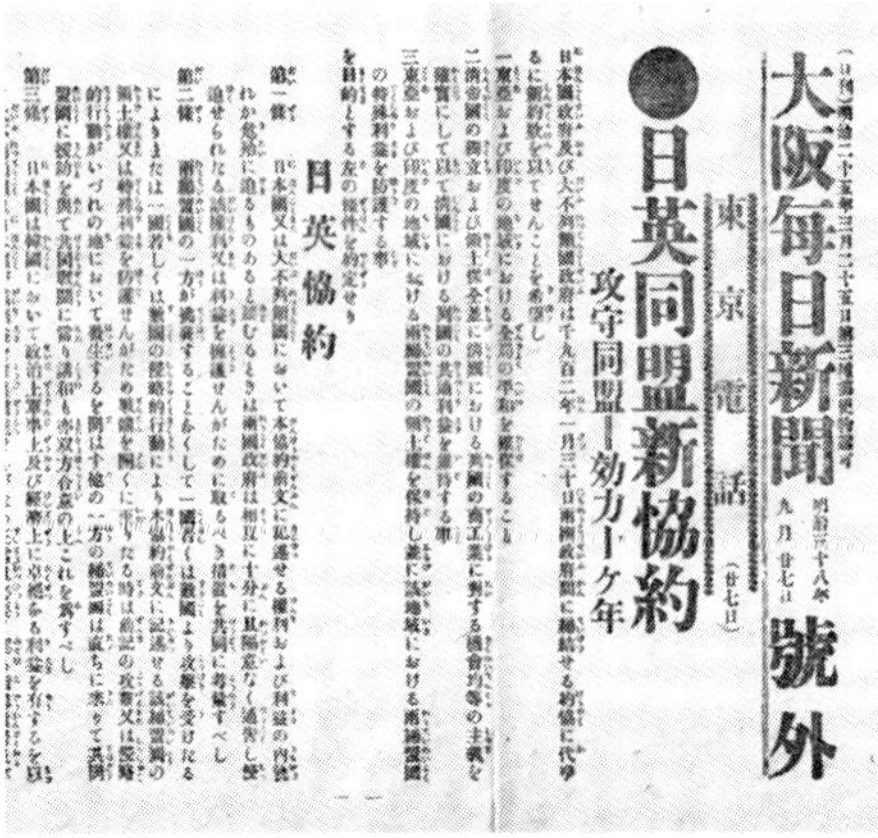
大阪毎日新聞 號外
東京電話
日英同盟新協約
攻守同盟―効力十ケ年
日英協約

第2回日英同盟協約の調印を伝える、1905年9月27日の『大阪毎日新聞』号外（部分）。第3条で日本が韓国に「指導監督及び保護の措置」を取る権利を認め、第四条でイギリスがインドで「領土権を擁護」するために必要な措置を取る権利を承認している

また交戦国が複数ではなく単数の場合でも、同盟国が交戦する場合は参戦するように改められる。

日英同盟の更新は、日本が極東の帝国に大きく成長することを促した。一九〇四年二月に日本がロシアに宣戦布告した二週間後に、日韓議定書の調印が行われる。韓国皇室の領土を保全するため、軍事的に必要な地点を、日本が収用できるという内容の議定書である。その三カ月後に、日本は閣議で韓国の保護国化を決定した。同年八月の日韓協約では、日本が推薦する財政・外交顧問を、韓国が任用することを定めている。日本による韓国の保護国化を、イギリスが承認した第二回日英同盟協約の三カ月後、一九〇五年一一月に第二次日韓協約の調印が行われる。この協約により、日本政府を代表する統監を、京城におくことになる。それは一九一〇年八月の韓国併合、すなわち朝鮮半島の植民地化に到達する道程の一コマであった。

ヨーロッパの帝国の頂点に立つイギリス＝大英帝国との同盟は、世界の帝国と肩を並べたという自信と喜びを、日本のナショナリズムに与えることになる。だから第二回日英同盟協約調印から二カ月後、東郷平八郎連合艦隊司令長官が凱旋入京する一〇日前の一九〇五年一〇月一二日に、イギリス艦隊の一行が東京を訪問したときは、盛大な歓待が行われる。「市中の歓迎（英国艦隊の着京に就て）」（『読売新聞』一九〇五年一〇月一一日）によると、一二日と一三日の両日に、芝浜崎町と日比谷公園で、花火が華々しく打ち上げられた。鍵屋が製造した花火の番組は、「黄菊」「黄《き》煙柳《えんりゅう》」「金魚」など一般的な番組の他に、「日英国旗」「日英海軍大将」「日英水兵」「印度大象」が含まれている。

イギリス艦隊を出迎えたのは、海軍などの公式行事だけではない。東京の街を歩くと、イギリス艦隊歓迎のイベントは各所で催されていた。たとえば三越呉服店に足を向けると、入口には「万歳」の文字が掲げられ、模造軍艦が飾られている。夜になるとイルミネーションが美しく輝いた。日比谷公園では「天覧相撲の式」に則る、力士の取組が企画される。東京市の各区も歓迎ムードを盛り上げている。麴町区・四谷区・牛込区では、街の要所要所に日英両国の大国旗が立てられ、歓迎所や休憩所が設けられた。

両国の同盟のイメージを演出するように、二つの国旗は交叉させられる。「外賓入京市中の賑ひ」（『東京朝日新聞』一九〇五年一〇月一三日）によると、この立て方は外務省と海軍省が指導している。新橋停車場の付近は、歓迎の人々でごったがえした。銀行や会社はもとより、料理店や貸席（料金を取って座敷を貸す家）も、日章旗とユニオンジャックを交叉させている。歓迎会が開かれる日比谷公園には、小旗を携えた群衆が押し寄せた。売り出し当初の小旗は一銭五厘だったが、すぐに値上がりして二銭五厘になる。新橋と日本橋をつなぐ銀座通りの商店は、緑葉・球燈・彩

イギリス艦隊の日本訪問を記念して、『風俗画報』は1905年11月1日に「英国艦隊歓迎図絵」の特集号を発行した。図版は同誌に収録された写真の1枚で、ビヤホールの前でイギリスの水兵が芸妓と共に写っている

旗・幔幕などで飾られていた。三越呉服店のあたりは特に人出が多く、「三越は瀟洒《しょうしゃ》にして而も金目をかけたる装飾」で人々を驚かせていると記事は伝える。

一〇月一二日の歓迎会は、日比谷公園で一六時まで催された。英国東洋艦隊司令長官のノーエル大将と各艦艦長は、晩餐会に招待されている。下士卒以下のイギリス水兵は、思い思いに散らばっていった。「外賓引揚と大都の夜況」(『東京朝日新聞』一九〇五年一〇月一四日)は、新橋停車場付近の水兵の様子をこう伝えている。頭に提灯を被る者、玩具のラッパや太鼓を鳴らす者、風車や花傘を手に練り歩く者など、「無邪気にて快闊《かいかつ》なる風態」が日本人に好感を与えた。青年音楽隊の演奏に合わせて、水兵は石畳の上で踊り、一曲ごとに見物客の喝采を浴びる。上野に向かった一団は、小学校の運動会を見物しているときに、ビールを振る舞われた。外国語学校の生徒が通訳を務めるが、人数が足りず行き渡らない。そこで水兵は中学生を見つけては握手を求め、次々と質問をする。公式行事とは異なる、民間レベルの交歓が街のあちこちで見られ、イギリスへの親近感は増大していった。

三越呉服店とイギリス艦隊との関わりは、模造軍艦やイルミネーションなど、歓迎のための装飾だけではない。三越は一〇月一五日から新柄陳列会を開催している。織元が出品する懸賞図案の模様や、元禄時代の参考品が陳列された。「三越呉服店の新柄陳列会」(『読売新聞』一九〇五年一〇月一八日)によると、ノーエル大将は一七日に三越を訪れ、この陳列会を見物している。日比翁助が店内を案内して、ノーエルは多額の買い物をした。その四日後の二一日には歌舞伎座で、艦隊歓迎の狂言の舞台がある。「実業家主催英国佳賓歓迎演劇(歌舞伎座に於て)」(『東京朝日新聞』一九〇五年一〇月二〇日)は、舞台の幕は日英同盟を記念して新調されたと報じている。幕を受注したのは三越である。

一般の人々の間では、個人が撮影する写真機はまだ普及していない。だから大きな催しが行われる際に、三越呉服店は絵葉書を制作した。日露戦争が終結した翌月の一九〇五年一〇月以降に、イギリス艦隊の来日や、海軍・陸軍の凱旋が続く。その数カ月間に限っても、三越は何度も絵葉書を作っている。「歓迎と紀念絵はがき」(『東京朝日新聞』一九〇五年一〇月一四日)が報じたのは、イギリス艦隊が寄港したときの絵葉書。制作したのは三越だけではない。横浜入港の様子を撮影して、六枚一組の「歓迎絵はがき」を売り出したのは、日本橋の美明舎である。三越は日英の国旗の下で、日英の少女が手を取り合う、「紀念歓迎絵はがき」を配布している。

海軍が凱旋するのはその直後である。戦時組織を解いて、平時組織に戻る観艦式は、一〇月二三日に行われた。三越呉服店はその記念に、意匠を凝らした絵葉書を調製している。『時好』一

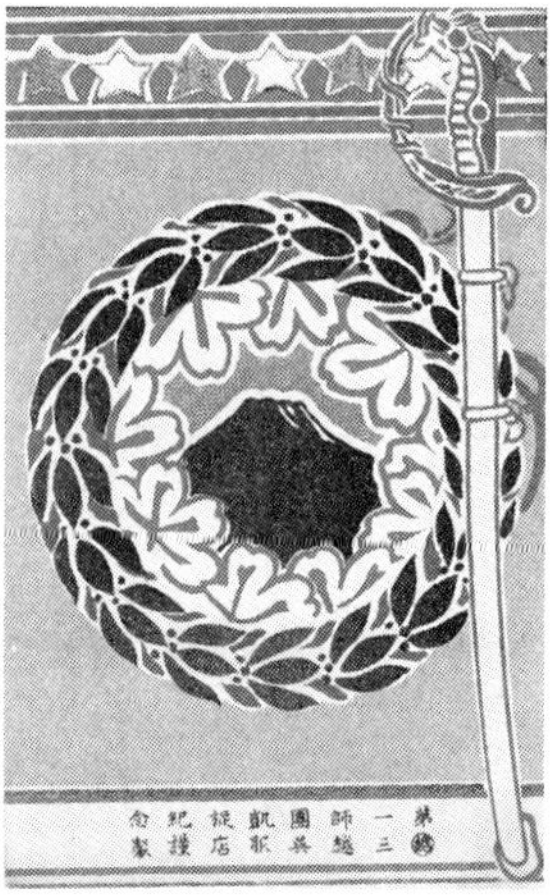

三越呉服店が作成した「第一師団凱旋紀念」の絵葉書

九〇五年一一月号に「大観艦式及凱旋紀念絵はがき」が載っている。この記事によると、観艦式の記念に作られた絵葉書は、「朝野の名士」に配布された。また凱旋門が完成するとその絵葉書を調製し、来店客に贈呈している。陸軍凱旋の際は、三種類の絵葉書を制作した。「陸軍凱旋紀念絵はがき」（『時好』一九〇五年一二月号）は、「満州軍総司令部凱旋紀念」「近衛師団凱旋紀念」「第一師団凱旋紀念」の絵葉書を、十数万枚ずつ印刷して、陸軍に献納し、来店客にも配布したと伝えている。図版は、このうちの「第一師団凱旋紀念」の絵葉書。右側に剣をあしらい、下部に「三越呉服店謹製」と記している。

最初の「満州軍総司令部凱旋紀念」の絵葉書について、『読売新聞』は一九〇五年一二月一四日の「三越呉服店の奇特」で、こんなエピソードを報じている。砲兵工廠職工の旗行列が三越前を通過することを知り、三越はこの絵葉書を三万二〇〇〇枚用意して、職工に寄贈する計画を立てた。ところが当日は雨天のために混雑して、計画は実現しない。そこで三越は砲兵工廠に絵葉書を贈呈して、職工に配布するよう依頼した。

その後も日露戦争関係の催しがあるたびに、三越は絵葉書を制作している。「靖国神社大祭準備」（『東京朝日新聞』一九〇六年四月二一日）によると、大祭で参拝する遺族のために、逓信省は戦役紀念絵葉書を四万枚用意する。陸軍省は出征将兵に配給した同じ菓子を、遺族に寄贈することを決める。三越も絵葉書を五万枚作成した。桐・菊で蝶をデザインして、靖国神社にあしらった絵葉書は、逓信省や陸軍省の記念品と一緒に配布されている。

5　列強の皇族・高官・軍人が三越を訪れる

三越呉服店が設立された直後から、海外の貴賓は三越をしばしば訪問している。日露戦争でロシアに勝利する一九〇五（明治三八）年の訪問客は、さすがに日露戦争の関係者が目立つ。たとえば日本海海戦の前月、四月二九日に訪れたのは、日露戦争観戦武官として日本に来たカール・アントン・フォン・ホーエンツォレルンである。次ページの図版は、『時好』一九〇五年五月号に掲載された、アントンが三越に到着したときの写真。正面に掲げられた看板で分かるように、三越は四月一日から新柄陳列会と古代衣裳蒔絵の展覧会を開催していた。「独逸皇族御召用の和服」（『読売新聞』同年五月七日）によると、戦地から戻ったアントンは、自分用の日本服の調製を三越に依頼し、黒羽二重五紋付上着などを四日に受け取っている。ドイツ皇族バハリヤ王妃のための日本服も、ドイツ公使館を通じて注文し、一六日に納入されることになっていた。

一九〇五年七月二五日にはアメリカから、セオドア・ルーズベルト大統領の娘アリスと、ウィリアム・ハワード・タフト陸軍長官が、横浜港に到着している。タフトは三年後に、ルーズベルトの跡を継いで、第二七代大統領に就任する人物である。『東京朝日新聞』は七月二六日の紙面

『時好』1905年5月号掲載のこの写真には、「独逸皇族カール、アントン、フオン、ホーヘンツヲルレ殿下御来店の光景」というキャプションが付けられている

に、「米国貴賓歓迎雑記」「貴賓来《らい》に就ての賑ひ」という記事を掲載した。横浜の本町通では各戸が日米両国の国旗を掲げ、本町一丁目の角には「ウエルカムの英字」を黄菊で表した歓迎アーチが設置されている。税関前から波止場付近は群衆で一杯。アリスとタフトが姿を見せると、群衆は帽子やハンカチを振って出迎えた。馬が驚くと危険なので、「万歳」の連呼は警官が事前に制止している。新橋停車場では音楽隊が吹奏楽を奏で、「万歳」が唱和された。日比谷公園では花火が打ち上げられる。東京の都市空間は、アメリカの国旗や紅白の幕で飾られていた。

　三越呉服店もアリスやタフトの来日歓迎準備に余念がなかった。『読売新聞』は一九〇五年七月二七日の紙面に、「歓迎余聞」という記事を載せてこう報じた。「Wellcome《ママ》の欧文を現はしたるイルミネーションを点じ尚ほ同夜七時より明廿《にじゅう》八日迄を期して毎夜飾窓に陳列せる商品一切を取除き駿河町側より表通りに掛け一面に美《み》事なる特製の元禄小袖幕を引廻し其前に武器甲冑類を陳列するなど異様の飾附」であると。『読売新聞』が記事のなかで紹介した「WELCOME」のイルミネーションは、『時好』同年八月号の写真に写っている。その翌日の『読売新聞』の「貴賓と三越呉服店」によれば、アリスは二七日に「未来の夫たるニコラス、ロングウオース」と共に、三越に立ち寄った。「刺繍友禅物」や「縫模様」のある日本服を購入して、「満足の体」で帰途についたという。

『時好』1905年8月号掲載の「貴賓滞京中三越呉服店の夜景」

アリス・ルーズベルトは三越呉服店が気に入ったようで、同店を再び訪問している。『時好』一九〇五年一〇月号の「ルーズベルト嬢への贈物」によると、再来店の際に三越は、着物とその付属品一式をアリスに贈呈した。前回に「種々御買上」をしてもらったお礼と、その理由を説明しているが、ルーズベルト大統領への感謝の気持ちが含まれていたのかもしれない。ルーズベルトの仲介により、ポーツマスで日露講和条約が結ばれたのは、前月の九月五日だったからである。

日本がヨーロッパの列強と肩を並べる帝国を目指すなら、列強の文化に対抗できる、独自の文化を提示する必要がある。「有栖川宮妃殿下の御好《おこのみ》人形（外国への御贈品）」（『読売新聞』一九〇六年二月一日）は、ドイツ皇太子の結婚式に出席した際に、ある国の貴賓からいただいた贈り物の返礼として、妃殿下が日本の美術品を贈ることにしたと伝えている。妃殿下が選んだのは、「十七八歳位の﨟《ろう》たけたる姫君と十四五歳の愛らしき娘」の、「当世風俗の美術人形」である。人形の制作は、日本橋十軒店《じっけんだな》(現在の室町三丁目)の永徳斎に依頼した。永徳斎は宮家と関わりが深い、有名な人形師である。人形の衣裳の調製は、三越呉服店が受注している。

日本独自の文化として、海外で人気を集めていたのは衣裳だった。博覧会はどこの国で見物しても同じなので、面白い一日の過ごし方がないか、外国人女性から相談されたと、磯村春子は「外国婦人の観たる三越呉服店」(『時好』一九〇七年七月号)に書いている。磯村が三越呉服店に案内して、夏物の陳列場に連れていくと、「安価にして、かうも美《うる》はしき衣服を用ひらるゝは誠に幸福ならずや、我国にても近頃は日本縮みの浴衣地を用ふる事なか〳〵流行しつゝあり」と、外国人女性は語った。さらに「裾模様の懸賞図案」を見て、「かゝる美術的に意匠をこらしてゐるが、ゝれるは、只日本の婦人服あるのみ」と嘆賞する。刺繡を施した帯地の陳列所では、なかなか立ち去ろうとしなかった。優美な着物を鑑賞できる呉服店、特に三越は、外国人にとって日本文化の粋に触れることができるスポットである。

第二回日英同盟協約の調印から半年後の一九〇六年二月に、イギリスからアーサー・オブ・コノートが来日する。ウィンザー城で、ヴィクトリア女王の三男とプロイセン王女の間に生まれた皇族である。「東京市歓迎会大名行列」(『読売新聞』同年二月二二日)によると、東京市は二六日に「コンノート殿下歓迎会」を催している。観覧に供した大名行列は大掛かりなものだった。神田の有馬組が請け負った行列の人数は一七三人。東京市内だけでは、「行列を心得し人足」が足りない。そのため有馬組は、小田原や静岡、遠くは名古屋から「人足」を雇い入れた。鉄砲組や足軽のいで立ちの一行は、日比谷公園から銀座通りを経て、上野公園まで行進する。彼らの衣裳は、三越呉服店が調製した。また三越はコノートの来日を記念して、彼の肖像を絵葉書として発行している。

東京市の歓迎会の五日前、一九〇六年二月二一日にコノートは三越呉服店を訪れる。随行したのはイギリスの提督や、日本の東郷平八郎大将である。翌日の『読売新聞』に、「コンノート殿下の御来臨（昨日の三越呉服店）」という記事が載っている。三越は入口に日本服を着た西洋婦人の木像を設置し、階上・階下を紅白の縮緬と日英両国旗で飾った。階上休憩所の後ろには、茶室を新築している。コノートは「新古の衣服」や日本画を鑑賞し、新調した長襦袢や「日本固有の趣味ある物品」を鑑賞した。そして「日本織物の特色」を賞賛して帰途についたという。

一九〇八年九月になるとアメリカ海軍第一艦隊・第二艦隊が日本に寄港する。将校夫人や娘はそれに先立って、横浜グランドホテルに宿泊した。三越呉服店は九月二六日に、一八人の女性を招待する。「米艦将校夫人招待」（『東京朝日新聞』同年九月二五日）によると、供応はすべて「純日本式」だった。案内状も「菊花の模様ある奉書」を用いている。新橋停車場で出迎えた女性店員に案内され、一行は馬車で三越に向かう。烏帽子・小袴という格好で待っていたのは陶芸家の板谷波山。一行の面前で絵や自署を、楽焼の花瓶・茶碗に焼き付けて贈呈している。さらにその茶碗を使って、薄茶のお手前も披露した。日本画家の久保田米斎は、その場で依頼に応じて絵を描く、席画を実演して見せる。昼食は日本料理。一行はその後で、元禄模様・桃山模様の着物姿に

アリス・ルーズベルト（『時好』1907年5月号）

なり、記念写真に納まっている。

その翌月にはアメリカの実業家の一行が、三越呉服店に招待された。「三越見物」（『東京朝日新聞』一九〇八年一〇月一六日）に、そのときの様子が紹介されている。日比翁助専務以下の店員が出迎え、尾形光琳の美術品を展示中の三階に案内した。一行の中には女性も含まれていて、友禅や帯地の陳列場で足を止め、色彩の配合や、模様の意匠に、時間をかけて見入っている。楽焼場では陶器の焼き付けも行った。この年に三越の嘱託デザイナーになる杉浦非水と、久保田米斎が、注文に応じて陶器に絵を描いている。

カール・アントンやアリス・ルーズベルトやコノートは、随行者を伴っているが、個人の貴賓である。それに対してアメリカ実業家の一行は、約七〇人で構成する団体だった。三越呉服店を訪れた外国人のなかには、各国からの観光団も含まれている。たとえば一九〇九年八月一二日に、ニューヨークのアメリカン社が主催した世界一周青年団六人が三越を訪れる。「世界一週《ママ》団諸氏の当店御観覧」（『みつこしタイムス』同年九月号）によると、一行はヨーロッパを経由し、シベリア鉄道を使って極東に到達した。三越では土産として、着物や手提げ鞄などを購入したが、「東洋に来りて、かくの如く盛大なる商店を観んとは思ひもかけざりき」と感嘆していたという。

三越呉服店が陳列したのは、貴賓のみが購入できる日本文化の粋だけではない。アメリカ海軍第一艦隊・第二艦隊が横浜に寄港したときは、多くの水兵が上陸する。「米艦当込《あてこみ》の商品」（『東京朝日新聞』一九〇八年一〇月二七日）は、上陸に際して、無駄な買い物をしないように、司令官が水兵に諭したと伝えている。しかし横浜や東京の市街は、「純粋なる日本趣味」を帯びた土産を、購入する水兵でごった返した。売れ行きのランキングは、①ハンカチ、②絵葉書、③写真、④下駄、⑤陶器、⑥漆器、⑦衣類、⑧鞄である。小売商人は横浜の弁天通りに、一週間一〇〇円の家賃で店を借り、一日三〇〇〜六〇〇円を売り捌いた。三越も一日で一二〇〇円以上の売り上げを記録している。

6　植民地や半植民地からの来店客

一九〇四（明治三七）年二月に始まる日露戦争は、朝鮮半島と満州の利権をめぐる、日本とロシアの帝国間の戦争だった。日本は開戦してわずか一三日後の二月二三日に、漢城（現在のソウル）で日韓議定書を締結する。日本側は特命全権公使の林権助が、韓国側は外部大臣臨時署理の李址鎔が調印した。この議定書により、韓国皇室の安全と領土保全をはかることを名目に、日本は軍略上必要な地点を臨検収容できることになる。それから二カ月後の四月二六日に、李は三越呉服店を訪れた。「朝鮮大使の来店」（『時好』一九〇四年五月号）によると、韓国報聘大使として日本に来た李は、随行員や公使館員と共に来店し、階下・階上の陳列室を隈なく見て回り、さまざまな呉服を注文している。ゆっくりと品定めをする時間的余裕がなかったため、他日の再訪を約束して立ち去った。

朝鮮半島と満州の接点となる鴨緑江を、日本陸軍の第一軍が渡河して満州に向かうのは一九〇四年五月である。日本が朝鮮半島を軍事的に支配する状況下で、八月二二日に第一次日韓協約が結ばれる。その結果、韓国は財政・外交の顧問に、日本政府の推薦者を任用しなければならなくなった。開戦から一年が経過して、一九〇五年の一月に旅順のロシア軍は降伏し、三月に日本軍は奉天・鉄嶺を占領する。韓国からは祝捷大使が来日した。『東京朝日新聞』が同年四月一一日に掲載した「韓国祝捷大使彙報」によれば、韓国の義陽君らの一行は九日に、宮内省書記官に先導され、上野動物園や博物館を見学してから、三越呉服店に立ち寄っている。参考室で蒔絵手箱を鑑賞して、刺繍の屏風などを買い上げた。

日本海海戦の二カ月後、一九〇五年七月にアリス・ルーズベルトと一緒に来日したウィリアム・ハワード・タフト陸軍長官は、首相の桂太郎と二九日に、桂・タフト覚書を交わしている。これは半月後にロンドンで調印される第二回日英同盟協約と連動していた。協約では、日本がイギリスのインドに対する特権を認める代わりに、イギリスは日本による韓国の保護国化を承認する。それと同じように、覚書では、日本がアメリカによるフィリピンの植民地化を認め、アメリカは日本の韓国における指導的地位を認めるという内容である。桂・タフト覚書は、日本・アメリカ・イギリスの事実上の同盟によって、極東の平和が守られるべきだという認識でも合意している。さらに九月五日の日露講和条約で、ロシアは日本の朝鮮半島における優越権を承認する。列強間の合意の形成により、日本の韓国併合は時間の問題となった。

日露講和条約から二カ月後の一九〇五年一一月一七日に、第二次日韓協約が結ばれる。韓国の外交権は日本にほとんど接収され、京城には日本政府の代表として、統監が置かれることになった。韓国は事実上、日本の保護国になったのである。この協約に不満を抱いた韓国の皇帝・高宗《ゴジョン》は、一九〇七年六月の第二回万国平和会議に密使を派遣して、協約の無効を世界に訴えようとする。いわゆるハーグ密使事件である。それを知った統監の伊藤博文は、高宗を退位に追い込み、李坧《イチョク》を即位させて（純宗）、李垠《イウン》を皇太子に据えた。伊藤はこれを好機として、一九〇七年七月二四日の第三次日韓協約と秘密覚書の調印に進んでいく。韓国の内政は統監の指導下に行われることになる。大審院長や大審院検事総長には日本人が任命され、韓国軍は解散させられた。

一九〇七年一二月二二日の『東京朝日新聞』に、「韓太子御遊楽――動物園御成」という記事が出ている。随員と共に上野動物園を訪れた韓太子は、インコの籠の前に来ると、説明を待たず「インコ」と口にして近寄った。象舎の前では「あの鼻」「あの脚」と笑い、「乗つて見たいなア」と話す。餌箱から甘藷やパンを取り出して投げ、猿が上手に受けると手を叩いて喜ぶ。動物園の帰途、一行は三越に立ち寄った。韓太子は絵が好きだというので、久保田米斎が席画を行う。サイダーを供された韓太子は、最初は久保田の正面で、その様子を見ていた。しかし鶏や梅の木が姿を現す頃になると、いつのまにか久保田の横に来ている。筆をおいたときに、「それ貰つて行つてもよいか」と耳元で囁かれて久保田は驚いた。

新聞が報じる皇太子の姿が子供っぽいのは、まだ一〇歳だからである。翌年九月二日の『東京朝日新聞』に「韓太子と日本服」が掲載されている。上野公園で遊んだ韓太子は、新調した日本

『時好』1907年2月号に掲載された「韓装せる日本の貴婦人と和装せる韓国の貴婦人」。左から朴義秉夫人、末松男爵夫人、伊藤公爵夫人、李址鎔夫人

服姿で撮影しようと、三越呉服店に立ち寄った。日本服を着る理由を聞かれた韓太子は、旅行中に洋服を窮屈に感じたので、「涼を納る、に宜しき」日本服を注文して、日々愛用していると答えた。日本服の常用は象徴的である。韓国併合を射程に収めた日本は、李垠を日本に滞在させ、学習院・陸軍中央幼年学校・陸軍士官学校で教育する。その延長線上で韓太子は、日本の陸軍中将に任命された。日本の制度に取り込まれていく韓太子の軌跡は、韓国の植民地化を体現している。

一九〇五年一一月の第二次日韓協約に基づいて、韓国統監府が設置されたとき、伊藤博文は初代統監に就任した。その四年後の六月に統監を辞任するが、一〇月二六日にハルビン駅で、朝鮮人の安重根《アンジュングン》により暗殺される。「故伊藤公爵とわが三越」（『みつこしタイムス』一九〇九年一一月号）は、三越呉服店と伊藤の深い関わりを、次のように回想している。三越が京城出張所（後の京城支店）を開設するのは一九〇六年一〇月。計画段階で伊藤の意見を求めると、「此の如《かく》き事業は在留邦人の為めに無上の便利を与ふるものなれば、余も亦三越呉服店に向つてあらゆる便宜を与ふるに吝《やぶさ》かならざるべし」という答えが返ってきた。それに励まされて出張所を開くと、伊藤は韓国での贈答品の多くを三越に発注する。在留日本人だけではなく、韓国の高官も三越を利用するようになった。

韓太子の日本服を三越呉服店が調製したのも、実は伊藤博文の斡旋によってである。韓太子が西南各地の旅行から戻って、非常に暑がっていたので、寛げる日本服を新調してほしいと、伊藤が日比翁助に電話をした。日比からの電話を担当者が受けたのは夜の一〇時。急いで三越に駆け付けた担当者は、倉庫で生地を選定し、朝六時の汽車で、伊藤の別邸である大磯の滄浪閣に向かった。滄浪閣では伊藤夫人が韓太子の寸法を測り、伊藤と武官長が生地を決める。浴衣や羽織、足袋や草履も揃えることになった。担当者は帰店してからすぐに仕立てて、翌朝六時の汽車に乗り日本服を届けている。

1912年6月に新築移転した三越大連出張所(『三越』1912年7月号)

京城出張所の成績が良好なので、「満州商業の経営」を視野に入れ始めたときも、三越呉服店は伊藤博文に相談している。伊藤は大連に出張所を設けるようにアドバイスをした。一九〇七年九月に大連で、三越出張所が開店すると、清やロシアの高官への贈物を、伊藤は三越で調達するようになる。伊藤が一九〇九年一〇月に死去したときは、南満州鉄道から依頼を受けて、大連の三越出張所が、遺体を包む白羽二重無垢の装束や、棺を覆うすべての材料を納めた。遺体はハルビンから大連に運ばれる。大和ホテルで白衣を着せられ、棺が整えられて、遺体は日本に運ばれていった。

一九一〇年一月一二日の『東京朝日新聞』に、「韓国謝罪使退京――十三道遊説の積り」という記事が載っている。朝鮮人による伊藤博文暗殺を受けて、鄭虎昌《ジヨンインチヤン》と宋鶴昇《ソンハクスン》の二人が、「韓国十三道民衆を代表して」東京を訪れ、七日に伊藤の墓前に参拝したと記事は伝える。「十三道」とは韓国の地方行政区画で、李氏朝鮮が全土を一三のエリアに分けていた。「日韓合邦論」について質問された二人は、「独立の力なき自国民は何と云つても仕方あるまじく何《ど》うしても貴国の御考へ次第にて決定さるゝに任すのみなり」と語ったという。帰国前に二人は三越呉服店に立ち寄り、時計と襟巻を土産に買い求めた。韓国併合に関する日韓条約の調印が行われるのは、この年の八月二二日である。

同じ海外の賓客でも、西洋の列強から迎えた賓客と、韓国・台湾・清から迎えた賓客を比べると、視線の階層性は明らかだろう。「入京せる京城の珍客」（『東京朝日新聞』一九一〇年五月四日）が紹介したのは、名古屋共進会（品評会）を見物に来た、「京城の大官貴紳」で構成する観光団。人力車で見物した市街や、共進会のイルミネーションについて、「驚愕《びつくり》して仕舞つて何が好いのやら言葉では言へぬ、電車の乗具合の好さと来たら朝鮮のとは雲泥の違ひ」だと、一行は感想を述べた。「犬猫診察院」の広告を見て、「韓国には人間の医者さへ満足に出来て居らぬ」「文明国の犬畜生は我々よりも余程増し」と嘆声を洩らしたという。上京して見学した三越呉服店では「魂を奪はれ」たとも。

一九一一年九月二日には台湾の先住民族が三越呉服店を訪れた。「珍らしき華客――台湾生蕃人観光団の来店」（『三越』同年一〇月号）によれば、観光団は警部に引率された四〇人余りで、上半身は衣類を身に付けていたが、下半身は露出している者が多かった。三越の店内で顧客は下足を預けて足袋で歩くが、「蕃人」は土を踏んできた裸足。そこで三越では水入りの桶と、マット・タオルを用意した。ただこの記事は、日本の「片田舎」でも、下半身を露出した裸足の人を、現在でも見かけると補足している。「蕃人」は初めて目にするものが多く、化粧品の瓶の中身を薬だと思い、鏡に自分の姿が映ると敬礼し、写真を「魔神の所業」と怪しんでいる。「蕃人」が三越に入店したと聞いて、数千人の人々が押し寄せ、店内も店外も大混雑となった。

『三越』1911年10月号に掲載された「蕃人観光団と三越呉服店重役」

台湾の先住民族が三越呉服店を見学したというニュースは、『国民新聞』『時事新報』『中外商業新報』『東京朝日新聞』『東京日日新聞』『都新聞』『やまと新聞』『万朝報』などのメディアによって報じられた。韓国・台湾・清からの訪問客のニュースには、日本と比較する文脈で、文明／未開、近代／前近代という、二項対立がはっきり現れている。西洋の帝国からの訪問客を迎えたときは、日本は急速に近代化を果たし、独自の文化も保有していることをアピールする。東アジアの植民地化・半植民地化された国からの訪問客が来たときは、彼らを鏡として、日本が近代化により、東アジアの帝国になったことを自己確認する。呉服店からデパートへの脱皮を目指す三越呉服店は、そのようなアピールや自己確認の場所として機能していたのである。

第二章

西洋視察と流行会の役割

7　フィラデルフィア・シカゴ・ロンドンのデパート

伝統的な呉服店から、近代的なデパートへ――三越呉服店が自らの機構を変革させていく過程で、モデルとして意識していたのは、ヨーロッパやアメリカの大都市にある帝国のデパートである。明治時代に留学や仕事で西洋に赴いた人々は、都市空間を歩き回りながら、日本とは異なるさまざまな近代化が実現していることに驚いた。日本との大きな落差を感じた場所の一つは、贅沢品や日用品を手に取り、同時に購入できる消費のスポット、つまりデパートである。『時好』一九〇七（明治四〇）年三月号に、その落差を今日に伝える、「博覧会と三越呉服店」という文章が載っている。

西洋の小売大商店《デパートメントストーア》に行くと日常の必要品は何でも買はれます、大は自動車ピヤノより小はピン、ボタンに至るまで、陳列して売つて居る芝居観覧券も売れば鉄道の切符も売る、料理もあれば写真も写せる、理髪も出来れば両替もする何の不足もない様になつて居る。土産物を買はうとすれば数十分の間に所望のものを、買集める事が出来る。食事時になると店に入つて食事を認《したた》め、而して所要のものを買ふ、ホテルに帰るともう買物が届いて居るといふ様な次第で、これは一度外国の土を踏んだ人のよく知らるゝ所であります。

この頃の三越は呉服から少し幅を広げて、洋服・小間物・化粧品なども販売していた。しかし西洋のデパートを体験した目で見ると、それは「何の不足もない」というレベルからはほど遠い。タイトルの「博覧会」とは、一九〇七年三月二〇日〜七月三〇日に上野公園で開かれた東京府勧業博覧会のことである。三越もこの博覧会に出品したが、割り当てられたスペースは広くない。三越は博覧会と並行して、四月から新柄陳列会を催している。百貨店を目指すなら、「百貨」に近い品揃えが必要になる。しかしまだそこまでの力がないことを、三越は自覚していた。呉服以外で陳列ができるのは、「鞄類、旅行用品類、洋傘類、帽子類、玩具類、履物類、室内装飾品類等」にすぎない。それでも博覧会会期中は、土曜日ごとに企画を立て、屋上には遊びのスポットを設けるなど、消費の場を、文化発信の場として成立させようと努力していた。

この頃の三越の文化発信力は、まだスケールが小さい。明治時代を代表する出版社、博文館を創業した実業家の大橋新太郎は、一九〇九年一月の『みつこしタイムズ』に「デパートメント、ストーアの将来（欧米視察談）」を書いている。前年に欧米視察旅行をしてきた大橋は、「露西亜の都府―莫斯科《もすこ》あたりには、勧工場式のも大分見かけたが」と前置きしながら、空に向けて三〇〜四〇階と伸び、地下にも三〜四階が広がる、アメリカの大都市の立体性に驚きを表明した。高層階にはエレベーターで移動し、地下には鉄道が走っている。アメリカのデパートで目を見張ったのは、規模の大きさである。百貨を運び込むときは、地下鉄道を利用している。顧客はエレベーターやエスカレーターを使って、売場や食堂を自由に行き来する。大橋は特にワナメーカーに感嘆の声を上げた。

ただしロシアのデパートが、三越と同程度の規模だったわけではない。一九〇七年一二月二三日の『東京朝日新聞』に、無冠人「浦潮見物（上）」という記事が掲載されている。「浦潮」すなわちウラジオストクは、一八六〇年一一月の北京条約により、清から獲得した沿海州に、ロシアが新たに建設した都市である。建設にはドイツ人も加わった。極東のこの地でクンスト・アリベリスを見物した無冠人は、「独逸商人の経営に成る東洋第一のデパートメントストーアで三越が大きいなと云つたつて其半分もない」と書いている。ドイツからウラジオストクまで商品を運ぶ汽船を、このデパートは四隻保有していた。さらに自家用発電所を建設し、電気をウラジオストク市内に供給している。

アメリカを代表するデパートとして、ワナメーカーを挙げる人は少なくない。アメリカのウィリアム・タフト大統領の下で、国務大臣を務めるフィランダー・ノックスは、夫人や外務省書記官と共に、一九一二年九月一〇日に三越呉服店を訪れた。「米国特使ノックス卿及び夫人」（『三越』一九一二年一〇月号）によると、三越の印象を尋ねられたノックスは、「清洒《きれい》なる店」と述べて、こう続けている。「自己の所見を以てすれば、デパアトメント・ストーアとしては、フイラデルフィアのワナメーカアは米国第一なるべし」と。店内を案内した取締役の中村利器太郎は、春にフィラデルフィアのワナメーカーを訪れていたが、「宏大なる建築と設備とに一驚を喫した」と応じている。

有川治助は一九二九年一〇月に、『ジョン・ワナメーカ――人及びその事業』（改造社）という本をまとめた。図版は、同書に収録された「フイラデルフイア本店」の写真である。三越がワナメーカーを研究した痕跡は、「はしがき」にさりげなく残されている。第二篇（「商業経営家としてのジョン・ワナメーカ」）を執筆する際に、有川が典拠としたのは、*Golden Book of the Wanamaker Stores*, 2vols, Wanamaker Store, Philadelphia, 1911-1913だった。創業五〇周年の記念に、ワナメーカーが五〇〇頁余りにまとめて刊行した二巻本である。ただし有川が所持していたわけではない。三越呉服店の重役を務めた濱田四郎の愛蔵本を、有川は借用して執筆している。

ワナメーカーの「フイラデルフイア本店」（有川治助『ジョン・ワナメーカ――人及びその事業』1929年10月、改造社）

三越が背中を追いかけた帝国のデパートは、ワナメーカーだけではない。「中村取締役の欧米のデパアトメントストーア観」（『三越』一九一二年九月号）で、中村利器太郎は世界の三大デパートとして、シカゴのマーシャル・フィールドと、ロンドンのハロッズと、パリのルーヴルを挙げている。ただし大デパートは、その三つだけではない。ロンドンのホワイトレーやセルフリッジ、パリのボン・マルシェやラファイエットやプランタン、ベルリンのヴェルトハイムやティーツも、中村は見学している。

右＝ワナメーカーの広告に描かれた店内（有川治助『ジョン・ワナメーカ——人及びその事業』1929年10月、改造社）。
左＝三越呉服店の店内（『日本の三越——大阪支店開設紀念』1907年5月、三越呉服店）

アメリカには参観すべきデパートが数多くあった。ニューヨークにはワナメーカーの他に、メーシー、グリーンハット・シーゲルクーパー、サックス、ギンベル兄弟商会、一四町目商会、オーネル・アダムス商会、スターン兄弟商会、マッククリーアリという八つのデパートがある。シカゴやボストンでも、デパートは発達していた。三越はそれらと比べて、「日を同うして語るを得ざる程に相違のあるもの多き事は我々が太《はなは》だ遺憾とする」と、中村は慨嘆している。

ジャーナリストの渋川玄耳は、藪野椋十というペンネームで、シカゴのマーシャル・フィールドの感想を、「世界見物卅六——様なもの！」（『東京朝日新聞』一九〇九年六月三日）に記している。地上一二階、地下二階のデパートで、骨組みは鋼鉄、外壁は花崗岩で覆っていた。七六のエレベーターが、一日の来店客二〇万人を、上へ下へと運んでいる。店内にある最も大きいレストランは、収容

能力二五〇〇人を誇っていた。棺桶から石塔まで、しかも専門店より安く購入できるというので、「世界一」と呼ばれている。東京の三越とは規模がまったく異なる。サブタイトルの「様なもの」とは、マーシャル・フィールドを「海」に譬えると、三越は「池」のようなものにすぎないという意味。欧米のデパートの背中を追いかけると言っても、それはまだ遠く、小さく霞んで見えるだけだった。

西洋の帝国でデパートを使い慣れた人々は、三越を訪れたときに、着物など日本の異文化性に惹かれても、建物の外観や内観を、近代的と感じることはなかっただろう。一九一〇年にアメリカのオレゴン州政府は、日本の産業・貿易・美術の視察目的で、ポートランド商業会議所議員を派遣する。「三越の五分間」（『東京朝日新聞』一九一〇年一〇月三〇日）は、新聞記者による議員のインタヴュー記事である。「規模の大に於て米国の其に一籌《いっちゅう》を輸するは云ふまでもない」が、「三越店頭の万客粛然として襟を正うし挙止優婉閑雅を極むる」ことに感嘆したと、議員は話したらしい。前者の「一籌を輸する」とは、少

『日本の三越——大阪支店開設紀念』（1907年5月、三越呉服店）に収録された、ロンドンのハロッズの外観

し劣っているという意味である。実際にそう語ったのであれば、そこには遠慮が含まれていただろう。マーシャル・フィールドと三越の差は歴然としていた。

ただ西洋の帝国のデパートを視察した三越が、自らが進むべき指針としたのは、ワナメーカーやマーシャル・フィールドでも、ルーヴルやヴェルトハイムでもなかった。濱田生「英国の模範的小売大商店《デパートメントストーア》（我三越呉服店が則るべきデパートメントストーア）」（『日本の三越――大阪支店開設紀念』一九〇七年五月、三越呉服店）は、日比翁助が前年にロンドンのハロッズを視察して、実況・設備・経営法を、三越の手本として強く意識したことを紹介している。濱田四郎自身も、「米国風の喧騒なくして英国風の着実を主となしたれば、移して以て日本に適用するは、このハーローヅを措いて他にこれなし」と感じていた。東洋のハロッズになるという目標を、以後の三越は掲げることになる。

一九〇九年一〇月一日の『読売新聞』に、「会社商店訪問記（八十）三越呉服店＝上」という記事が出ている。三越・白木屋・大丸が三大呉服店と並称されていることに、記者は反対し、白木屋と大丸は「日本的」だが、三越は「世界的」だと述べた。ただ世界を相手に商業活動を行うなら、「呉服店」という名称を変える必要があると、記者は主張する。三越はいつの日か、「倫敦なる、ハーローヅ社」のようなデパートになるはずだと、記事は結ばれている。

8　シベリア鉄道でヨーロッパの商品を買い付ける

三越呉服店が設立される直前の一九〇四（明治三七）年四～一二月に、アメリカのミズーリ州でセントルイス万国博覧会が開かれた。「装飾術」を研究するために渡米した三井呉服店の店員は、その感想を「滞米雑記」（『時好』一九〇四年九月号・一〇月号）にまとめている。日露戦争と重なる時期で、日本への関心が高かったため、来館者は多く、売店の売れ行きも悪くなかった。ただ日本の新聞は売約済と報じたが、高価な陳列品は実際には二割も売れていない。他国と比べて日本の商品が、「著しく不親切」なためと店員は分析した。織物は出品自体が貧弱で、「粗悪なる地質の手巾《ハンケチ》、中型縮、並びに単衣《ひとえ》地」くらいしかない。七宝・陶器・玩具・錦絵・雑貨は、国内の五～一〇倍の「馬鹿々々しき」価格になっている。「金儲主義」という印象が強い陳列だった。

セントルイス万国博覧会で日本政府が出品した平等院の模造建築（『帝国画報臨時増刊　東京博覧会大画報』1907年5月、冨山房）

　異国は、自らの文化を映し出す鏡の役割を果たすことがある。自己を変えようとするときに、他者はその触媒になる。セントルイス万国博覧会は、三越にそのチャンスを与えてくれた。一九〇五年一二月一六日の『読売新聞』に、「三越呉服店」というわずか三行の記事が出ている。「元セントルイス博覧会事務官執行弘道氏は今回三越呉服店に入り同店の為め尽力する由」と、記事は報じた。三井呉服店の店員がセントルイスで出会った執行は、三越が呉服店からデパートへ脱却する時期に、顧問として水先案内を務めることになる。一九〇六年四〜一一月に専務取締役の日比翁助が、欧米の視察旅行に出かけた際、同行して案内したのが執行だった。

一九〇六年三月三一日の『東京朝日新聞』に、「日比執行両氏の告別会」という記事が掲載されている。四月四日に横浜を出帆する備後丸で欧米視察の途につき、マルセイユ経由でパリに行く。その後はフランス・ドイツ・ロシア・イギリス・オランダ・スペインを視察して回る。さらに大西洋を越えてアメリカに渡る予定だった。二人の目的は、日本の服飾美を紹介することと、欧米の流行界を調査することである。この旅で日比は、各国の大都市のデパートを見学して、ロンドンのハロッズを、三越の目標と見定めている。二人の旅立ちを祝福する「告別会」は、三月二八日に新橋の花月楼で開かれた。文士数十名が出席して、児童文学者の巖谷小波《さざなみ》が「告別演説」を行っている。

日比翁助と執行弘道が横浜港に戻ってくるのは一九〇六年一一月五日なので、七カ月間の旅である。日本郵船の欧州航路は一八九六年三月に開始され、その二年後の五月から六〇〇〇トン級の新船が就航していた。備後丸はその一隻である。巖谷小波『小波洋行土産 上』（一九〇三年四月、博文館）で確認すると、一九〇二年一〇月に日本郵船の神奈川丸で帰国する際に、地中海をはさんでフランスと向き合うアルジェリアの沖から、神戸までの船旅はほぼ四〇日間かかっている。日比たちの場合も同じだろう。シベリア鉄道は日露戦争中に全通しているが、一九〇五年九月の日露講和条約後は、戦後の混乱や引揚兵の輸送により、個人旅行に使えなかった。「告別会」が行われた三月に、ようやく貨物輸送が再開されたばかりである。だがシベリア鉄道を利用できるようになると、ヨーロッパへの旅は大きく変わる。

一九〇七年に三越呉服店は、三人の店員をヨーロッパに派遣する。パリ日本大使館の装飾を手掛ける林幸平と、デパートの組織を調査する濱田四郎と、雑貨を仕入れる豊泉《とよいずみ》益三《ますぞう》である。「西伯利亜鉄道と三越店員三名の洋行」（『時好』一九〇七年八月号）は、アメリカのデパートでは仕入係が、毎年ヨーロッパに買い付けに行くのに、日本の呉服店の店員が洋行しない理由を二つ挙げている。一つは高額な旅費で、もう一つは欧州航路を使うと往復だけで一〇〇日近くかかることである。前者の問題は、多くの種類の商品を買い付けることで、必要経費の価格への転嫁を分散させられる。日本にいても仕入れは可能だが、流行品や格安品を手に入れることが難しかった。後者の問題を解決したのはシベリア鉄道である。敦賀〜ウラジオストク間の航路と、モスクワ〜パリ間の鉄路が、シベリア鉄道に国際連絡して、敦賀からロンドンまでの日程は、わずか二〇日間程度に縮む。豊泉はパリ・ロンドン・ベルリン・ウィーンなどを回り、各地で最新流行品を仕入れて、三カ月後に帰国している。

豊泉益三が仕入れた商品は、三越呉服店の店頭を飾った。菘菴《しゅうあん》は「欧州より賚《もた》らしたる新雑貨――大阪三越の新陳列」（『時好』一九〇八年一月号）で、ヨーロッパの最新流行品のなかから、日本人の趣味に合うものを豊泉が選択しているので、「目新しいもの」が多いと述べている。フランスからはピノー製化粧品の詰め合わせや、流行中のリボンが届いた。イギリスからはネクタイやサスペンダーが送られてくる。ドイツ製の銅やニッケルの小道具――インキ壺・ペン立て・煙草入れ・髭剃りは見たことがない。玩具の開発が進歩しているのはドイツである。途中まで進んで後戻りをする汽車や、おどけた恰好の人形は、子供だけでなく大人も楽しめる。他にも帽子・洋傘・ステッキ、置時計や銀細工、革製品・カフスボタンなど、仕入れ商品のジャンルは多様だった。

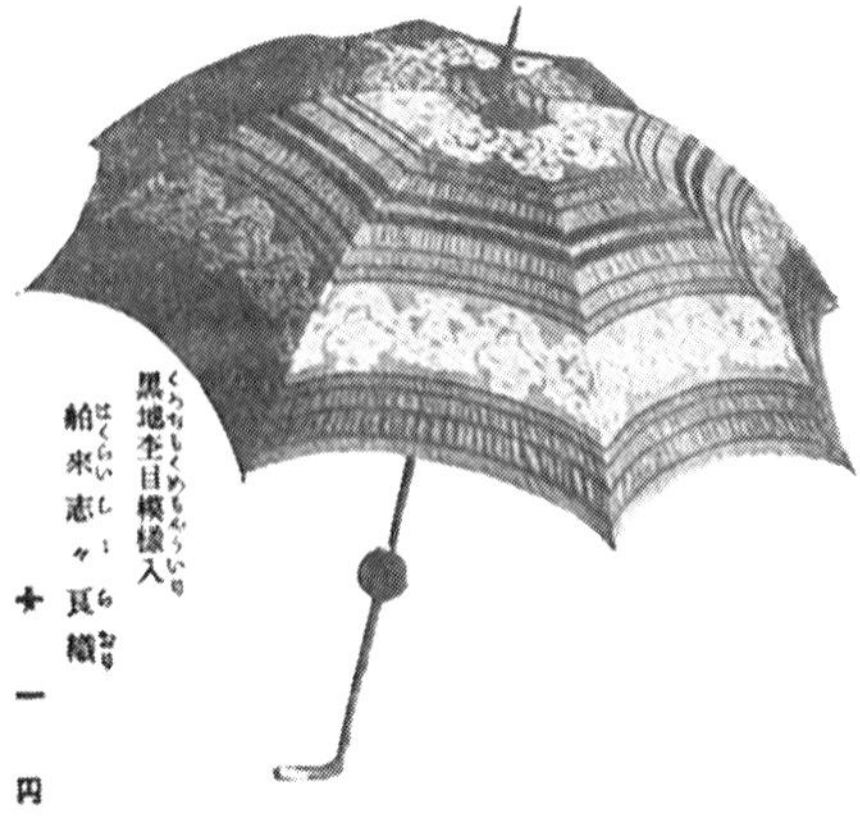

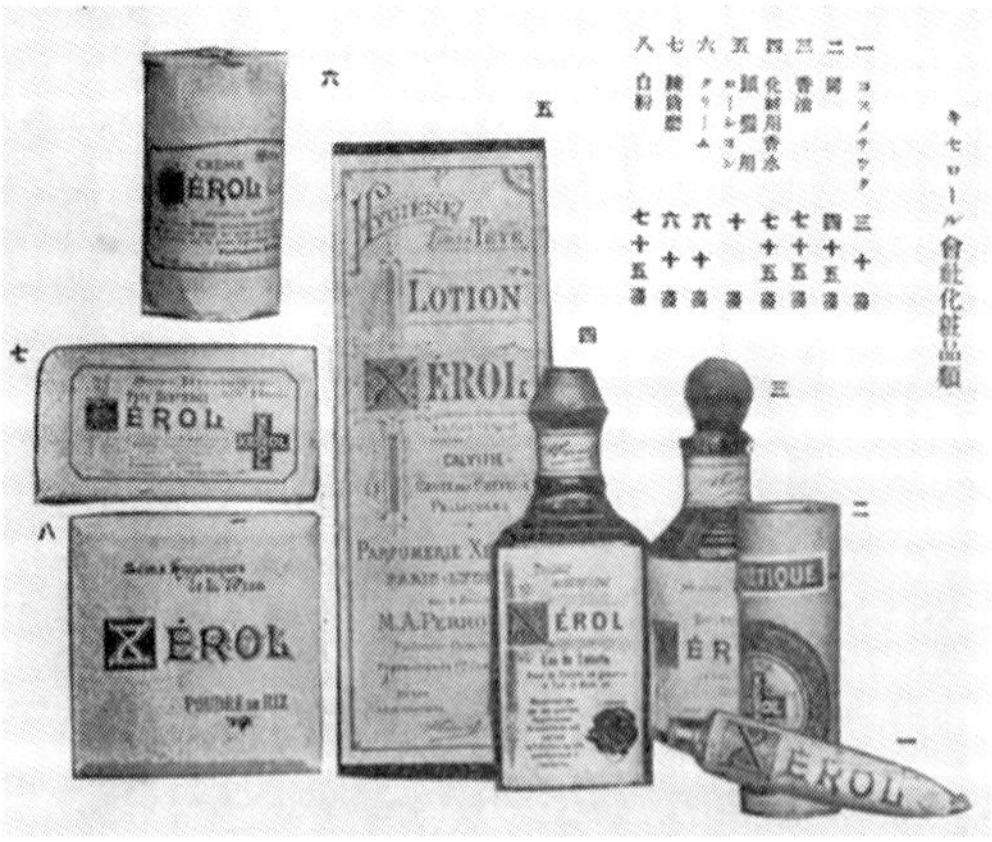

上＝『時好』1908年3月号で紹介された舶来の婦人用の傘
下＝『時好』1908年4月号で紹介されたキセロール社の化粧品

ヨーロッパに一年間ないし数年間、滞在する予定の日本人なら、片道四〇日間の日程は大した問題ではない。逆に欧州航路の方が、上海・香港・シンガポール・コロンボ・アデン・スエズ・ポートサイドなどに寄港して、アジアやアフリカの異文化に触れられる。しかし半年程度の旅行だと、そのうちの半分くらいを移動に費やすことになる。むらさき生「旅行中に観たる流行」（『時好』一九〇七年一月号）は、「旅行期間七ヶ月、其間船で暮したことが三ヶ月」という日比翁助の回想を伝えている。それを短縮できるという意味で、シベリア鉄道は、短期旅行者にとって画期的だった。「盛に鞄を善用すべし」（『時好』一九〇八年三月号）は、旧時代は旅に「柳行李」を用いたが、新時代は「鞄」を用いるべきと述べている。三越は欧州航路用の「鞄」として、ベッドの下に収納できるトランクを販売していた。さらにシベリア鉄道の旅行者のために、座席の下に収まるトランクを作製して、「西比利亜《シベリア》」号と名付けている。

豊泉益三はその後もシベリア鉄道を利用して、最新の雑貨を仕入れるため、ヨーロッパに向かっている。「三店員の洋行」（『三越』一九一一年六月号）は、この年も三人の社員がヨーロッパに行くと伝えた。一人は洋服部の裁方主任で、英国皇帝戴冠式の機会に、ロンドンなど「欧州交際社会」の流行に触れ、その情報を持ち帰る予定でいる。もう一人はイギリスに数年間留学して、室内装飾を学んでくる。三人目が豊泉で、彼の洋行は「例年の如く」と書かれている。「同人は欧米に遊ぶ事こゝに数回西洋は尚ほその故郷の如く、奥の奥、裏の裏、其目に映ぜざる無く、其流行は微細に及んで之を齎《もた》らし帰るべし」という文章から、仕入れ担当者としての豊泉に対する、三越の大きな信頼感が伝わってくる。

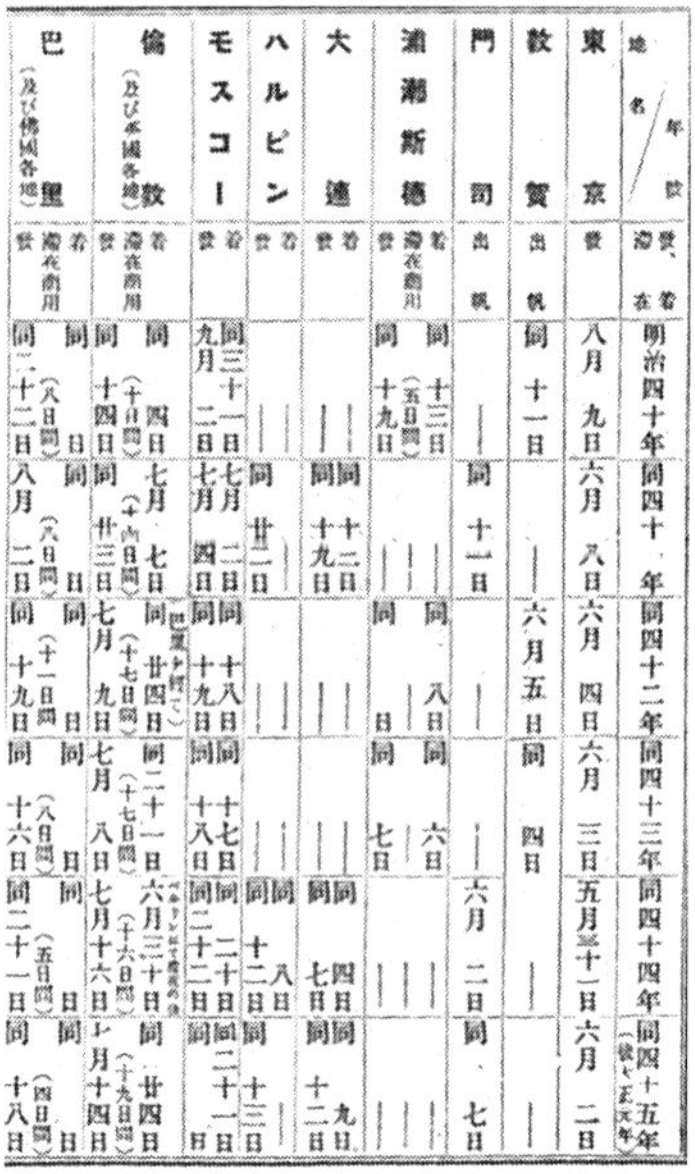

年設	東京 発	敦賀 出帆	門司 出帆	浦潮斯徳 着	浦潮斯徳 滞在期間	浦潮斯徳 発	大連 着	大連 発	ハルビン 着	ハルビン 発	モスコー 着	モスコー 発	倫敦（及び本国各地） 着	倫敦 滞在期間	倫敦 発	巴里（及び仏国各地） 着	巴里 滞在期間	巴里 発
明治四十年	八月九日	同十一日	—	同十三日	（五日間）	同十九日	—	—	—	—	同三十一日	九月二日	同四日	（十日間）	同十四日	同日	（八日間）	同二十二日
同四十一年	六月八日	—	同十一日	—		—	同十二日	同十九日	—	同廿二日	七月二日	七月四日	七月七日	（十六日間）	同廿三日	同日	（八日間）	八月二日
同四十二年	六月四日	六月五日	—	同八日		同日	—	—	—	—	同十八日	同十九日	同廿四日（巴里を経て）	（十七日間）	七月九日	同日	（十一日間）	同十九日
同四十三年	六月三日	同四日	—	同六日		同七日	—	—	—	—	同十七日	同十八日	同二十一日	（十七日間）	七月八日	同日	（八日間）	同十六日
同四十四年	五月三十一日	—	六月二日	—		—	同四日	同七日	同八日	同十二日	同二十日	同二十二日	六月三十日	（十六日間）	七月十六日	同日	（五日間）	同二十一日
同四十五年（後ち大正元年）	六月二日	—	同七日	—		—	同九日	同十二日	—	同十三日	同二十一日	同	同廿四日	（十九日間）	七月十四日	同日	（四日間）	同十八日

1907～12年の豊泉益三の東京～ロンドン間の旅程表（「世界の距離を短縮しつゝある三越呉服店」、『三越』1912年9月号）

三越の仕入れ担当者の帰国は、西洋の流行の最新情報を、新聞が入手する一つのチャンスである。読売新聞社の記者が豊泉益三に取材して、「新しい欧州の流行界――婦人の服、男子の帽子や靴は？」（『読売新聞』一九一一年八月一六日）を書いたのは、その証だろう。豊泉の見聞を通して、読者は次のような海彼《かいひ》の流行を知ることになった。ヨーロッパの女性のスカートは、一昔前は幅が細くて襞のない形が流行していたが、歩きにくく、列車の乗降にも不便なので、幅が広がってきた。それと釣り合いを取るため、ボンネットは逆に細長い形が流行している。夏は格別に暑かったので、男性は麦藁帽子が目立った。今年の冬服はビロードが人気になるだろう。子供用の玩具は、危険なブリキ製の代わりにセルロイド製が増え、飛行機がブームになっている。

一九〇七～一二年の豊泉益三の、シベリア鉄道を利用した東京～ロンドン間の旅の日数を記した表が、「世界の距離を短縮しつゝある三越呉服店」（『三越』一九一二年九月号）に掲載されている。一九〇八年は三〇日間かかったように見えるが、大連やモスクワで一〇日間近い視察をしているので、実際の旅程は二〇日間余りだった。一九〇九年は二〇日間、一九一〇年は一八日間だが、敦賀を起点にすると、それぞれ一九日間と一七日間になる。一九〇七年にシベリア鉄道を旅行客が使えるようになったとき、新たに赴任するフランスの駐日大使は、日本の駐仏大使に、シベリア鉄道の安全性について問い合わせてきた。その心配がなければ、シベリア鉄道はヨーロッパと日本を結ぶ「最捷路《さいしょうろ》」になる。豊泉の旅の全日程も、六年間の間に九〇日間から七二日間に縮まった。反対に仕入れ量は、毎年二倍、三倍と伸びている。

西洋の視察や、技術の習得、商品の仕入れは、三越呉服店がデパートへと自らを変革するために必要なことだった。「外面的に急速多大の膨張発展をなしつゝあると同時に内面的に新たなる知識を吸収し、絶えず進歩的社会の需要に後れざらんとする事も亦当店の努めて止まざる所なり」と、「三越呉服店と大正元年」(『三越』一九一三年一月号)は述べる。中村利器太郎は欧米のデパートを九カ月間かけて視察し、営業課長の仕事にその間の見聞を反映させた。中村に同行した上野義太郎は、自らの体験を雑貨部の仕事に活かしている。裁断師の坪田千太郎は、イギリスに留学してディプロマ(卒業証書)を獲得し、洋服部で手腕を発揮した。泉谷氏一《ていいち》はドイツ人の妻とベルリンに赴き、新しい写真の技術を身に付けて、写真部の仕事に携わっている。「世界の距離」の「短縮」は、空間的な距離だけに認められるのではない。洋行によって文化的な距離も、少しずつ縮められていった。

9　三越が文化人の流行会を組織する

「三越呉服店空中庭園に於ける流行会員諸氏」（『時好』1907年5月号）

三越呉服店は一九〇五年六月二四日に、流行研究会（流行会）を立ち上げた。『時好』一九〇七年五月号に、「三越呉服店空中庭園に於ける流行会員諸氏」という集合写真が掲載されている。並んでいるのは一八人。右から、井上剣花坊（川柳作家）、久保田米斎（日本画家）、太田宙花（評論家）、藤村喜七（三越常務取締役）、黒田撫泉（新聞記者）、石橋思案（小説家）、籾山《もみやま》東洲（三越意匠係長）、飯野三一《さいち》（三越呉服部主任）、永井鳳《ほう》仙《せん》（日本画家）、井上與十庵《よじゅうあん》（新聞記者）、伊坂梅雪（演劇評論家）、水口薇陽《びよう》（俳優）、佐瀬酔梅（新聞記者）、小原白洋（新聞記者）、神谷鶴伴《かくはん》（小説家）、戸川残花（詩人）、濱田むらさき（四郎、三越広告部長）、巌谷小波《さざなみ》（児童文学者）。このときはまだ入会していないが、森鷗外は三年後に会員になる。それ以外に、小説家の饗庭《あえば》篁村《こうそん》・幸田露伴、評論家の内田魯庵、劇作家の岡本綺堂・松居松葉《しょうよう》、洋画家の黒田清輝、教育者の高島平三郎、人類学者の坪井正五郎、農学者の新渡戸《にとべ》稲造など、流行会の関係者は七〇人を越える。

三越呉服店の店員を除くと、各界の文化人や新聞記者で流行会は組織されていた。会は月に一回催され、特定のテーマについて意見を交換する。また懸賞図案の審査を行い、講演会を開いて、流行の創出と啓蒙活動に努めた。それは三越のPR誌である『時好』の編集方針と重なる。同誌の臨時増刊『東京と博覧会』（一九〇七年三月）の附録「三越呉服店見物案内」に、「新流行品の紹介者」が載っている。「当世の新流行は記して漏す所なく、倫敦《ロンドン》に於ける洋服、巴里《パリ》に於ける化粧品の流行より、我国唯一のオーソリチーたる流行会の記事を網羅し、或は文士の新意見あり、店員の実験説あり、小説あり、一口話しあり、流行に関するもの載せて残す所なく、記して尽さゞるなきは、本誌の独色です」というのが、『時好』の説明である。国内外の流行に関する情報を提供して、自ら流行を作り出すことが、流行会の役割だった。

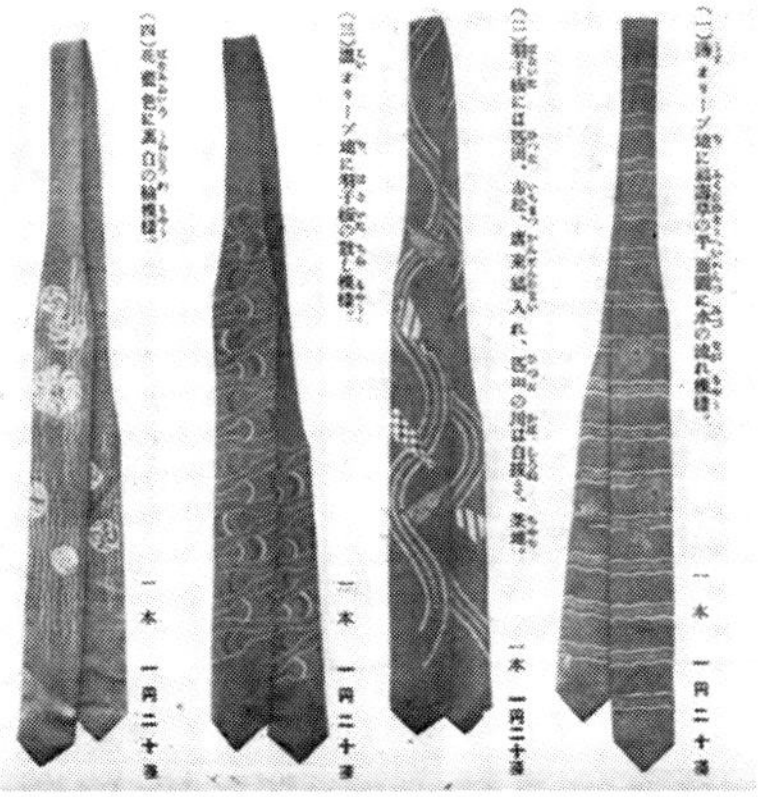

「壁羽二重地ネクタイ（流行研究会図案）」（『時好』1906年2月号）

流行を創出する実践は、流行会のスタートから一年も経過しないうちに、具体的な形として現れる。一九〇五年一一月一〇日に三越呉服店で、流行会の第四回例会が開かれた。「流行研究会」（『時好』同年一一月号）によれば、石橋思案・黒田撫泉など一〇人が集まり、ネクタイと縮緬半襟について議論をしている。それを受けて年内に、流行研究会作成の図案をセールスポイントにしたネクタイが発売される。写真は、『時好』一九〇六年二月号に掲載された「壁羽《かべは》二重《ぶたえ》地ネクタイ（流行研究会図案）」である。

同号の「流行研究会意匠ネクタイの評判」による

と、各新聞に記事が掲載されて、評判は良かった。たとえば一九〇五年一二月三〇日の『読売新聞』は、「三越呉服店内流行研究会にては勅題『新年の河』に依り四種のネクタイを作りたるが何れも地質は壁羽二重にて小波を利かせたり」（「新案ネクタイ」）と紹介している。このネクタイは制作の仕方に、三つのポイントがあった。①従来のネクタイは、縞物を切断して縫っていくが、このネクタイは一本ずつ図案を染め出している。②ネクタイの模様は期待通りに見えないこともあるが、模様がちょうど結び目にくるようにデザインしている。③表裏を同じ模様にしているので、表裏とも使用できる。

一九〇八年になると流行会は、三越呉服店という一企業の枠組みを越えて、日本における流行の創出を意識するようになる。「活気ありし流行会」（『みつこしタイムス』同年一〇月号）によると、九月の流行会で組織変更が議題に上がる。巖谷小波・笠原健一（三越営業課長）・久保田米斎・黒田撫泉・遅塚麗水（小説家）の五人が委員に選出され、変更案の作成は五人に付託された。五人が一カ月後の流行会で報告したことが、「流行会の発展」（『みつこしタイムス』同年一一月号）に出ている。その結果、「三越本位なる今の流行会を拡張して日本の流行会たらしむ」ことが決定された。三越呉服店の内部だけで閉じた議論をするのではなく、社会と関わりをもつ方向性が、そこから開けてくる。

一九一〇年になると流行会では、会員の発表を行うようになった。「五月の流行会」（『みつこしタイムス』同年六月号）によれば、このときに高島平三郎と幾度永《きどえい》（三越雑貨部係長）が会員に加わっている。また今後は毎回、「会員二名宛《ずつ》其得意とする事物について研究の結果を発表」することが、幹事から提案された。投票の結果、次回の流行会では石橋思案と高島の二人が講演することになる。講演内容の記録や、流行品の写真は、『みつこしタイムス』で公開する。ＰＲ誌での紹介によって、流行をめぐる情報は、流行会の中だけでなく、一般にも共有されることになった。また会員の希望で、次回の流行会から、その月の流行の状況を、三越の店員が実物を提示して説明することが決まる。

六月一五日の流行会で講演する予定だった石橋思案は、その日が博文館の創立記念日と重なったために欠席し、講演は延期された。しかし高島平三郎は「流行の心理」という講演を二時間行い、その記録は『みつこしタイムス』一九一〇年七月号に載っている。「流行」という言葉、すなわち英語の **Fashion** やフランス語の **Mode** は、型を意味する言葉で、上流社会の **Refined**（洗練された）という意味も持っていると、高島は講演を始めた。そして流行がなければ文化は発達せず、文化が発達しなければ流行は盛んにならないと、両者の関係を説明している。流行は文化を進める基礎であるという考えが、高島を三越の流行会会員にしたのである。

三越呉服店の店内で開いていた流行会は、やがて公開講演会も行うようになる。一九一〇年一〇月八日の『読売新聞』に、「流行会の公開演説」が掲載されている。この記事によると、新聞記者・学者・専門家による研究成果を公開する試みとして、一〇月一〇日に日本橋倶楽部で第一回講演会が開かれることになった。巌谷小波の「開会の辞」に続いて、講演は三本。塚原渋柿園《じゅうしえん》（歴史小説家）の「幕末の江戸風俗」、高島平三郎の「趣味の心理」、坪井正五郎の「諸人種の服飾」である。傍聴は無料で、入場券は三越で希望者に配布することになっていた。

『三越』1913年7月号に掲載された、流行会編「江戸趣味研究資料第一回」の扉絵

公開講演会は翌年の一〇月一〇日にも開かれている。「第二回流行会公開講演会の記」（『三越』一九一二年一一月号）はその記録である。会場は第一回と同じ日本橋倶楽部で、三〇〇人余りの聴衆が集まった。司会の巌谷小波は、「流行といへば髪の形とか、着物の色とか、下駄の形とかを研究するに止《とどま》る如く感ぜらるゝ人もあらんも、本会の趣意たるや更に広く各方面の流行に着目するにあり」と流行会を紹介している。「古今東西の流行を研究し時代嗜好の向上を図る」ことが目的だと、規約にも定められていた。この日の講演は三本で、小説家の幸田露伴の「紋の事」、医者で歌人の井上通泰《みちやす》の「浪人大原左金吾の話」、心理学者の菅原教造の「官能と文化」と、多彩なテーマになっている。

流行はどの時代にも見られる現象で、どのエリアでも存在するから、話題が尽きることはない。ただ流行会会員の多くが、共通して関心を抱くテーマもあった。一九一〇年代前半に顕著になるのは江戸趣味で、流行会は自らの内部に、江戸趣味研究会を発足させている。委員になったのは、饗庭篁村・井上剣花坊・伊原青々園（演劇評論家）・久保田米斎・幸田露伴・斎藤隆三（風俗史家）・佐々《さつさ》醒雪《せいせつ》（国文学者）・塚原渋柿園・中内蝶二（劇作家）・邨田《むらた》丹陵（日本画家）の一〇人。一九一三年一月三一日の第二回委員会で、天明時代の黄表紙を研究対象に据えることが決まったと、「江戸趣味研究会」（『三越』同年三月号）に書かれている。黄表紙五六冊を素材に数百の項目を、演劇・音楽・遊郭・飲食・遊戯・服飾などに分類して、研究を進めることにしたのである。

その成果は『三越』一九一三年七月号に、流行会編「江戸趣味研究資料」としてまとめられた。佐々醒雪はこの記事の「緒言」で、研究方法の立案者は自分であると述べている。江戸時代といっても、江戸幕府の開府から大政奉還まで、約二六〇年間の長い期間である。そのうち一八世紀の、享保（一七一六〜三六）から寛政（一七八九〜一八〇一）の間が最も江戸の風俗をよく示していると、佐々には思えた。幸いなことに黄表紙と呼ばれる大人向けの読物に、色刷の挿絵が入っていて、その時代の風俗を活写している。そこで黄表紙から、風俗・習慣・流行などに関連する章句を抜粋して、各部に類別し、注解を加えることにしたのである。

駿河町人（松居松葉）「流行会の記」（『三越』一九一二年三月号）に、三井呉服店と三越呉服店の違いに触れた興味深い一節がある。「昔の三井の呉服店《だな》では、何か流行を特に作り出したといふ事は有りますまいか」と、松居はあるとき「斎藤文学士」に尋ねた。斎藤は「三井の歴史編纂部の人」で、三井家の歴史に「最も精通した人」と書かれているので、斎藤隆三のことだろう。「さう云ふ記録はありませんネ、御店あたりぢや、昔はそんな事をしないのを得意として居つた」「泰然としてモウ何にもしなかつた」と、斎藤は即座に答えたという。念のために明治維新前後のことを、常務取締役の藤村喜七に尋ねると、昔は反物ばかり扱っていたが、小切（布の小片）を初めて売り出したのは三井であると語ったらしい。三越呉服店が三井呉服店と明らかに違うのは、流行を意識して、流行を自ら作り出そうとしたことである。それは呉服店がデパートに変身するために、必要不可欠な戦略だった。

10 ベルリン帰りの巖谷小波、パリ帰りの久保田米斎

流行会が三越呉服店という企業の枠組みを越えて、日本の流行の創出を志すようになってから一年、一九〇九（明治四二）年九月の流行会は幹事改選の時期に当たっていた。「秋の流行会」（『みつこしタイムス』同年一〇月号）によると、無記名投票の結果、巖谷小波・笠原健一・久保田米斎・黒田撫泉・遅塚麗水の五人が、引き続き幹事を務めることになる。このうち笠原は三越の営業課長なので、企業の内部関係者だが、それ以外の四人は、同時代の文化人として流行会に参加していた。特に児童文学者の巖谷と、日本画家の久保田は、流行会の記録を追いかけていくと、単なる参加者の一人というより、キーパーソンとして活躍していたことが分かる。

巖谷小波は博文館の児童を対象とする雑誌、『少年世界』『少女世界』『幼年世界』などの主筆を務めている。さらに博文館が刊行した『世界お伽噺』全一〇〇巻や、『日本お伽噺』全二四巻の編者として、児童にはよく知られていた。「小波先生顧問となる」（『みつこしタイムス』一九〇九年二月号）が、「現代の少年少女諸君にして、誰知らぬものなきお伽噺の泰斗《たいと》」と巖谷を紹介したのは、大袈裟な言い方ではない。三越が新たに作る小児部の顧問を、巖谷が引き受けたことを、記事は伝えた。同誌にはこの記事と並んで、「流行会の新年発会」が掲載されている。一月二一

日に花月楼で開かれた新年最初の流行会には、「巌谷小波氏を先頭として」、各委員が出席したという。巌谷が流行会の中心人物の一人だったことが、この表現から伝わってくる。

流行会の活動をリードする役割を、巌谷小波は果たした。たとえば「暑中の流行会」（『みつこしタイムス』一九〇九年八月号）は七月一八日に、柳橋亀清楼で夏季大会を開いたことを伝えている。日比翁助が開会の挨拶をした後で、秋に開催する時代風俗参考品陳列会の次第書の説明をしたのは巌谷だった。平安時代から江戸時代の、服飾（装束・能装束）、絵画（絵巻物・屏風）、調度品や器具（陶器・蒔絵）、風俗に関する古文書や版本が、展示されるプランで、児童と直接の関係はない。納涼を兼ねていたこの日は、三越少年音楽隊の演奏や、橘家円喬《えんきょう》の落語があり、宴席は夜遅くまで続いた。

顧問を引き受けた巌谷小波は、小児部の発展を図るため、一九〇九年八月から半年間の予定でアメリカに渡る。そのため流行会にはしばらく不参加になった。「懸賞裾模様審査――八月の流行会席上」（『みつこしタイムス』同年九月号）に、「晩餐後、黒田氏は、巌谷氏渡米不在中の故を以て、立つて今回の裾模様図案の集まりたる数及其成績を報告したる後、其の審査法に就き、会員に協議したる」と書かれている。いつもなら巌谷が報告や司会を務めていたが、渡米中のため、同じ幹事の黒田撫泉が代役を果たしたのである。懸賞裾模様の応募図案が、会場いっぱいに懸けられて、紙と鉛筆を手にした会員は、その間を縫うように行き来して採点し、当選者を決定した。

久保田米斎は巌谷小波より少し後の一九一〇～一三年頃に、流行会の幹事として活躍している。久保田は日本画家だが、絵だけを描いたのではない。アメリカのハイスクールを卒業した久保田は、日本文化に幅広く関心を抱く風流人だった。古今の文献を渉猟する教養人でもある。舞台美術家として舞台装置を描き、呉服の衣装図案を手掛け、俳諧や和歌も作った。その意味では、古今東西のさまざまな流行を研究して、新時代の流行を生み出していく、流行会の活動には、欠かすことができない人物だったといえる。

一九一一年一月に出た『みつこしタイムス』に、「明治四十三年に於ける流行会」という記事が載っている。流行会がスタートしてから、すでに五年が経過した。「其間にはネキタイやチヨツキに新案を出し、半襟、小間物類にも創意を試み裾模様図案募集の先駆をなし、又は専門家名士の講話などを聴きつゝ、過ぎ去つて来たが、今年ほど急転直下の勢で、発展した事は、実に本会の記録《レコード》に特筆すべき」と、記事には書かれている。スタートしたときと比べると、会員数は二倍になった。しかし一九一〇年が「一紀元を成した」年として記憶されるのは、「本会を世間に発表した」ためだろう。その柱は二つある。一つは会員の講演を記録として残したこと。もう一つは公開講演会の実施である。

この記事に続けて、『みつこしタイムス』の同じ号に、「四十三年最後の流行会（久保田幹事報告）」という記録が載っている。三越呉服店で一二月八日に開かれた年納めの流行会で、巖谷小波はドイツの学生の決闘について、絵葉書や実物の道具を見せながら話した。また塚原渋柿園は幕末の武家が、正月に行った風習をテーマに語った。この日は三三人の会員が集まり、翌年の前途を祝して散会している。流行会の様子が窺えて興味深い報告だが、注意しておきたいのは内容ではなく、「久保田幹事報告」と、タイトルに記載されたことである。一九一一年以降の流行会の記事には、「久保田幹事報告」という語句がしばしば出てくる。つまり「一紀元を成した」後の流行会で、久保田は中心的な役割を果たす一人だったことになる。

流行会をまとめるポジションにいた巖谷小波と久保田米斎。この二人の存在が、象徴的に語っているのは、三越にとって、二〇世紀初頭のヨーロッパ体験の意味が大きかったことである。『時好』一九〇四年五月号には、「白人会看花筵の序」という、一読しただけでは、なぜ三越のPR誌に掲載されているのか、不思議に思える文章が掲載されている。

ベルリン大学附属東洋語学校の卒業式の記念写真（巖谷小波『小波洋行土産 上』1903年4月、博文館）。前列中央が巖谷

一年《ひととせ》伯林に創《はじ》めて起りて、さてこそ白人会と名乗れる俳会の、一昨年《おととし》の暮より東京に移されしは、会員の何《いず》れも帰朝せしが為なり。されば彼の地にありし頃は、等しく学生なりける者の、帰れば何れもその職に就きて、軍人あれば、外交官あり、技師あれば、画工あり、学士、博士の肩書は、彼の大学の六科に渡りて、その俗称は世に嘖々《さくさく》たるも、俳号の之に反して、一向知れも渡らぬこそ却《かえ》りて会の特色とは知らるれ。

執筆者は楽天居小波、すなわち巖谷小波。巖谷が亡くなる翌年の一九三四年九月に、この俳句会の作品をまとめる『白人集』（白人会）が刊行された。そこに清水晴月の「白人会創立の時を回想して」が収められていて、創立の経緯を確認できる。ベルリン大学附属東洋語学校の講師として招聘された巖谷は、一九〇〇年一〇月にベルリンに赴いた。その頃、日本公使館に勤務していた倉知鉄吉・水野幸吉・盧百樹は、巖谷を中心に、俳句会を起こすことを考える。留学中の筧克彦《かけい》（公法学者）・杉山四五郎（政治家）・美濃部達吉（憲法学者）らが賛同して、その翌年から俳句会が開かれるようになった。最初の会合で巖谷は、「伯林」の「伯」の字を、へんとつくりに分け、さらに「白人は素人に通ずる」と説明して、「白人会」と命名している。

この本には巖谷小波（談）の、「伯林の頃（十年紀念会の時）」という回想も収録されている。それによると最初の白人会は、一九〇一年一月二七日に開かれた。会員は素人だけではない。たとえば日本公使館の三等書記官で、後にアメリカ総領事になる水野幸吉は、筑波会派の俳人である。俳句会といっても、日本とは勝手が少し違っている。テーブルを囲んで椅子に腰かけ、公使館の罫紙に句を記す。第一回の俳句会で最も高い得点を獲得したのは、美濃部達吉の「玆《ここ》に二年梅なき春の恨かな」という句である。「伯林でなくては出来ぬ句」と巖谷は評した。日本食を料理して皆で食卓を囲み、日本語で話をしながら、遠い日本で咲いているだろう梅の花を、彼らは想像したのである。

ベルリンは「学問の都」という性格を持っていたが、パリは「芸術の都」として知られている。ベルリンに留学生が集まったように、パリには美術家が訪れた。ほぼ同時期にパリでも、俳句会を作ろうとする人たちが出てくる。久保田世音つまり米斎の、「巴里に於ける巴会」というエッセイが『白人集』に収録されている。それによれば一九〇一年八月頃に、洋画家の和田英作や久保田ら三人が発起人となり、洋画家の浅井忠ら四人が賛同して、毎月か隔月で俳句会を開くようになる。ベルリンで白人会が結成されたという情報が伝わり、それが動機の一つになって、巴会が設立されたのである。翌年一月には謄写版だが、雑誌も発行している。やがて日本から洋画家の中村不折や藤村知子多がパリに来て、巴会に加わるようになる。さらにロンドンでは一九〇一年一一月に俳句会が催され、留学中の夏目漱石らが参加している。

星野麦人《ばくじん》「東京に白人会」（『白人集』）によると、一九〇二年の夏に岡田朝太郎（刑法学者）が白人会を東京で開きたいと考え、尾崎紅葉には頼みにくいので、星野に依頼する。やがて巖谷小波を始めとする白人会や巴会の会員が、ベルリンやパリから帰国した。一九〇三年以降は、尾崎や石橋思案も顔を見せるようになる。「白人会看花筵の序」に記されたように、異国の地にいた人々の氏名（「俗称」）は、帰国後に美術や学問や外交のジャンルで有名になった。しかし「十月亭」（有島生馬）、「世音」（久保田米斎）、「苦楽」（黒田清輝）、「水哉」（坪谷善四郎）、「古泉」（美濃部達吉）、「古丘」（山田三良）、「外面」（和田英作）、「吐雲」（和田垣謙三）などの、「俳号」が知られたわけではない。前者だけを見ると、確立された世界が広がってい

1901年12月14日にパリ郊外のグレー村で開かれた巴会の写真（『白人集』1934年9月、白人会）。前列右から、和田英作（外面）・勝田主計（明庵）。後列右から美濃部達吉（古泉）・久保田米斎（世音）・浅井忠実（杢助）

るかもしれない。しかし「俳号」での表現の向こうには、異文化の只中で他者と向き合いながら、自己を問い、自らのアイデンティティを確認しようとする、揺れ動く心的世界が存在している。

その心的世界は、極東の地で、西洋の帝国のデパートの背中を見ながら、呉服店からデパートに自己変革していこうとする三越とつながっていた。三越が西洋のデパートをモデルとして生まれ変わるためには、経営陣のトップが西洋を視察し、店員が留学して専門的な技術を学び、新しい雑貨を買い付けに行くことが必要である。しかしそれで十分だったわけではない。流行会に組織した同時代の文化人の海外体験を、そこに接合させる必要があった。三越のPR誌にさりげなく残された、白人会の情報や、俳号が記された俳句は、他者を鏡として自己を見つめる視線の証であり、三越と文化人のつながりの証でもある。

11　新渡戸稲造の流行観、坪井正五郎の新案玩具

三越呉服店の流行会の第三回公開講演会は、一九一二（大正元）年一〇月一〇日に日本橋倶楽部で開かれた。『三越』同年一一月号に掲載された「第三回流行会公開講演会」によると、定刻までに集まった聴衆は三〇〇余人。佐々醒雪・新渡戸稲造・半井《なからい》桃水（小説家）の三人が講演を行っている。東京帝国大学法科大学教授で、第一高等学校校長を兼務する新渡戸は、新設の日米交換教授制度で、前年にアメリカに渡っていた。この日はアメリカ滞在中の体験を、「外遊所見

流行談」と題して語っている。新渡戸の講演は、聴衆にとって必ずしも愉快ではない内容も含まれていた。一九〇〇年代に日本からの移民が急増したアメリカでは、日露戦争で日本が勝利したこともあり、日禍論が強まっている。日本人は美術的には優れている。しかし「野蛮」なため戦争に強い。また「商業的道徳」に欠けていて、「正直な価《あたい》」がない。そのような日本イメージを、新渡戸は紹介した。

不愉快な内容が含まれていたとしても、海外の見聞を伝える話は、流行を考える際の参考になったに違いない。「風俗習慣」が「国民性」に基づくなら、その外側に出なければ、自らの「風俗習慣」を相対化できないからである。日本で流行という言葉は、男性には「良い意味」で捉えられていない。しかし行儀作法や器具にも、お辞儀の仕方やステッキの持ち方にも、人物や思想にも、流行があると新渡戸は語った。「交通」が頻繁になると、流行は盛んになる。「教育」が普及すると、「平等観念」が広がり、流行は伝播しやすくなる。「機械製造」が大規模になると、製品を大量に安く作れるので、流行の条件が整ってくる。日本の近代化が進行して、さまざまな制度が整備されていくと、流行が消費の重要なファクターになることを、新渡戸は西洋で学んでいた。それは指針という意味で、三越が進むべき方向性を示していたはずである。

日本で最初の人類学者といわれる坪井正五郎が、三越呉服店の流行会の会員になるのは一九〇九年一月である。一八八九年から三年間、イギリスに留学した坪井は、東京帝国大学理科大学教授に就任する。草創期の考古学を指導しながら、坪井は日本の石器時代を、主な研究テーマにしていた。入会後の二月二三日の流行会で行った講演は、樺太のアイヌの風俗についての話である。

「坪井理学博士新案『亀と兎』」（『みつこしタイムス』1910年5月号）

「樺太の美術」（『みつこしタイムス』同年三月号）はその記録で、食器・火打道具・煙管《きせる》・婦人帯・鉢巻・手袋・男児装飾品・小刀の鞘・着物・脚絆《きゃはん》などの実物を示しながら、坪井は説明を進めていった。同じ号に掲載された「流行会」によると、脚絆の刺繍の優美さや、食器の便利さ、模様などの意匠を目の当たりにして、会員は賞嘆の声をあげたという。

坪井正五郎が流行会に残した大きな足跡は、人類学者や考古学者としての仕事によってではない。西洋玩具のコレクションや、新しい玩具などの発明によってだった。「新案玩具「亀と兎」」（『みつこしタイムス』一九一〇年五月号）に坪井は、「もしもし亀よ亀さんよ」の歌詞には、歩みが遅い亀でもたゆまず進めば、油断する兎を追い越すという、教訓が含まれているが、亀が必ず勝つわけではないと書いている。勝敗の行方は、兎が休むか休まないかによって決まる。それを基に考案した玩具が「亀と兎」である。写真で分かるように、盤面には六〇の仕切りが記され、亀の焼き物（左）と、兎の焼き物（右）が置かれている。亀用の赤いサイコロは六面とも二か三。兎用の白いサイコロは、二面が七と八になっているが、残りの四面は〇である。亀側と兎側に分かれて、交互にサイコロを振り、亀側は「ノタ、ノタ」と言いながら、兎側は「ピヨン、ピヨン」と言いながら進行させるゲームだった。

このゲームが好評だったことは、一九一〇年三月二八日の『読売新聞』に、「新案玩具「兎と亀」――坪井博士の考案」が出ていることからも分かる。記事によるとこれは、「双六を教育的に改良した」玩具だった。兎が早いか、亀が早いかというところに、「教訓的意味」があるという。兎と亀は清水焼で作られている。玩具名は、兎が先なのか、亀が先なのか。実は三越のPR誌でも、『読売新聞』の記事でも、両方の記載があって混乱している。ただ『三越』一九一一年一二月号の「年末年始の御贈答品」というリストには、四〇銭の価格で「兎と亀」という商品名が記載されているので、「兎」が先だったのかもしれない。

流行会の会員になった後も、坪井正五郎はヨーロッパを訪れている。一九一一年七月五日には横浜から、欧州航路の日本郵船・宮崎丸に乗船してロンドンに向かった。万国人種会議に出席するためである。「坪井理学博士の洋行」（『三越』同年八月号）は、このときも坪井が新案の「ポケットデスク」を用意したと報じている。『国民新聞』から旅行中の記事を依頼された坪井は、この手帳を発案して、三越で制作し、自らの旅行に持参して漫画を描くことにしていた。ポートサイドで下船してカイロに立ち寄った坪井は、一週間後に入港した北野丸に乗り込み、「西欧の海上より」という紀行文を、『三越』同年一一月号のために送ってくる。ただし「ポケットデスク」の紙は使いすぎたらしく、すでに少なくなっていて、このときは北野丸の用箋に書いてきた。

ロンドンに到着した坪井正五郎は、博物館巡りに一〇日間ほどを費やし、九月二六日にパリに向かう。それ以降は精力的に、ヨーロッパの各都市を回った。「世界の名物」（『三越』一九一二年二月号）には、その足跡が記されている。ベルリン経由でドレスデンを訪れた坪井は、万国衛生博覧会で三越が調製した日本風俗人形に再会する。続いて万国地理学会に出席するためローマに行くが、トルコとの間で伊土戦争が勃発して、学会は無期延期になってしまう。そこでスペインのマドリードに赴き、トレド、モンテカルロ、ミラノ、ポンペイ、フローレンス、ヴェニス、ブダペスト、コンスタンチノープルと、各都市を歴訪した。その後、ロンドンに戻った坪井は、大西洋を越えてアメリカに渡る。

一九一二年二月中旬にシアトルを出発した坪井正五郎が、横浜に戻ってくるのは三月二九日である。ヨーロッパの各都市を巡遊した坪井は、単なる観光をしていたのではない。「坪井理学博士の御土産」（『三越』同年五月号）によると、「比較的日本人の注意を払はざる第二流の都市」、すなわちネープルズ、フローレンス、ウィーン、ドレスデン、シュトゥットガルトなどで、裏町の露店を回り、「数十点の珍らしき玩具、文房具、旅行用具等」を土産に持ち帰ってきた。大都市の流行品とは趣が異なり、地方色が豊かで、日本人の旅行客も目にしていない品物が多い。それらは児童博覧会の参考室に展示され、一般の人々の観覧に供されることになった。

旅行中に見た風俗の流行や、旅先で購入した品物について、坪井正五郎は一九一二年五月の流行会で講演している。その記録が、「海外旅行みやげ」（『三越』同年六月号）である。かつてロンドンやパリで、紳士は窮屈なシルクハットを被っていたが、今回行ってみると一割もいない。ファッションは簡略になり、多くの人が山高帽や中折れ帽を着用していた。また実用性は疑問だが、不思議な万年筆もあった。柄の部分を捻じると、中に切手を入れられる。さまざまな実物を提示しながら坪井は、日本でも実現可能なアイデアは、製品化したらいいのではないかと、講演を締めくくった。

万国学士院大会に出席するため滞在していたサンクトペテルブルクで、一九一三年五月二六日に坪井正五郎は五〇歳で亡くなる。『三越』は同年六月号に「嗚呼理学博士坪井正五郎先生」を掲載して、その死を悼んだ。二年前に欧米を歴訪したときは、「嶄新《ざんしん》奇抜なる玩具実用品百有余種」を、三越のために購入してきたと記されている。坪井の遺骨は六月二四日に新橋停車場に到着し、三日後に染井墓地に葬られた。「坪井博士と当店」(『三越』同年七月号)で補うと、坪井が三越のために考案した商品は二〇を越える。玩具には、「飛んで来い」「ずぼんぼ」「兎と亀」「マワストヘンゲル」「かはり扇」などがある。日用品としては「名刺受」や「六角時計」があり、文房具には「七曜筒」「絵葉書分類箱」「ポケットデスク」「波形文鎮」「七夕栞《しおり》」があった。

坪井正五郎が亡くなって五日目の一九一三年五月三一日に、『読売新聞』は「博士考案の玩具――故坪井博士の一面」という記事を掲載して、三越の笠原健一の談話を紹介した。三越では児童用品の改良のため、児童用品研究会を設けていて、坪井も会員の一人である。坪井は世界各国の玩具を研究し、新しい意匠を案出した。たとえば「飛んで来い」は鶴や鳩の形で、飛ばすと元の場所まで戻ってくる。これはアフリカの飛鳥を打ち落とす器具から思い付いた玩具である。「マワストヘンゲル」という不思議な名前の玩具は、人体を頭と胴と足の三つに分けてあり、それぞれを自由に回せるようになっている。

坪井正五郎は客死した最後の旅でも、ロシアの玩具の収集を行っていた。「児童用品研究会彙報」（『三越』一九一三年八月号）には、ウラジオストクから四〇点、モスクワから三一点の玩具が届き、陳列して披露したと記されている。その二カ月後の『三越』の「児童用品研究会彙報」は、さらにサンクトペテルブルクから、四〇点余りの玩具と文房具が届いたことを伝えた。この年の

『三越』1913年7月号に掲載された、第一回子供会で陳列された坪井正五郎の「意匠玩具」の写真。中央上部に坪井の遺影が飾られている

一一月九日に日本橋倶楽部では、「三越オモチヤ会講演会」が開かれている。坪井の姿はもちろんそこにない。しかし各国の玩具を収集して、それを参考に新しい日本の玩具を生み出そうとした坪井の遺伝子は、三越に引き継がれている。

12 帝国劇場の開場と、流行会の衣裳選定

日本で最初の西洋式演劇の劇場である帝国劇場は、一九一一（明治四四）年三月一日に竣工した。建築家の横河《よこがわ》民輔が設計した、地下も含めると五層から成る、ルネサンス建築様式の白亜の劇場である。イタリアから輸入した大理石、御影石や装飾煉瓦を贅沢に使い、舞台装置には日本独自の花道も設置できるようになっていた。中央大ホールの天井には、シャンデリアを吊るし、数多くの電燈が照らし出す空間には、岡田三郎助や和田英作の壁画が飾られている。上の図版は、一九一一年九月に帝国劇場が発行した『絵本筋書』の表紙。ここに場内で「女子案内人が携帯発売」した『帝国劇場案内』の広告が載っている。そこに

『絵本筋書』（1911年9月、帝国劇場）の表紙

は「天井の絵画、舞台前の彫刻、緞帳《どんちょう》、これ等には、それぞれ製作者の苦心が籠もつて居ります、その他帝国劇場の建築設備には孰《いず》れも文明今日の粋が尽くして御座います」と記され、帝国劇場の建築や内装自体が、見物の対象になっていたことが分かる。観客席数は一七〇二。一階の東洋軒や、三階の花月・更科で食事をすることもできた。

　三越呉服店は帝国劇場の成立に深く関わっている。日比翁助が帝国劇場の発起人の一人を務めたことや、横河民輔が帝国劇場の完成後に、三越の建築を手がけたことは、その証の一つである。しかしそれだけでなく、劇場の内装や、衣裳も、三越は担当していた。「帝国劇場の新築を祝す」（『三越』一九一一年一月号）には、「三越呉服店は夙《つと》にその舞台を飾るべき緞帳《どんちょう》と、舞台上部の水引との調製を命ぜられ、また貴賓上覧の席の装飾什具《じゅうぐ》全体をも調製の命を下され、尚事務員、楽手の燕尾《えんび》服、女事務員の洋服、使用人の印袢纏《しるしばんてん》をも調製したり」と書かれている。来場者が帝国劇場で目にする、さまざまな空間構成要素が、三越によって制作され納められていた。それは舞台でも変わらない。「同座の衣裳和洋とも当店衣裳部の担任する事」が決まり、史劇俳優・新派喜劇俳優の衣裳も、女優のダンス用の衣裳も、三越が調製している。

　三越呉服店と劇場の関係は、帝国劇場竣工の一九一一年より前に遡る。たとえば一九〇五年二月一四日の『東京朝日新聞』に、「或人曰く」という次のような記事が出ている。「去る令嬢が斯《こ》う云つて居る身に君江同様の三越製の衣服を纏《まと》ひ川上正劇《せいげき》の鶴姫を見ながら歌舞伎座の俳優料理を食べたい」と。「正劇」とは、川上音二郎が一九〇三年に翻案劇の「オセロ」を上演した際、台詞や仕草を主とする新しい演劇という意味で付けた名称である。「俳優料理」とは、俳優が舞台で作った料理を、見物客に配るという企画で、この頃の歌舞伎座で評判になっていた。注目されるのは「君江同様の三越製の衣服を纏ひ」という令嬢の願望だろう。舞台女優が身にまとう三越調製の着物が、観客の女性の憧れの対象になっていたことを、記事は語っている。

ところで君江とは誰なのか。一九〇五年一月九日の『東京朝日新聞』に掲載された「東京座本郷座着姉妹《ききょうだい》」によると、東京座と本郷座という二つの劇場で、共に「乳姉妹《ちきょうだい》」が上演されていた。これは二年前に『大阪毎日新聞』に連載された、菊池幽芳の家庭小説の舞台化である。小説に登場する姉妹の名前が君江と房江。東京座では三越呉服店が衣裳を担当し、本郷座では白木屋呉服店が衣裳を担当した。「芝翫に対しての河合三越に対しての白木双方優り劣りはなけれど尚贔屓《ひいき》方の御考案を乞ふ」と、記事は結ばれている。君江役は、東京座では中村芝翫《しかん》が、本郷座では河合武雄が演じた。写真は、三越の衣裳を身につけた中村芝翫（『大三越歴史写真帖』一九三二年一一月、大三越歴史写真帖刊行会）。劇場は着物の流行の、発信機能を持つスポットだった。別々の劇場で、

『大三越歴史写真帖』（1932年11月、大三越歴史写真帖刊行会）に収録された、三越の衣裳を着た中村芝翫

異なる呉服店が衣裳を担当することが、優劣を競うというよりも評判を呼ぶ――そんな効果が浮き彫りになる仕掛けである。

三越呉服店が衣裳を調製したのは、東京座だけではない。一九〇七年三〜七月に上野公園で開かれた東京勧業博覧会でも、三越調製の衣裳は何度も人々の目を楽しませた。「東京博覧会」(『東京朝日新聞』一九〇七年六月九日)は、六月八日から三日間、演芸場で開かれる手踊りに出演する柳橋芸妓の衣裳が、すべて三越の製品であると伝えている。さらに約一カ月後の「東京博覧会」(『東京朝日新聞』一九〇七年七月一〇日)という記事は、演芸場で七月一一日から、芳町《よしちょう》芸妓が新曲「あづまの手振《てぶり》」を披露すると報じた。これは江戸の沿革や東京の繁昌、博覧会の賑わいなどを表現した新曲だが、優美華麗な衣裳はすべて、三越が寄付したという。

一九一〇年一〇月二七日に清の貝勒載洵《ばいろくさいじゅん》殿下が東京を訪れたとき、南満州鉄道は殿下のために歌舞伎座で、舞台を主催している。「貴賓御覧の芝居」(『東京朝日新聞』同年一〇月二三日)はこの日の「装飾一切」を、三越が担当することになったと報じた。表には大きなアーチを設置する。木戸正面には金屏風を立て、その前には大輪の菊花の鉢植えを並べる。場内は二階正面の桟敷を取り除き、絨毯を敷き詰めて、柱をすべて布で巻く。中央に殿下の観覧席を設け、各皇族の席も用意する。土間には椅子を置いて、貴衆両院の議員席に充てている。廊下の絨毯は新しくして、食堂の装飾も変える。当日に上演された狂言の、大道具や背景も三越が用意している。

劇場とのさまざまな関わりをもってきた三越呉服店は、帝国劇場の開場前に関与しただけではなく、その後も協力関係を築いていく。その中心人物の一人が松居松葉だった。一九一三年一〇月一〇日に流行会は、第四回講演会を日本橋倶楽部で開く。二〇〇人余りの聴衆の中に、イギリス・フランス・ドイツの旅から戻ってきたばかりの帝劇女優、森律子の姿が見られたのは、松居が「西洋の芝居」という講演を行ったからである。その記録は、『三越』同年一一月号に掲載されている。講演の冒頭で松居は、自分が西洋に行ったのは、七年前であると述べている。実は『時好』一九〇六年六月号から、松居の紀行文「欧米漫遊備後丸の巻」の短期連載がスタートした。それを読むと、同じ欧州航路の備後丸には、欧米のデパート視察に向かう日比翁助と執行弘道が乗船している。松居は執行とは以前から付き合いがあるが、日比とは知り合って間もない頃である。

松居松葉は講演で、東京と欧米の大都市の、劇場数を比較している。東京の人口は二〇〇万人で、一七の劇場がある。それを基準に考えると、ロンドンは人口が五〇〇万人と二・五倍なので、劇場が四二で同じ比率になるが、実際には五四の劇場があった。パリの人口は三〇〇万人なので、二五だと同じ割合だが、三四の劇場がある。ニューヨークもパリと同じ三〇〇万人だが、四〇の劇場を有していた。ベルリンは東京と並ぶ二〇〇万人なので劇場は一七で等しくなるが、倍の三四を数える。人口が六〇万人のマンチェスターは九劇場、五〇万人のミュンヘンは八劇場で、人口比を考えると東京よりも多い。東洋一のデパートを目指す三越の歩みと、東洋一の劇場を目指す帝国劇場の歩みは、西洋の背中を追いかけるという意味で響き合っていた。

七年前にロンドンに滞在したときに松居松葉は、イギリスの新劇運動で有名な、劇評家のウィリアム・アーチャーに会ったことがある。「英国の大劇評家」（『三越』一九一二年七月号）で松居は、

帝国劇場の春狂言「乗合船」の衣裳（『三越』1913年1月号）で、「源氏車」「結び文」「梅の花」をあしらっている。

『トリビューン』に発表されるアーチャーの劇評を、毎朝切り抜いて、一冊のノートに貼り込んでいたと回想している。直接教えを乞いたいと、国民自由倶楽部を訪問したこともある。その後の七年間は音沙汰がなかったが、この年の五月にアーチャーが来日することになる。文芸協会主催の講演会で再会した松居は、アーチャーを三越に招待した。ヨーロッパの中心地のロンドンやパリやベルリンには、大きなデパートがある。しかしイタリアやスペインに行くとそれらはない。社交辞令も含めてだろうが、アーチャーは三越が「大規模」であることに感嘆したと語った。

松居松葉は帝国劇場に、開場式の準備段階で関わっていたが、開場後も帝国劇場との関係を継続している。駿河町人（松居松葉）が「十一月十五日の夜」（『三越』一九一二年一二月号）に記したのは、帝国ホテルで行われた両毛織物鑑賞会のパーティーである。三越の流行会の会員と、帝国劇場の関係者が、この日は共に招待された。主催者側の代表の渋沢栄一男爵の立場から見れば、桐生の織物を宣伝するために、三越にも帝国劇場にもアプローチすることが必要で、両者を招待したことになる。この日の挨拶は、帝国劇場側では専務取締役の手塚猛昌や、俳優の尾上梅幸・森律子らが行った。流行会側では巌谷小波・佐々醒雪・高島平三郎らが挨拶をしている。主催者側の意図とは別に、このような機会を通じて、両者の親密な関係は深まっていった。

「今日は帝劇 明日は三越」というキャッチフレーズは広く知られている。その帝国劇場の衣裳は、三越が手掛けていた。「流行会の衣裳選定」(『三越』一九一三年一月号)は、一一月一五日に帝国劇場関係者と会食したことに触れ、帝国劇場が春に催す益田太郎作の喜劇の、女優の春着裾模様の選定を、流行会が委嘱されたと述べている。そのために流行会は一二月の例会で、三越呉服店意匠係が作成した裾模様数十点を審査して、そのうちの七点を選び、一月号の口絵で紹介した。「流行会の選定したる帝劇の衣裳」(『三越』同年二月号)で補うと、これは春狂言「乗合船」の芸妓役の女優の衣裳である。衣裳は観客に好評で、「手に取つて見たい」という希望が寄せられ、帝国劇場は入口ホールに陳列して、間近に見られるようにした。その結果、意匠を模した着物を作ってほしいという注文が、三越に寄せられている。

100年前の百貨⑦——文房具

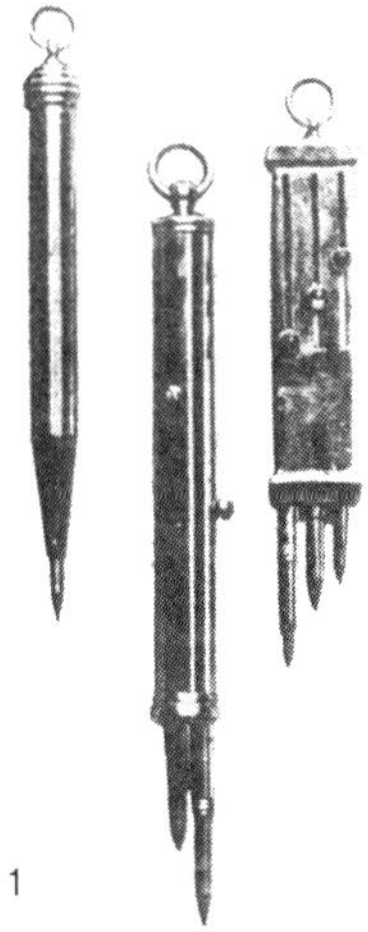
1

2
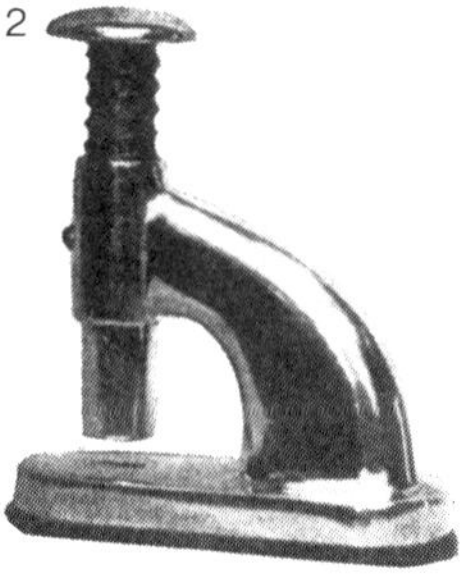

3
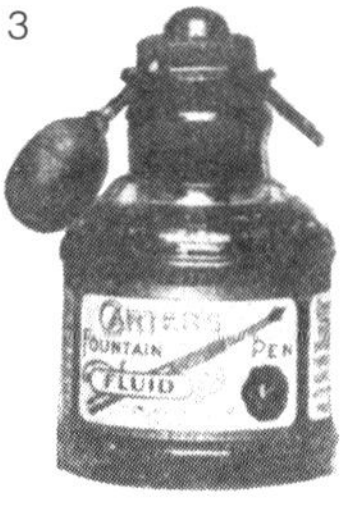

4
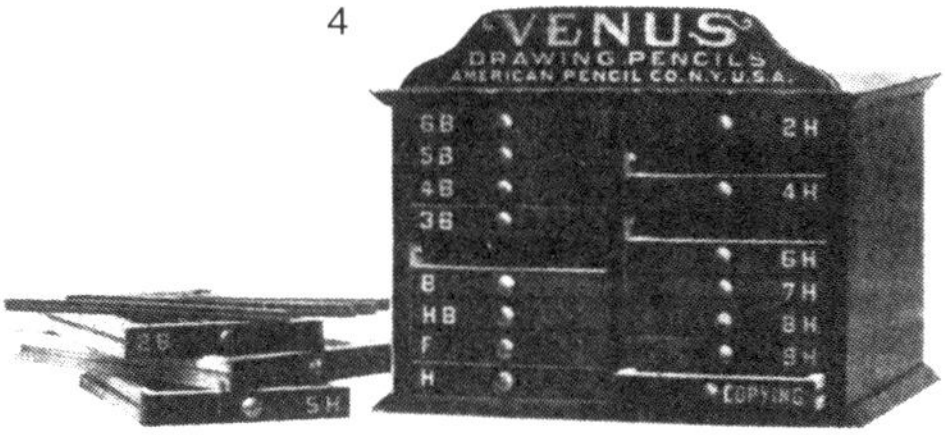

5

6

7

1:「舶来繰出し鉛筆」（『三越』1913年1月号）、つまりシャープペンシルで、右から「平形三本仕込み」「丸形二本仕込み」「丸形一本仕込み」の3種類。2:「クリップレス紙綴器」（『三越』1913年4月号）、つまり針のいらないホチキスである。3:「カーターインク」（『三越』1913年9月号）、口栓に付いたゴム玉を握ると一方からインクが出てくるしくみになっている。4:「ヴエナス鉛筆」（『三越』1913年10月号）アメリカ製で6Bから9Hまでが揃っていた。5:「舶来ゴム糊」（『三越』1913年6月号）。6:「絵ハガキアルバム」（『三越』1913年5月号）。7:「舶来最上万年消ゴム」（『三越』1911年12月号）、一方の端では鉛筆を消すことができ、反対の端ではインクを消すことができた。

第三章

デパートが文化を編成する

13 光の魔術――東京勧業博覧会と三越呉服店

名称に「万国」は含まれていないが、世界で最初の実質的な万国博覧会は、一八五一（嘉永四）年に開催されたロンドン大博覧会である。産業革命を成功させたイギリスは、蒸気船の力によって世界の海路を開拓し、植民地化を進めることで、文化や物品の新たな交通を可能にした。物品を展示する博覧会は、帝国の力の誇示であり、経済活動を活性化させる役割を担っている。初期の博覧会が、ヨーロッパやアメリカの大都市で開催されたのはそのためである。その一〇年後の一八六二（文久二）年に開かれたロンドン大博覧会は、第一回渡欧使節として渡航した竹内下野守《しもつけのかみ》一行が目にしている。日本が初めて万国博覧会に参加するのは、幕府と薩摩藩が共に出品した、一八六七年のパリ万国博覧会である。明治政府が参加して日本館が建設されるのは、一八七三（明治六）年のウィーン万国博覧会以降のことになる。

まだ帝国の仲間入りを果たしていない時代に、日本の博覧会は物産会を意味していた。明治政府が主催する内国勧業博覧会は、一八七七年からスタートする。一九〇七年には第六回内国勧業博覧会を開く予定だった。ところが日露戦争のために財政不安に陥り、東京府主催の勧業博覧会に切り換えられる。『商工世界太平洋臨時増刊　東京勧業博覧会』（一九〇七年三月、博文館）に収められた「東京勧業博覧会」は、「名は東京博覧会にして、其実は内国博覧会」と述べている。しかし「東京」を「内国」に格上げすれば、この博覧会の性格を、十分に説明できるというわけではない。なぜなら「内国的性質を帯ぶると同時に、台湾よりは台湾館を出品し、朝鮮よりは朝鮮館を出品して、是に日本的博覧会となり」という認識が含まれているからである。日清戦争・日露戦争を経て、帝国の一員に加わったという自己意識を、東京勧業博覧会からは読み取れる。

一九〇七年三月二〇日〜七月三一日の会期中に、東京勧業博覧会は六八〇万人の来場者数を記録した。博覧会の敷地面積は、上野にある竹の台新公園の第一会場と、不忍池畔の第二会場を合わせて、約五万坪に上っている。第一会場の七館は、植物温室・動物舎・美術館・人類館などに充てられた。第二会場の六館は、外国館・機械館・水族館・奏楽堂などに使用されている。出品物は以下の一九部に分かれる。①教育・学芸、②美術、③図案、④農業・園芸、⑤林業・狩猟、⑥水産、⑦飲食品、⑧化学製品、⑨窯業《ようぎょう》品・金石品・塗物、⑩木竹製品・紙製品・其他植物製品、⑪皮革・羽毛・牙角《がかく》・介甲製品、⑫染織・刺繡、⑬被服・装身具・携帯品・組編物・布帛《ふはく》製品、⑭採鉱・冶金《やきん》、⑮機械、⑯運輸・通信、⑰建築・土木、⑱経済・衛生・救済、⑲陸海軍用品及武器。一九部はさらに一七三類に分けられた。近代日本の生産活動を包括的に分類し、それぞれの出品者に優劣を競わせたのである。

東京勧業博覧会は「勧業」という言葉通り、産業を奨励して振興する目的で開かれた。同時にそれは、子供を含めた来場者を楽しませるイベントになっている。外国製品だけを陳列する外国館に入れば、パリの化粧品や、スイスの時計など、最新流行の商品を見ることができた。セントルイス博覧会を手本にした水族館には、大小四七の水槽があり、北の千島から、南の台湾まで、海の多様な生物に出会える。中央池のイルカやオットセイは人気を博している。二〇〇〇人を収容できる演芸場は、能楽で舞台開きをした。会場を回って空腹を感じたら、飲食館で全国の料理や菓子に舌鼓を打つこともできる。缶詰試食会館では全国の缶詰が陳列され、試食も可能だった。場内には、仲見世の達磨や、吉原の金子、京都の平野屋など、約一〇〇軒の飲食店が出店している。精養軒に行けば洋食の気軽なワンプレートを、八角堂ではヱビスビールを楽しめた。

　凌雲院の裏には、空中観覧車が設置されている。定員八人のゴンドラが一八台あり、一四四人が同時に空中遊泳の気分を味わえる。高さは六〇余尺（約一八メートル）で、東京市全域や房総半島まで視界に収められた。『商工世界太平洋臨時増刊　東京勧業博覧会』の「空中観覧車」は、「東京市に於て開設せられたる博覧会にては、従来此の種の挙なく、実に今回を以て嚆矢《こうし》とする」と解説している。すでに四年前に大阪で開かれた第五回内国勧業博覧会で、ウォーターシュート・メリーゴーランドなどの遊具や、イルミネーションは登場していた。空中観覧車も前年に、大阪の日露戦争戦捷紀念博覧会に姿を見せている。しかし東京の博覧会で、そのような施設はまだなかった。空中観覧車は夜になるとライトアップされ、いっそう輝いて見える。

　光の魔術は、東京勧業博覧会の魅力の一つである。昼間に噴水塔で休憩すると、流れ落ちる水が電燈に照らされて、五色の滝になっている。「イルミネーシヨンの大壮観」（『商工世界太平洋臨時増刊　東京勧業博覧会』）によると、夜間には三万五〇八四個の電燈が灯された。第五回勧業博覧会のときは、イルミネーションの電燈数が六七〇〇〇個余りだから、約五・二倍に増えたことになる。写真は、『帝国画報　続東京博覧会大画報』（一九〇七年七月、冨山房）に掲載された「夜の博覧会」。上は外国館の夜景で、中央は花電車、下はライトアップされた三菱館である。昼の会場はお祭りの雰囲気でいっぱいだったが、夜の会場は現実とは異なる幻想的な世界に見えただろう。

東京勧業博覧会のイルミネーションが上野の夜を彩ったとき、それと呼応するように、電気の力による別のイベントが、同じ東京の空の下で開かれていた。次頁の写真は、『大阪支店開設紀念　日本の三越』（一九〇七年五月、三越呉服店）に収録された「最近の三越呉服店（九）」。三越では博覧会開会中の土曜日と日曜日に、三井銀行前の広場で、一般の人々を対象に、「実物幻燈」と「活動写真」を映写した。キャプションによれば、毎回数千人の人が押し

「夜の博覧会」（『帝国画報　続東京博覧会大画報』1907年7月、冨山房）

「最近の三越呉服店（九）」（『大阪支店開設紀念　日本の三越』1907年5月、三越呉服店）

寄せたという。口を半分開けて中空を見つめる子供たちと一緒に、中央にいる警備の警官も、同じ映像に見入っている。これら二つの夜の催しが、同時期に開催されたのは、偶然のことではない。

黒田撫泉の「三越放言」が、『大阪支店開設紀念　日本の三越』に収録されている。このエッセイに黒田は「大博覧会と小博覧会」という一節を設けて、「斯《こ》ういふ博覧会は是非見なければならぬ、夫《それ》と同時にまた日本橋の駿河町にある小博覧会も是非見なければならぬ」と記した。「大博覧会」のイルミネーションと同時進行するように、「小博覧会」（三越）の幻燈と活動写真は上映されたのである。もちろん同時に開催されたのは、夜の催しだけではない。次頁の図版は、『大阪支店開設紀念　日本の三越』の口絵。和装の女性の絵の横には、「東京に来りて博覧会を見ざる人ありや。博覧会を見て三越を訪はざる人ありや」と記されている。上京した人が観光すべきトポスは、「大博覧会」と「小博覧会」の両方だった。それは三越が目指すデパートが、博覧会の性格を有していたからである。

　三越呉服店の「小博覧会」という自己意識が端的に読み取れるのは、PR誌の『時好』が一九〇七年四月に臨時増刊で出した『東京と博覧会』と、その附録の「三越呉服店見物案内」である。『東京と博覧会』は、「第一編東京見物の好時機」「第二編東京名所見物案内」「第三編博覧会見物案内」の三編構成になっている。第一編は人口一九七万人の東京市を、ロンドン・パリ・ニューヨーク・広東・ベルリンに次ぐ世界第六位の都市と位置付け、東京市内を五日間で、博覧会を二日間で、観光することを提案した。第二編は前者の具体的なプランで、①麹町区・神田区、②日本橋区・京橋区・芝区、③麻布区・赤坂区・四谷区・牛込区・小石川区、④本郷区・下谷区、⑤浅草区・本所区・深川区と、五日間で回るエリアを区の組み合わせで紹介し、その見所を案内している。

東京に来りて博覧会を見ざる人ありや○博覧会を見て三越を訪はざる人ありや○

『大阪支店開設紀念　日本の三越』の口絵。図版は、丸の内の田中製版所作製

　第三編の冒頭には、「戦勝国の新産物」という一節がある。一八九四年から始まる日清戦争は、日本の資本主義

を確立させたが、一九〇四年の日露戦争による工業の発展は、「十年前の面目を留め」ないほど飛躍的なものだった。東京勧業博覧会は一〇年間の「産業上の革新」の公開を、開催目的の一つにしている。つまり帝国の力を誇示する博覧会であり、経済活動をさらに活性化させるイベントでもあった。一九世紀後半に列強が開いた万国博覧会の、極東の日本における雛形として、東京勧業博覧会は位置付けられていたことになる。見物のプランは、一日目を第一会場に、二日目を第二会場と第三会場に充てている。五四頁にわたる『東京と博覧会』を手に、東京市内や博覧会場を回る人々の姿も、見物客の中に見られただろう。

　博覧会が開場して一〇日ほど経過した四月一日から、三越では新柄陳列会・寄切《よせき》れ見切反物大売出し・懸賞裾模様図案展覧がスタートする。東京勧業博覧会を訪れた観光客も混じっていたからか、三越は例年にない大入りで、四月二日の一五時以降は入店制限をしたほどだった。附録の「三越呉服店見物案内」に、「日本最初のデパートメントストーア」という一節が含まれている。そこでは次のような認識と抱負が披露された。三越は西洋のデパートを参考に、かつての呉服太《ふと》物《もの》類に限定した販売形態を変え、一九〇二年から小間物を、その三年後から化粧品を扱っている。一九〇六年には洋服部を新設して、洋服以外に、帽子・洋傘・ステッキ・鞄・履物・旅行用具を販売中である。将来は取扱商品の種類を増やして、「欧米に於ける小売大商店《デパートメントストーア》の仲間入り」を果たしたいと。百貨という目標は、東京勧業博覧会の一九部一七三類につながっている。

　同じ「三越呉服店見物案内」には、「三越呉服店八景」という一節もある。三越が自らの八景として挙げたのは、①「空中庵の幽邃《ゆうすい》」、②「空中庭園《ルーフガーデン》の眺望」、③「寄切室の雑沓《ざっとう》」、④「休憩室のピヤノ」、⑤「陳列窓《ショーウィンドー》の艶麗」、⑥「夜のイルミネーション」、⑦「小間物売場の花錦」、⑧「食堂の清楚」である。注目されるのは八景のなかで、商品の売場が「寄切室」と「小間物売場」の二つしかないことである。東京勧業博覧会が産業の奨励と振興を第一義的な目的としながら、同時に来場者を楽しませるイベントでもあったように、三越は来店者が消費の他にも楽しめるスポットを目指していた。光の魔術は、後者の一つである。東京勧業博覧会に対して三越が、自らを「小博覧会」と位置付けたのは、そのような共通する性格のためだった。

14 土蔵造り二階建ての店舗と、森鷗外「三越」

一九〇七（明治四〇）年の東京勧業博覧会の際に、三越呉服店は自らを「小博覧会」と位置付けたが、実際にはどのような店舗だったのだろうか。本書の二七頁に、一八九四〜九五年頃の三井呉服店の外観の写真が載っている。一八九五年一一月に三井呉服店は、客間や使用人の宿泊施設だった二階を改装して、陳列場として使用するようになる。それは呉服店の近代化の意味を担っていたが、二一年前に竣工した土蔵造り二階建ての建物の、外観が基本的に変わったわけではない。ルネッサンス式三階建ての仮営業所に移って、新しく出発するのは、一〇年以上先の一九〇八年四月である。それまでの呉服店からデパートへの脱皮の試みは、昔ながらの建物の内部で行うしかなかった。

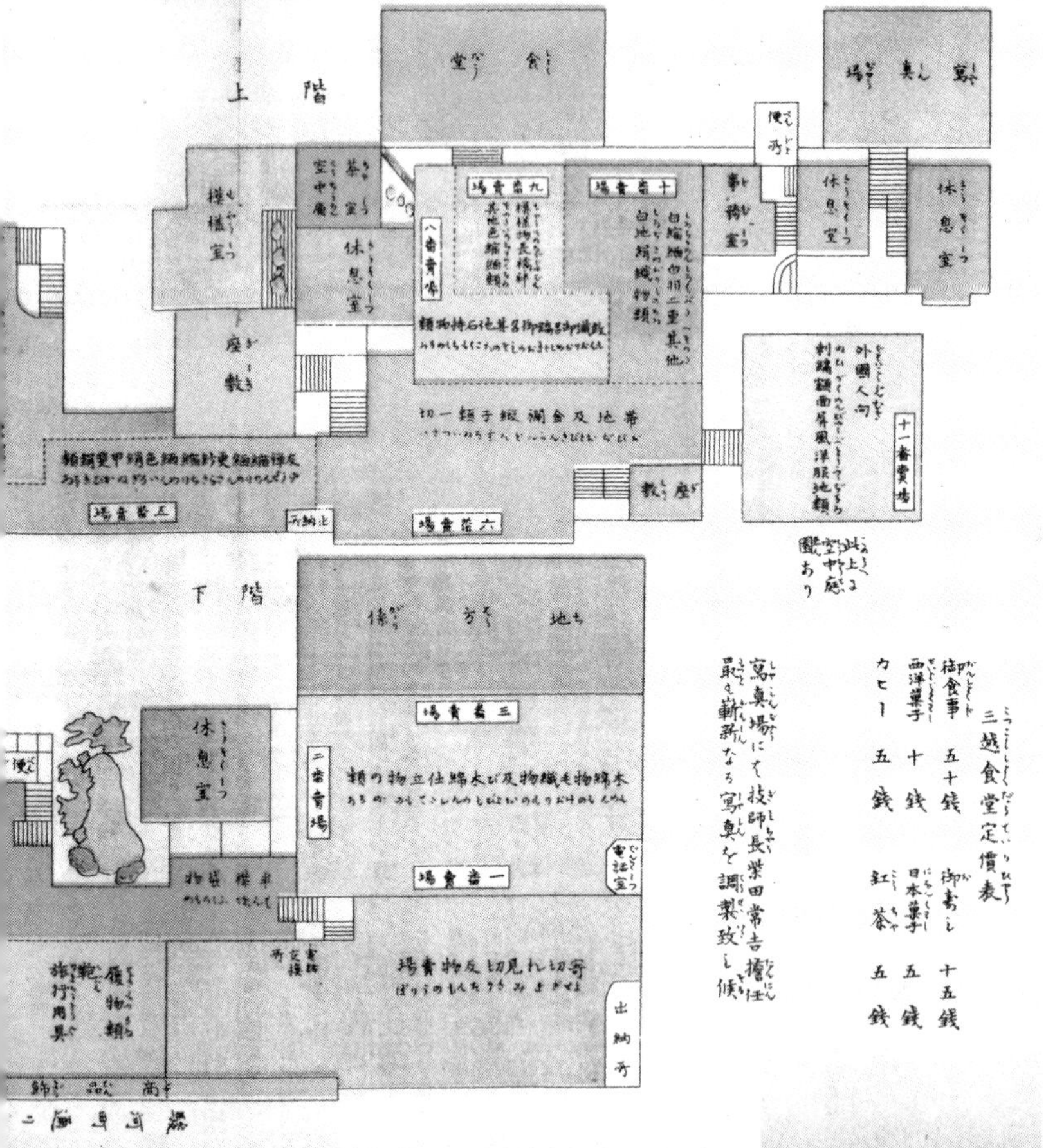

「東京三越呉服店陳列場御案内図」（『東京と博覧会』、『時好』臨時増刊、1907年3月）

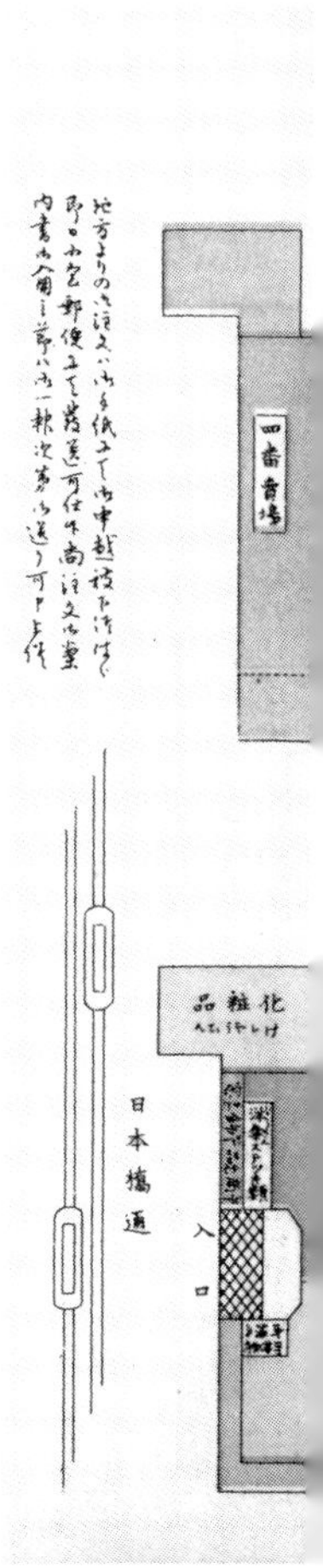

東京勧業博覧会が開幕する一九〇七年四月に、『時好』が臨時増刊として刊行した『東京と博覧会』に、図版の「東京三越呉服店陳列場御案内図」が載っている。これは一階と二階の平面図で、どの売場がどこに配置されていたかが分かる。一階（「階下」）から追体験をしてみよう。日本橋通に面した入口から中に入ると、左側は洋傘・ステッキ類の売場で、その奥は化粧品売場になっている。右側に行くと履物類・鞄・旅行用具を見ることができた。附録の「三越呉服店見物案内」が、種類を増やしたと述べる商品のほとんどは、ここに集中している。例外は洋服地で、二階の平面図の右奥の「十一番売場」に、「外国人向刺繡《ぬい》額面屏風」と一緒に並べられていた。

それ以外の売場は、呉服（絹織物など和服用の織物）や太物（綿や麻など太い糸の織物）を扱っている。入口正面の階段の手前には「半襟袋物」が展示され、その奥の右手は「寄切れ見切反物」の、左手は「木綿物毛織物及び木綿仕立物」の売場である。二階に上がってみよう。平面図の左手から、「糸織銘仙其他座蒲団敷物地類」や「友禅縮緬更紗《ちりめんさらさ》縮緬色絹甲斐絹類」、「帯地及金襴緞子《きんらんどんす》類」や「紋織御召縞御召其他石持《こくもち》物類」や「模様物長襦袢《ながじゆばん》其他色縮緬類」、さらに「白縮緬白羽二重其他白地絹織物類」の売場が続く。平面図で売場を見る限り、商品の中心は呉服や太物である。それ以外の商品はまだ、取り扱う品目を少し拡大したという程度にすぎない。シベリア鉄道を利用して、豊泉益三がヨーロッパで仕入れた雑貨が売場に並ぶのは、一九〇七年末まで待たなければならない。東京勧業博覧会はその前に閉幕している。「欧米に於ける小売大商店《デパートメントストーア》の仲間入り」は、あくまでも将来の目標で、実現にはまだほど遠い状態だった。

前田林外は明治三〇年代の『明星』で活躍した詩人である。一九〇七年二月に前田が『文藝倶楽部』に発表した、「もはや三越絹布店《けんぷ》」という詩は、翌月の『時好』に転載された。詩はこう始まる。「電車窓より眺むれば、／み空には紙鳶《たこ》、軒に旗」。一八九四、九五年頃の三越呉服店の写真を、改めて仔細に眺めると、左下に軌道が写っている。一九世紀の終わりに、三越の前の道路は、東京馬車鉄道が走っていた。それが一九〇三年から翌年にかけて電化され、東京電車軌道に変わる。「もはや三ツ越絹布店／こゝで下りましよ、買いましよや。／絹布買ふなら、あれを買へ。／白い綸子《りんず》に紅梅よ。」（第二連）。「綸子」というのは、目の細かい薄い絹地に、文様を織り出した絹織物である。詩のなかで三越は「絹布店」、つまり絹織物を商う店と認識されている。主力商品は和服で、しかも太物ではなく呉服だった。

三越の売場卓《つくえ》に／わが立ちて送り迎ふる／客のうちにかはゆき子来ぬ。
銘仙の衣《きぬ》にふさはぬ／つまはづれ。俛下《へりくだ》る目の／なつかしき光。誰が子ぞ。
香木の筐《はこ》に盛らぬを／真玉やは恥づる。宮居に／入るがごと、などかたゆたふ。
蘇る希臘《ヘルヲス》ならぬ／元禄のはでなる模様／はぢらひの目にぞかがやく。
見よ、選《え》るは好めるならで／廉《やす》き選る心しらひの／かくせども遂に著《しる》きを。

三越の売場卓に／立てるわれ富まば此子に／代取《しろ》らで／物皆遣《や》らん。

森鷗外の詩「三越」は、一九〇七年一月に『趣味』に発表され、翌月の『時好』に転載された。鷗外が作品の舞台として選んだのも、絹織物の売場である。第一連の「三越の売場卓に／わが立ちて」から分かるように、「売場卓」にいる「わ」（私）、すなわち三越の店員の視線を通して、作品世界は成立している。客の一人として来店した「かはゆき子」（可愛らしい娘）は、絹織物だが価格が安く、一般的な普段着の「銘仙」を着ていた。ただその外見とは釣り合わない、「つまはづれ」（身のこなし）と、「倹下る」（謙遜する）目が印象的である。そのために「わ」は、どこの娘なのだろうといぶかしく思っている。

数年前から流行中の「元禄のはでなる模様」を、売場で見かけて娘の目は輝く。詩のなかで元禄模様は、「蘇る希臘」と対照されている。「希臘」には、「ヘルヲス」とルビが振られた。これは「Helios」（ヘーリオス）という、ギリシア神話の太陽神である。元禄時代はギリシア神話のように、紀元前まで歴史を遡るわけではない。ただ一七世紀末から一八世紀初頭の元禄時代に、女性の着物は装飾化した。元禄時代の輝きを意識して、三越が一九〇五年に制作した豪華な着物が元禄模様。娘は心を惹かれるが、実際に選ぶのは、値段が安い商品である。その「心しらひ」（心づかい）を見て「われ」は、もし自分が経済的に豊かなら、代金を取らずに、娘に着物を進呈するだろうと夢想する。三越とは、手が届かない着物に憧れながら、買物をする場所でもあった。

一九〇七年の三越の店内を、一一六頁の「東京三越呉服店陳列場御案内図」で追体験すると、

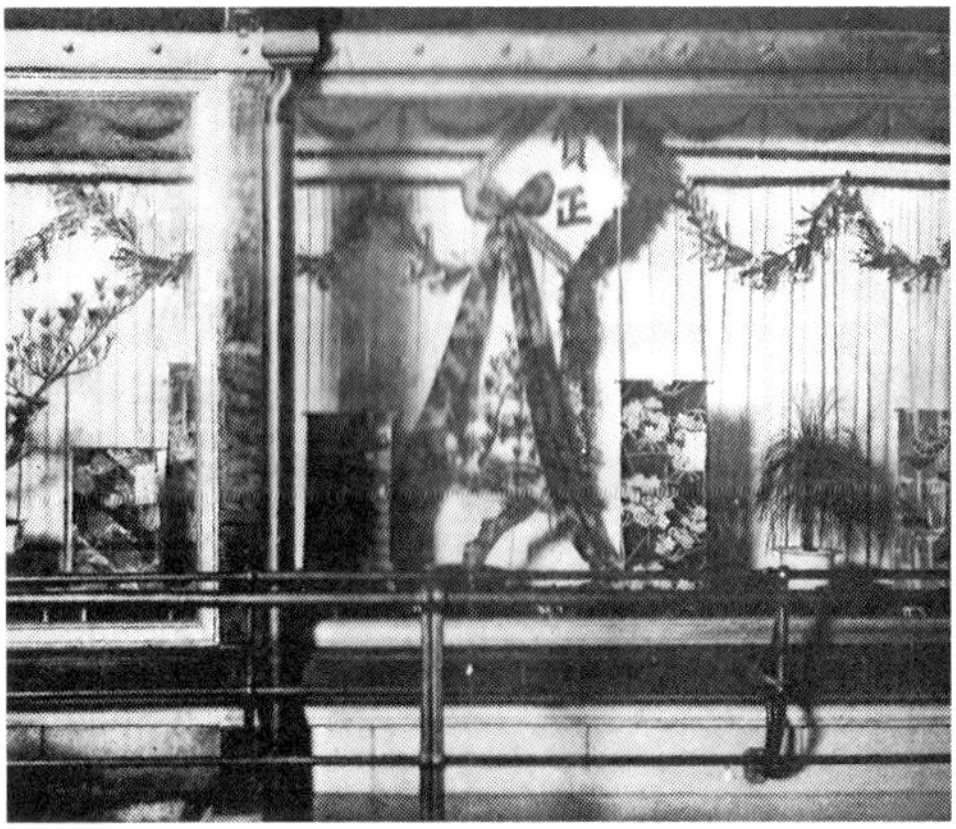

三越呉服店のショーウインドー（『時好』1907年2月号）。「賀正」という文字が見えるので、正月の飾り付けである

もう一つのことに気付く。それは売場以外のスポットが目立つことである。たとえば入口の両側にショーウインドー（商品飾窓）が設置されている。一階の一部屋、二階の三部屋、合わせて四部屋が、休息室に割り振られた。二階には座敷が二部屋あり、模様室や三越食堂が開設されている。食堂では食事を五〇銭、寿司を一五銭、西洋菓子を一〇銭、日本菓子・コーヒー・紅茶を五銭で楽しむことができた。写真場も設けられて、「技師長柴田常吉担任最も嶄新《ざんしん》なる写真を調製」と謳っている。空中庵という茶室もある。屋上には空中庭園が整えられていた。東京勧業博覧会は空中観覧車・噴水・イルミネーションなど、来場者が楽しめるスポットを数多く設けている。その類似性に着目すれば、三越は「小博覧会」という言い方がふさわしいだろう。

茶室空中庵が作られたのは一九〇六年二月である。「三越呉服店内の別天地＝新築せられたる空中庵＝」（『時好』同年三月号）によると、茶室に行くためには、休息室から瓦・松葉・飛び石を並べた通い路を進んでいく。路沿いは萩の小柴垣をめぐらせていた。茶道の名家である、松浦伯爵亭の蓬莱《ほうらい》園中の心月庵を模したもので、設計や空中庵という命名は、松浦にアドバイスを仰いでいる。室内は四畳半の広さで、床を設け、右に小窓を開けていた。左の水屋口は襖で仕切り、上り口は障子を立てている。「今回御来朝の英国の貴賓《きひん》を迎へ奉らんが為め新に造り設けられたる茶室」と記された「貴賓」とは、アーサー・オブ・コノート親王である。同年二月二二日の『東京朝日新聞』に、「貴賓三越呉服店御成」という記事が掲載されている。茶道のお手前は石州流で、薄茶を点てたのは松浦伯爵の高弟の久保田ふみ女。ふみ女は久保田米斎の妻である。

コノート殿下の一カ月半後に、イタリアのウジネ殿下が三越を訪れたときは、空中庵で抹茶が振る舞われた。「三越御立寄」（『東京朝日新聞』一九〇六年四月六日）は、久保田米斎夫人が「元禄風の服」を着て、「献茶」したことを伝えている。「伊国皇族と三越」（『読売新聞』同年四月一〇日）で補っておくと、ウジネ殿下は「御茶碗の持方より御服用の容子《ようす》」まで、作法通りだった。「何時《いつ》の間に茶事の御稽古遊ばされしや」と、久保田夫人は驚いている。写真は、『時好』同年五月号に掲載された「三越呉服店茶室空中庵に於ける暹羅《シャム》皇族殿下」。軍服姿の右の人物が、「暹羅」（現在のタイ）のナコンチャイシー殿下で、左はフロックコート姿の稲葉式部官である。

「三越呉服店茶室空中庵に於ける暹羅皇族殿下」（『時好』1906年5月号）

空中庭園を開設したのは一九〇七年四月七日。空中庵も空中庭園も二階建ての建物に設けられている。その程度の高さでも「空中」と命名されたのは、東京の都市空間に高層建築がまだ姿を現していないからである。本書の一二三頁下の写真に、空中庭園からの眺めが写っている。庭には神社・花壇・藤棚・噴水池が設けられていた。この年の一二月八日に清の溥倫《ふりん》殿下が、ドイツ大使館からの帰途、三越呉服店を訪れている。「溥倫殿下御観覧」（『東京朝日新聞』同年一二月一〇日）は、日比翁助と藤村喜七に案内された溥倫殿下が、買物を済ませた後、空中庭園の稲荷前で、記念写真に納まったと伝えている。さらに茶室空中庵にも立ち寄って、茶事主任・市川らく子のお点前で、薄茶を楽しんだ。三越のPR誌や新聞に掲載された、空中庵や空中庭園で接待をしたという記事には、三越の関係者を除くと、貴賓しか登場しない。しかし一般の来店者がそれらの場所を見物できなかったわけではない。東京勧業博覧会が来場者を楽しませるスポットを用意したように、三越は休息室や食堂や写真場を利用できるようにしていたのである。

15　洋服／洋傘／ステッキ／帽子／靴

東京勧業博覧会を楽しんでから三越呉服店に立ち寄ると、呉服や太物以外の売場では、どのような流行品を入手できたのだろうか。濱田生は「頭の上から足の先まで（デパートメントストーアとはどんなものか）」（『時好』一九〇七年一一月号）で、「デパートメント」は「部分」を、「ストーア」は「商店」を意味するから、各部分を備える商店がデパートだと説明している。各部分

（帽子・洋服・ネクタイ・靴・時計・傘など）を、個々の専門店を回って購入すると時間がかかる。しかしデパートは「頭の上から足の先まで」、各部分を揃えているので便利である。また大量の商品を廉価で仕入れるため、小売店より安く販売できる。便利で安いという、二つの条件を満たすのがデパートだと、濱田は考えている。

それでは「頭の上から足の先まで」という一節から、具体的にどのような商品をイメージすればいいのだろうか。石橋思案に「失恋長家」（『時好』一九〇五年八月号）という小説がある。森林喜代男と人見羽仁子が、日比谷公園でデートしながら、日本の近代化について話をしている。図版はその挿絵である。二人の外見は、次のように描写された。森林は「セルの背広」を着て、「蝶形の襟飾」を付けている。左手には「パナマ帽」を、右手には「絹ハンカチーフ」を持っていた。

石橋思案「失恋長家」の挿絵（『時好』1905年8月号）

挿絵を見ると、ハンカチは確認できないが、それ以外は記述通りである。人見は「二百三高地」の髪型に結い、「紫陽花を浅黄に染め出した大模様の浴衣」と「蝦茶袴《えびちゃはかま》」を着ているという描写が、挿絵と合致する。それ以外の描写は挿絵では確認できないが、「赤革の靴」と「深緑色の沓下《くつした》」、「紺のミット（長手袋）」に「深張の日傘《パラシット》」といういで立ちである。

洋装の男性のファッションや付属品は、呉服・太物の売場では入手できない。三越で男性用の洋服を買えるようになるのは、一九〇六年九月一日に洋服部を開設してからである。より正確に言うと一八八八年、まだ越後屋だった時代に、三越洋服店が開かれた。しかしその一二年後に閉店を余儀なくされている。まだ男性の洋服が、実用服として認知されていなかったからである。「洋服部新設」（『時好』一九〇六年九月号）は、その後の「時勢の進運」によって、洋服の必要性が認識されてきたので、洋服部を再度開設して、「欧米最新流行の紳士服」を調製すると述べている。ロンドンから「有名なる裁縫師」を招聘して、一一月上旬に来日する予定だった。

一九〇六年九月号の『時好』には、「洋服の福音――時代の要求に伴ふ三越呉服店の新設備」という記事も掲載されている。洋服が珍しくて、贅沢品と捉えられた時代は、すでに過去のものになった。洋服が「なくてはならぬ」時代が到来して、「上《かみ》は大元帥陛下より、下《しも》は諸官庁の給仕門衛に至るまで」、洋服を着ている。宮中の礼服も、軍人の正装略装も、学生・生徒の制服も、すべて洋服。和服は歩きにくいが、背広ならどこでも行ける。ただ記事の筆者も、畳や座蒲団と、洋服が合わないことは認めている。つまり職場や学校に行くときは洋服だが、帰宅すると和服に着替えて寛ぐ――そのような和洋のファッションを使い分ける生活スタイルが、男性の場合は一九〇〇年代に定着したのである。

三越は一九〇七年一月号の『時好』に、「何が故に三越呉服店の洋服は日本に冠たるや？」という広告を出している。広告内の答えは二つある。一つは、「羅紗《らしゃ》地は悉《ことごと》く英国よりの直輸入品なればなり」。紳士服のブランド・イメージを打ち出すためには、イギリス製をアピールする必要があった。もう一つは、「倫敦より招聘せる裁方《カッター》が熱心に従事すればなり」。紳士服の本場であるロンドンのウエスト・エンドから、三越はカッターを招いた。同年二月の広告は、カッターのアレキサンダー・ミッチェルの写真を使い、ブランド・イメージを増幅している。

石橋思案「失恋長家」の人見羽仁子は、「深張の日傘」を携帯していた。三越は一九〇七年四月から店内のすぐ左側に、洋傘売場を新設したと述べている。販売を開始して間もないからか、むらさき生「最も流行する本年の洋傘《こうもりがさ》」(『時好』一九〇七年五月号)は、洋傘について次のような解説を加えた。最近の婦人用の洋傘は、雨天用だけでなく、天気のいい日にかざす晴天用がある。後者は雨の日には使わないので、装飾を施している。縫取りやドローンワーク(刺繍)で飾り、二重張りの商品もある。ヨーロッパやアメリカでは、晴れた日の洋傘の携帯は一般的だが、日本の女性にはまだその習慣がない。三越はこれまで絞り模様の洋傘の研究を進めてきたが、外国人用に製品化しただけだった。ところが最近は西洋の影響を受けて、日本でも多くの「貴婦人」が使うようになってきた。最近のパリでは、洋傘の流行は平張から深張に移っている。日本でもこれからそうなると予想されるので、深張を選ぶようにと記事はアドバイスした。

ステッキ売場は洋傘売場と同じ場所にある。四半世紀後の一九三二年の五・一五事件の際に、首相官邸で銃撃されて死去する犬養毅は、ここでステッキを求めた一人である。「隣の噂《ひやかし》」(『読売新聞』一九〇八年二月二日)はこう伝えた。「犬養木堂君頃日《このごろ》夫人携帯で三越呉服店を素見に出かけて自然木《じねんぼく》の直角に曲つた珍らしいステツキを見つけ出した▲価《あたい》を聞くと巴里製で大枚九円五十銭だといふ高いと思つたが平常《ふだん》の骨董《こつとう》癖に鼓舞されて之れを購《あがな》ひ帰つた」。「木堂」は犬養の号である。値段が単に高かったからか、他の買物ができなくなったためかは分からないが、このエピソードには続きがある。帰宅後に犬養は、夫人から「大抗議」を受けた。それでも犬養は「生来之れ位愉快なステツキを持つたことがない」と「大得意」で、ステッキの話を吹聴している。新聞記事になったのはそのためだろう。パリからの輸入品は、この売場でも人気だった。

洋傘売場とステッキ売場の左奥は、化粧品売場である。三越呉服店はすでに一九〇五年八月一五日から、輸入化粧品の販売を行っていた。二カ月遅れて、輸入帽子と小児用服飾品の販売もスタートする。『時好』同年一〇月号には「三越の帽子類発売」という、次のようなお知らせが出ている。「三越呉服店に於ては、今回化粧品部の拡張と共に、冬向帽子類の発売を開始したれば、最新流行の冬向帽子を御買求めなさる〻御方には、此上なき御便利なるべし。価は例の通り廉、形は欧米にて流行せる最新柄なれば続々御買求めくだされたし」と。欧米の最新流行品であることが、このお知らせのセールス・ポイントで、消費者の関心や購入意欲をかき立てている。

それから約一年半、東京勧業博覧会が賑わっている頃は、どのような帽子が売られていたのだろうか。むらさき生「最も流行せる本年の夏帽子」が、一九〇七年五月号の『時好』に掲載されている。三越呉服店を訪れた「モーニングの立派な紳士」が、「当世どんなのが流行《はや》つて居るかね」と尋ねる。麦稈《むぎわら》帽子を被る紳士に向かって、現在は「パナマの天下」で、「少し上流社会の園遊会」に行っても「パナマが七分、麦稈が三分」という状態なので、パナマの方がいいのではと番頭は答えた。ただ麦稈帽子は三円で買えるが、パナマは一〇円以上する。またパナマという名前は同じでも、実は三種類に分かれていた。一番上等なのは「本パナマ」と呼ばれる舶来品。それ以外に本パナマを真似た、「アダンバ製パナマ」「台湾製のパナマ」の二つが存在する。それより二年前の小説になるが、石橋思案「失恋長家」の森林喜代男もパナマを手にしていた。

一九〇七年三月の「東京三越呉服店陳列場御案内図」のときはまだないが、その七カ月後には靴部が新設されている。『時好』同年一〇月号に載ったこの写真には、「十月一日より開業したる当店の靴部」というキャプションが付いている。同じ号の果園「靴一代記」は、男性用・女性用・子供用の三つに分けて、靴の解説を行った。男性用は二五種類を用意しているが、女性用は一三種類、子供用は五種類しかない。このときに流行していたのは、男性用も女性用も、「深編《あみ》上靴《あげぐつ》」「深ゴム靴」「浅ゴム靴」の三つである。靴の寸法は、三越に行って測ってもらうのが一番いい。地方に住んでいてそれが難しい場合は、紙の上に自分の足を乗せて、鉛筆で形をなぞっていく。さらに足先を横に一周した長さなど、所定のいくつかの寸法を取る。そして希望する靴の種別や、革の色、価格帯を決めて、三越に注文すると、製品が送られてきた。

三越呉服店の靴部（『時好』1907年10月号）

三越が靴部を新設したのは、男性の洋装

グラント将軍墓前の「世界一周会」のツアー一行（石川周行『世界一周画報』1908年9月、東京朝日新聞会社）

化が進行して、靴のニーズが大きくなってきたからである。男性用の靴の種類が、女性用の約二倍あるのは、女性の洋装化がまだほとんど進行していないからだろう。靴の一般化を示唆する面白い記事が、一九〇七年三月三日の『東京朝日新聞』に出ている。見出しは「孤児の新職業（三越の靴磨き）」で、次のように報じられた。「三越呉服店にては今度店前に靴磨きを始めたり、こは東京養育院の孤児を傭ひ給料を与へて之に当らしめ尚其靴磨料は一名二銭として其得たる全収入は悉《ことごと》く養育院に寄附する仕組なり」。東京勧業博覧会はその二週間後の三月二〇日に開幕する。街頭を歩く靴の数は次第に増えていったに違いない。

　靴についてもう一つ、興味深いエピソードがある。朝日新聞社が主催する「世界一周会」の一行は、一九〇八年三月一八日に横浜港からアメリカに向けて出発した。アメリカでは西海岸から東海岸に横断し、北大西洋航路でヨーロッパに赴き、シベリア鉄道を利用して日本に戻ってくる。参加者は五六人で、九六日間かけて世界一周を果たした。出発二カ月前の一月二〇日の『東京朝日新聞』に、「三越靴「世界号」の贈呈」が掲載されている。三越が世界一周会の会員一同に、「世界号」という三越新製の靴を、無料で進呈することにしたという記事である。図版は、ニューヨークでグラント将軍の墓に詣でたときの記念写真（石川周行『世界一周画報』同年九月、東京朝日新聞会社）。座っている最前列の男性は、足を組んだり、足を投げ出している。その靴の多くは三越製だったはずである。

16　音楽鑑賞・お見合い・家事からの解放――休憩室と食堂

三越呉服店に出かけるのは、必要な買物をするときだけではない。ドイツ文学者の登張竹風の妻の話が、一九〇六（明治三九）年三月三日の『読売新聞』に紹介されている。「自我発展主義の文学士登張《とばり》竹風《ちくふう》氏が、此程例に依つて何処へか発展に出掛けた。スルト細君が、毎度の事だから、又もベン〳〵留守居をさせられるかと欠《あくび》しながら待呆けて居たが、何と思つたものか、箪笥の抽《ひき》斗《だし》から金財布を引出し、大急ぎに俥《くるま》を三越呉服店へと駆附けさせ、大風呂敷にウンと反物を包んで戻つて来た」（「風の便り」）。帰宅した登張が大風呂敷を見つけて、誰がこんなにたくさんの反物を持ち込んできたのかと質問する。妻はにっこりと笑ってこう答えた。「貴郎《あなた》は初《しょっ》中《ちゅう》発展ばかりして在《おい》でなさるから、私もお留守に一寸発展を真似たのです」。

買物にはさまざまな動機がある。三越呉服店が「小博覧会」の機能を持とうとし、来店客を楽しませるスポットを用意すれば、三越に赴く機会はさらに増える。佐倉桃子「花子嬢の三越観」（『大阪支店開設紀念　日本の三越』一九〇七年五月、三越呉服店）に登場する、まだ子供の花子は、母に教わった通り、駿河町で電車を降り、三越に入っていく。下足番は不思議そうな顔をしたが、下足札を渡してくれた。店内に入ると、東京勧業博覧会の記念品がたくさん並んでいる。花子の目を引いたのは、やはり売場の商品である。「半襟、袱紗《ふくさ》、財布、帯留」など、欲しいものはいろいろと目に付く。小切れ売場はいっぱいで、人混みをかき分ける勇気はなかった。また来店の目的は「参観」だったので、商品を購入する十分な金銭を持っていたわけでもない。

花子が二階に上がると、「応接間」（休憩室）からピアノの音が聞こえてくる。部屋の中では大勢の人が、演奏に聴き入っていた。姉がよく琴で弾く「六段」の曲だが、ピアノだとより「きツぱり」とした調子である。演奏者は紋羽二重を着た「お嬢さま」で、「白魚のやうな可愛いお指」が、鍵盤の上を走っていた。椅子に腰かけ耳を傾けていると、「綺麗な娘さん」がお茶を持ってきて、「彼処《あすこ》にお菓子もございますから、御遠慮なく召上れ」と声をかけてくれる。演奏が終わって窓の方に視線を移すと、庭の中に茶室が見えた。花子がそこに行くと、男性が二人いて、ここは空中庵という名前で、以前にコノート殿下がお茶を楽しんだ場所だと教えてくれる。

休憩室にはいつ頃から、ピアノが設置されていたのだろう。『時好』一九〇五年九月号を開くと、「時好彙報」に「休憩室のピヤノ」という項目が含まれている。名称は文献によって、「応接間」「休息室」「休憩室」と揺れがあるが同じ空間である。「日比谷原頭《げんとう》音楽堂の開設あつて、陸軍戸山学校楽隊、海軍々楽隊の両楽師諸氏が隔週に泰西名曲を演奏せられてより、西洋音楽の趣味は追々に都人士《とじんし》の間に拡がりたりとかや。弊店に於ても、去る七月下旬より、階上休憩室にピヤノ、ヴアイオリン等を備付けたる」と、この記事は述べている。正確には七月二〇日のことである。「外人に比べて我国の御婦人方のピヤノを弾ぜらる、こと割合に少きは遺憾なからずや」と書かれているので、一般の来店客も自由に弾くことができたのだろう。

丁稚久松「店内日記帳」（『時好』一九〇七年一〇月号）は、三越店員の日録という形式で書かれている。九月一九日の日録に、西洋楽器の演奏会が出てくる。二階の陳列場の中央で演奏会は開かれた。「今日も演奏があつた」と記されているので、初めてではない。「上野の音楽学校」よりもいい楽器という、「大きなオルガン」を演奏したのは天野愛子。その横でヴァイオリンを弾いたのは北村季晴・初子夫妻。二人は素人ではない。北村季晴は一九〇五年に三越の音楽部主任となって、その四年後に北村音楽協会を創立する。北村夫妻の仕事で最も有名なのは、一九一二年に歌舞伎座で舞台化された、歌劇の「ドンブラコ」だろう。愛子は初子の妹である。「名手揃《じょうず》いの合奏」なので、多くの来店客が周囲に集まり、メロディーに聞きほれていた。

休憩室ではお茶の接待や、音楽の演奏が行われただけではない。三越の休憩室は、お見合いの場所にも使われている。

はいる三越休憩室に、二人見合の日をしのぶ（苦楽亭迷内）
今日も二人で三越通ひ添うた其の日の前支度（思案外史）

前者は『時好』一九〇八年一月号の「情歌」（都々逸）の投稿欄に掲載された、読者つまり顧客の作品である。かつて休憩室でお見合いをして夫婦になった二人の、昔を懐かしむ気持ちが表れている。後者は選者・石橋思案の作品。休憩室は出てこないが、結婚が決まってから、新生活の準備のため、二人で買物にくる情景が思い浮かぶ。

休憩室でお見合いをする様子は、幸田露伴に師事した小説家・神谷鶴伴の、「休憩室の見合ひ」（『時好』一九〇七年七月号）に描かれている。「見合ひといふこと、唯僅にちらとお互に顔だけを見るのみ、言葉交ゆるにもあらねば気心を知る由もなく、思へば随分愚しきことながら、これも並の世の並の仕来《しきた》り、せざるには優《まさ》れるべし」と、「妾《わらわ》」は自分に言い聞かせ、母に伴われて三越に向かう。すでに媒酌人夫妻は、二階の休憩室に到着していた。しかし先方の姿はまだ見えない。三越がお見合いの場所として好都合だったのは、店内で晴れの日の衣裳を見られるからである。一回りして休憩室に戻り、お見合いは無事に終了する。恥ずかしさのあまり、「妾」は相手の容貌や身なりを正視できなかった。帰宅後に母からどうするかと聞かれた「妾」は、「何事も父上母上の仰せには背くまじ、よきに計らひ玉へ」と答える。結婚が個人同士の問題というより、家同士の問題だった時代性を、よく示している小説だろう。

三越呉服店はお見合いの場所であると同時に、婚礼品を揃える場所でもある。森志げ（旧姓・荒木）が森鷗外と結婚したのは一九〇二年一月だった。志げの小説「あだ花」（『スバル』一九一〇年一月）に、「結納の済んだ富子の家では三越、幸手屋、黒江屋、銀座の玉屋などの番頭が入り代はり立ち代はり入り込んだ。富子は学校を止めて琴と生花と茶の湯との師匠を呼び寄せて、稽古の間々には、嫁入支度の詮議をして日を暮す」という一節がある。また鷗外の小説「不思議な鏡」(『文章世界』一九一二年一月)には、「お遺物《つかいもの》がなかなかあるのよ。御婚礼が三つ。三越の真綿が十一円宛《ずつ》で三十三円」という、妻の言葉が記されている。森鷗外・志げ夫妻も、結婚前は自らの新生活のために三越から商品を購入し、結婚後は他人の婚礼のお祝いを三越で誂えたのだろう。

佐倉桃子「花子嬢の三越観」の花子は、休憩室や空中庵を見物してから、以前に母親と来店したときは、まだなかった食堂に行く。鮨を食べている人や、お茶やお菓子で談笑している人がいる。「花子さん、貴嬢《あなた》お一人?」と声をかけられ振り返ると、友人の雪枝と、雪枝の母が立っていた。三人で連れ立って、さらに上に行くと、「下町で一番高いお庭」=空中庭園に出る。下の写真は、『大阪支店開設紀念　日本の三越』(一九〇七年五月、三越呉服店)に収載された、空中庭園

上=和装の森志げと、長女で洋装の森茉莉(『グラヒック』1911年9月15日)
下=空中庭園からの眺望(『大阪支店開設紀念　日本の三越』1907年5月、三越呉服店)

三越呉服店の食堂（『東京と博覧会』1907年3月、『時好』臨時増刊）

からの眺望。すぐ左に煉瓦造りの三井物産があるが、それ以外の方向は、視界が開けている。正面の奥に遠く霞んで見えるのは上野。右端の少し高い建物は博文館である。「何と云ふ景色でせう、東京中は一《ひと》目《め》です」と、花子は感嘆した。

　三越に食堂ができる以前、家事に追われる女性は、三越に行くのに不便を感じることがあった。しのだ生「三越呉服店へ注文」（『時好』一九〇六年一一月号）は、日比谷公園の松本楼や三橋亭のような、女性や子供と一緒に気軽に入れる飲食店が、三越の近くにはないと述べている。主婦の目線で考えると、子供は学校から一五時に帰宅する。それまでに戻らなければならないが、昼過ぎに出掛けるのでは、十分な買物時間が取れない。だから早めの昼食を済ませてから外出するしかない。もし三越に食堂があれば、一〇時頃に家を出て、昼食は食堂で楽しみ、ゆっくり店内を見ながら品定めできる。休日に子供を連れて行くこともできるが、子供はすぐに退屈してしまう。タイトルの「注文」とは、食堂を作ってほしいという意味である。女性がわずかな時間でも家事から解放され、別の空間で息抜きをするために、食堂は必要不可欠な場所だった。

　三越に食堂が開設されるのは一九〇七年四月一日である。『読売新聞』はその翌日の「昨日の三越呉服店売出景況」でこう報じた。三越の新柄陳列会と寄切れ見切反物大売出しが始まり、雨天にもかかわらず、一五時までに一万八五〇〇人が来店した。この日に開業した食堂は、午前一〇時頃から常に満員だったと。写真は、『東京と博覧会』（一九〇七年三月、『時好』臨時増刊）に収録された三越の食堂である。テーブルには白いテーブルクロスが掛けられ、給仕する女性は白いエプロンをしている。写真で確認できる九人の男性客のうち、少なくとも七人は洋装である。

　開設されて日が浅い食堂で、大失敗を演じたのは浮世絵師で挿絵画家の武内桂舟。八月のある日の昼前に、妻と一緒に食堂に入る。「桂舟画伯の食逃事件」（『東京朝日新聞』一九〇七年八月一四日）によると、妻が注文した料理がずらりと並び、武内は「ブツ〱呟きながら」箸を取っていた。そこに知り合いが来て、「尻が落付い」たのはいい。問題は夕方に帰宅したときに、門弟が差し出した一通の葉書。差出人は三越の料理部で、「人伝に先生と承まはつたから御催促申上げるまだ料理の代が頂いて無い」と書いてあった。武内は青くなって、「ナゼお前が払はぬ」と妻に食ってかかる。「還《かえ》るとき貴郎《あなた》が紙入を捻《ひね》くつて居たぢやア有ませんか」と妻。武内は「紙入」に、もらった名刺を入れただけだった。武内はすぐに三越に頭を下げ、「祝儀」まで出す羽目になったという。

17 ルネッサンス式三階建て仮営業所と都市景観

西洋のデパートをモデルにして、呉服店の呉服・太物から、百貨店の百貨へ、販売品目を増やしていけば、土蔵造り二階建ての店舗ではキャパシティーが不足する。一九〇六（明治三九）年から東京市では、市区改正計画が進行していた。東京市は臨時市区改正局を設置して、外債に基づく予算七〇〇〇万円余りの大事業を行っている。「市区改正事業の進捗」（『東京朝日新聞』一九〇七年一二月二八日）によると、土地や物件の九割以上は、すでに処理済みになっていた。京橋から神田須田町に至る大通りは処理が完了して、旧い建物が次々と壊されている。松屋呉服店・帝国貯蓄銀行など数十の建物は、早くも竣工して生まれ変わった姿を見せていた。三越や丸善も遠からず完成するはずと、記事は報じている。

京橋から万世橋までの道路は、六間（約一〇・九メートル）ずつ拡張する計画になっていた。三越呉服店の場所も同じで、地上物件移転料八万円余りという、市区改正局の査定額を重役会は承諾する。この新聞報道の二カ月前の『時好』一九〇七年一〇月号に、「仮営業所上棟式」という文章が掲載されている。それによると三越では以前から、店内の狭さと設備の不十分さを実感していたので、市区改正を機に改築を決定する。だが本格的なデパートを設計して建設するためには、かなりの準備期間が必要になる。そこで建物の北側の住宅を買収して敷地を確保し、三〇万円余りをかけて仮営業所を建てることにした。その上棟式は一〇月一六日に行われている。

デパートメント宣言をしてから三年、一九〇七年末までに三越呉服店は、営業部門を少しずつデパート方式に改めてきた。日比翁助は「年頭の辞」（『時好』一九〇八年一月号）で、七つの営業部門を以下のように紹介している。①呉服部は「数百年来継続」した部門で、三越の中枢部になるが、「新流行」を生むことが以前とは異なる。②洋服部は「時世の趨勢」に対応して一昨年に復活した。③雑貨部は最も多くの商品を取り扱う。「呉服附属品」「洋服附属品」「袋物」「化粧品」「小間物」「帽子」「靴」「鞄」「履物」「洋傘《こうもり》」「玩具」に分類し、担当者を配置している。商品の多くはヨーロッパからの直輸入品で、世間の注目を集めて盛況である。④家具部は「西洋室」を飾るすべての商品を取り扱う。西洋人向きのキモノの注文にも応じている。⑤新美術部は先月スタートしたばかりで、美術品の陳列や作品の額装を行う。⑥衣裳部は舞台衣裳を調整して貸し出す。⑦写真部はヨーロッパ最新の機械で撮影をするが、撮影用の貸衣裳も備えている。

仮営業所での営業開始に向けて、三越呉服店の店員は準備に余念がなかった。オープンに合わせて、第一五回新柄陳列会を企画していたからである。「三越の新柄会」（『読売新聞』一九〇八年二月五日）によれば、それは通例の新柄会ではなかった。「国家産業の発達勧奨」を掲げて、規模を拡大している。「博覧会同様の仕組」を取り入れて、各地の染織業者に出品の勧誘を行った。主な産地には幹部店員が、勧誘のため出向いている。常務取締役の藤村喜七は、自ら栃木県と群馬県に赴いた。仕入係長の山岡才次郎は、八王子や埼玉県に出張している。山形県や新潟県、名古屋や京都、さらに遠く九州まで、重役らは足を運んだ。産地では盛大な歓迎会が催され、業者は出品を申し合わせている。

ルネッサンス式三階建ての仮営業所は、一九〇八年三月一五日に竣工し、四月一日にオープン

仮営業所の外観（『大三越歴史写真帖』1932年11月、大三越歴史写真帖刊行会）

した。写真は、『大三越歴史写真帖』（一九三二年一一月、大三越歴史写真帖刊行会）に収録された仮営業所の外観。敷地は五六三坪で、売場面積は五九五坪である。『東京朝日新聞』はオープン当日に、「三越の仮営業所」という紹介記事を掲載している。三階天井の大きなステンドグラスの「明り取」、ゴシック様式の貴賓室、ルイ一五世風の装飾を施した二階休憩室、三越が設計したパリの日本大使館と同じ様式の竹の間が、記者には特に印象深く感じられた。店外ではショーウインドーが、駿河町通りに二一間（約三八・二メートル）、横通りに七間（約一二・七メートル）続いて、人々の目を引く。「外国に於ける大商店式」に近付いた店内設備を備えている。

次頁の図版の三枚の絵葉書は、「三越呉服店仮営業所新築紀念」として、開店当時の来店客に配られた。左上の絵葉書のキャプションは、「三越の前身文化年中の三井呉服店」となっているが、実際は越後屋。まだ陳列棚はなく、客の求めに応じて丁稚が、蔵から商品を運んでいる。腰に刀をさした武士の姿も確認できる。右上の絵葉書には、「三越呉服店旧営業所」「三越凱旋門」と記されている。下の絵葉書が「新築の三越仮営業所」。来店客は三枚の絵葉書を通して、隔世

1908年4月の「三越呉服店仮営業所新築紀念」 左上＝絵葉書①「文化年中の三井呉服店」（実際は越後屋）、
右上＝絵葉書②「三越呉服店旧営業所」、
下＝絵葉書③「新築の三越仮営業所」

の感を抱いただろう。それは三越が呉服店からデパートに変わっていく、歴史の証でもある。

仮営業所の売場や休憩所は、どのように配置されていたのか。『大三越歴史写真帖』に一〜三階の平面図が掲載されている。仮営業所はしばしば、文学作品の舞台となった。平面図を見ながら、作中人物の追体験をしてみよう。小説家の三宅花圃《かほ》の「三越見物」（『三越』一九一一年四月号）は、次のように始まる。「三越呉服店といへば売出しの時ならば狂喜のやうに婦女がひしめく、平日でも老若ともに心も空になる所とみゆる、何といふ用事もないが少し遠方の親類の贈物をと、のへやうと長女をつれてゆく、這入つて右側は瓦斯木綿類などがうづ高くつまれて居る、先

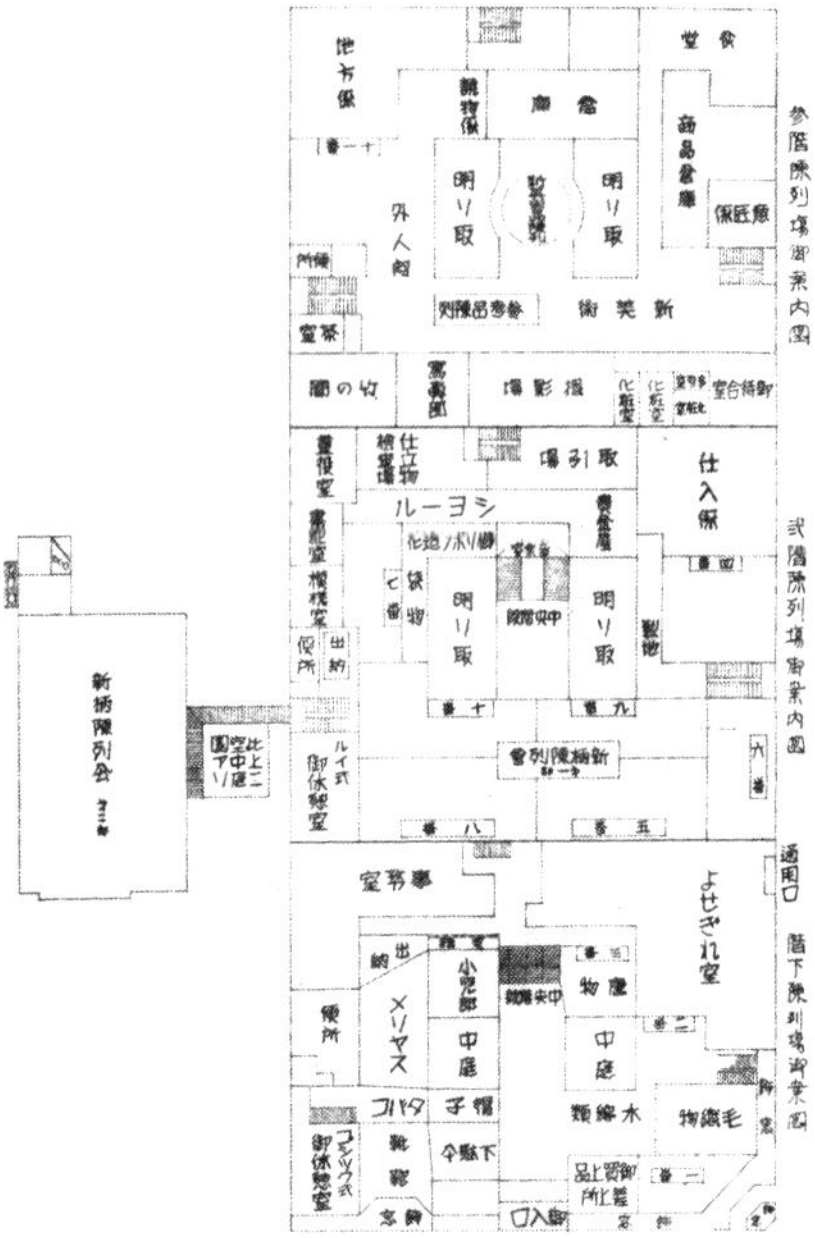

上＝仮営業所の1〜3階の平面図（『大三越歴史写真帖』1932年11月、大三越歴史写真帖刊行会）
下＝『時好』1908年4月号に掲載された「よせぎれ見切り反物室の雑踏」

づ其方へ足を向ける」。「瓦斯木綿」とは、ガス糸（ガスの炎の中を高速度で通過させて、表面を焼いて光沢を与えた糸）で織った綿織物。一階の平面図の中央下に「御入口」があり、すぐ右側に「木綿類」の売場がある。平面図の右奥に「よせぎれ室」という文字が見える。前頁下の「よせぎれ見切り反物室の雑踏」（『時好』一九〇八年四月号）という写真は、女性客がひしめく混雑ぶりを伝えてくれる。三月に発売を開始した三越ベールのポスターが、写真の左奥の柱に貼られている。

呉服などを見て回った「私」は、娘と食堂に入って休憩する。松居松葉が挨拶に訪れて、「只今竹の間で新着の御手遊《おもちや》を皆様で見て御出ですが、御覧になりませぬか、坪井博士が御さがしになつて御出です」と語りかける。三階の平面図で確認すると、右上に「食堂」が、左下に「竹の間」がある。「御手遊」をしばらく見物していると、巌谷小波や日比翁助が挨拶に来た。「竹の間」を出るときに、再び松居が「おもしろい音楽があるから入らつしやいませんか」と声をかける。二階の平面図を見ると、中央階段を上ったところが「音楽室」。ここにはグランドピアノが設置され、音響効果のために後方の壁は曲線になっていた。耳を澄ませる人々の中に、高島平三郎の姿が見える。曲が終わると、日比がベートーベンのソナタをリクエストした。

小説家の近松秋江に、一九〇八年九月一日の日付を持つ「正宗君へ」（『文壇無駄話』一九一〇年三月、光華書房）というエッセイがある。正宗白鳥を読売新聞社に訪ね、丸善に立ち寄ってから、「三越呉服店の黄金世界」を体験した記録である。二人は鼠色の浴衣にへコ帯という「小汚い」姿で、下足番が「お門違ではないか」という表情をしたが、気にせずどんどん中に入っていく。「なるほど、これでは婦女子をして狂せしむる筈だ」と、正宗が感嘆したように口にする。三階

「竹の間」（『大三越歴史写真帖』1932年11月、大三越歴史写真帖刊行会）

では「絵画、陶漆器の類」を陳列している。平面図で場所を確認すると、中央の二つの「明り取」の間が、「新美術品陳列」のスポットである。「新美術」のスペースも設けられている。猛暑でグロッキー気味だった「僕」は、三越の「黄金の力」によって、さらに「打撃」を受けたような気がした。

森志げの「チチエロオネ」（『三越』一九一一年四月号）という短編小説も、仮営業所を舞台にしている。「cicerone」というのは、名所や旧跡のガイドのこと。夫が葉巻の灰を、妻の袖に落としてしまい、焼け跡ができたので、新しい着物を購入するというのが、三越訪問の目的である。ただ「すこし位気分の悪い時なら、三越へ参りますと、直つてしまひます」という妻の言葉が語るように、三越は買物をしなくても、フロアを回って眺めるだけで楽しめる場所でもあった。洋行帰りの夫のために、妻は東京の新名所というべき、三越店内のガイドを務める。三階にはステンドグラスや、「新美術」のスペース以外に、茶室・食堂・撮影場が集まっていた。「この傍のが竹の間の応接所ですわ。なか〳〵この中へは、決断の好い買物位では入れてくれませんの」と、妻は夫に説明している。

一九〇六年から始まる市区改正は、日本橋・京橋付近の都市景観を一変させた。道路は拡幅され、上水道が整備される。前田不二三は「商店の研究（一）」（『東京朝日新聞』一九〇九年一月二三日）で、「改築の商店をずつと見て歩くと、従来の日本の商店とは全然異つて欧米風に化して来た」と指摘している。それまでの日本の商店は、入口に暖簾・日除け・風除けがかかり、中に入ると薄暗い大広間があった。入口と向き合って番頭や丁稚が座り、周囲に商品を入れた箱を積み重ねている。ところが市区改正を機に、旧来の建物を壊して、新築にすることで、外観も内観も大きく変化した。それを前田は、「博覧会と勧工場《かんこうば》とを搗《つ》きまぜた様なもの」と表現している。土蔵造り二階建ての建物から、ルネッサンス式三階建ての建物へという、三越呉服店の変化は、その典型だった。

18　家族のアルバム――一時間写真／天然色写真／輪転写真

三越呉服店がデパートへの脱皮の一端として、写真部を開設したのは、一九〇七（明治四〇）年四月一日のことである。『読売新聞』は同年四月一二日の「花嫁花聟の撮影場（三越呉服店の新設写真部）」で、写真部は写真場と化粧室を備えていると報じた。撮影代は「普通の写真屋」と同じだが、少し違うのは、撮影時に服を無料で借りられることである。呉服店だけあって、一言で服といっても幅広い。記事によれば、「元禄模様其の他の古代服を始め支那、朝鮮の服装までも備へあり尚仮装服及び歌舞伎衣裳をも準備」と、さまざまなニーズに応えられるようにしていた。

記事の見出しは示唆的である。「花嫁花聟」は家族になる最初のセレモニーで、家族のアルバムはここから始まる。もちろん誰がどんな目的で、撮影に来ても自由である。実際に取材の前日には、松岡農相と森田商工局長が来店して撮影を済ませていた。

駿河町衣食が足ると写される（剣珍坊）
三越の写真部を出る若夫婦（桃仙坊）

前者は、『時好』一九〇八年一月号の「川柳」欄で、一等に選ばれた作品。三越で衣類を購入して、食堂で昼食を取り、写真部に向かう。デパートを目指す三越にとって、うれしい川柳だっただろう。後者は、一九〇九年一〇月二二日の『読売新聞』に掲載された「第四十二回読売川柳会」の一句。結婚後も何かの記念日に撮影する一枚は、家族のアルバムの頁を増やしていった。蕉雨生「写真の話（二）」（『時好』一九〇七年一〇月号）で補うと、三越の化粧室には、姿見・香水・石鹼・白粉・化粧品と、理髪用の器具が置かれ、客は自由に使用できた。ただ白粉を濃く塗ると顔はぼんやりとし、紅を多く塗ると黒く映ってしまうと、蕉雨生は注意を促している。

一般の人々がカメラを所有して、心がひかれる対象を、自由に写すという時代はまだ訪れていない。だから家族のアルバムといっても、三越や写真館で撮影した記念写真や、イベントや旅行先で求めた絵葉書で構成していた。三越写真部技師長の柴田常吉は、「秋は写真撮影の最好時季」（『みつこしタイムス』一九〇九年九月号）にこう記している。最近は世間の写真への関心が高まり、

「写真界に於ける一革新」というべき時代になった。「至極《しごく》真面目に至極行儀よく」、写真に収まるだけだと単調なので、撮影時のポーズも変化していると。「東都美人絵葉書の発売＝写真部の新運動」（『みつこしタイムス』一九一〇年四月号）によると、一昔前の「絵葉書熱」はすでに冷めている。絵葉書を集めてアルバムを作るブームは去り、多くの絵葉書屋が廃業に追い込まれた。その一因は、粗悪な絵葉書が大量に流通したことである。そこで三越では、柴田が撮影・印画に責任を持ち、「最新輸入」の紙を用いた「美人絵葉書」を製作することにしている。

記念写真の世界が大きく変わるのは一九一〇年代前半である。人々が気軽に撮影できるようになる最初の変化は、「一時間写真」の実現だった。『三越』一九一一年八月号に「一時間写真の開始＝破天荒の速成写真」という記事が掲載されている。「一時間写真」というのは、撮影・現像・焼付を経て、顧客の手に渡るまで、一時間しかかからないという意味である。ヨーロッパで有名な「写真師」に依頼すると、郊外の仕事場で仕上げてから郵送してくるので、顧客の手に届くまで一週間ほどかかる。三越の写真部の場合は、これまでも一、二人なら、一時間で出来ないわけではなかった。しかし多くの来店客が押し寄せると、短時間での対応は難しい。それを可能にしたのが、新式機械の輸入である。撮影後に買物をしてから写真部に戻ると、写真はすでに完成している。遠方の親戚や友人に送りたい場合は、写真が葉書のサイズなので、裏に住所とメッセージを書いて切手を貼れば、店内のポストにすぐに投函できた。

次頁の巖谷小波の写真は、『三越』一九一一年九月号に掲載されている。巖谷は撮影した一時間後にこの写真を受け取り、箱根にいる日比翁助に送った。同号所収の「一時間写真の好評」に

巖谷小波の一時間写真（『三越』1911年9月号）

よると、一時間写真を始めた八月一日の利用客は、数十組を数えている。利用客は巖谷と同じように、買物の合間に戻ってきてペンや筆を走らせた。三越で撮影したことや、近況を記して、知り合いに郵送する。朝鮮牧師観光団は三五人の団体である。それでも集合写真撮影のスペースがあるので、一時間で写真を手にしている。

すべての人が一時間写真を選択したわけではない。柴田常吉が「技術の妙」を発揮する普通撮影の希望者も多かったことを、「一時間写真の利用」（『三越』一九一二年五月号）は伝えている。見合写真のように、スピードではなく丁寧な仕事を期待する場合は、普通写真を依頼しただろう。それでも一時間写真の撮影は、一カ月で四〇〇組以上に上った。特にニーズが大きかったのは、地方から上京した人々である。故郷の親戚や友人に「健康なる姿」を見せたいと、写真部を訪れている。官公立学校の受験シーズンになると、願書に貼るために学生の来店者が増加した。入学手続きの際も、書類に添える写真が必要になる。それ以外に月に何回も撮影に来る、一時間写真の「常連」も少なくなかったという。

一時間写真がスタートした二カ月後、一九一一年一〇月一日から天然色写真の瞬間撮影が始まる。『三越』同年一〇月号にその広告が出ている。「従来は此オートクローム天然色写真も其撮影に三分を要し、写さるゝ方々も少からぬ苦痛を感ぜられしが、当店技師が一大発明により、たゞ一瞬間に、色といふ色をそのまゝに写し取り、人物景色《けいしょく》の真の又真を、漏れなく写し出す事となれり」と。天然色写真は天候に影響されず、一時間後に出来上がる。天然色写真はそれ以前になかったわけではない。この写真の新しさは、撮影が「瞬間」に終わることにあった。同号の「天然色写真の開始」は、「実際の「自己」を世に残さんとせらるゝ方々は、是非とも此写真を御撮影せらるゝ必要ありと信ず」と述べている。それは「私」という物語を構成する新しいピースの一つで、家族のアルバムにそれまでとは異なるリアリティを付与することになった。

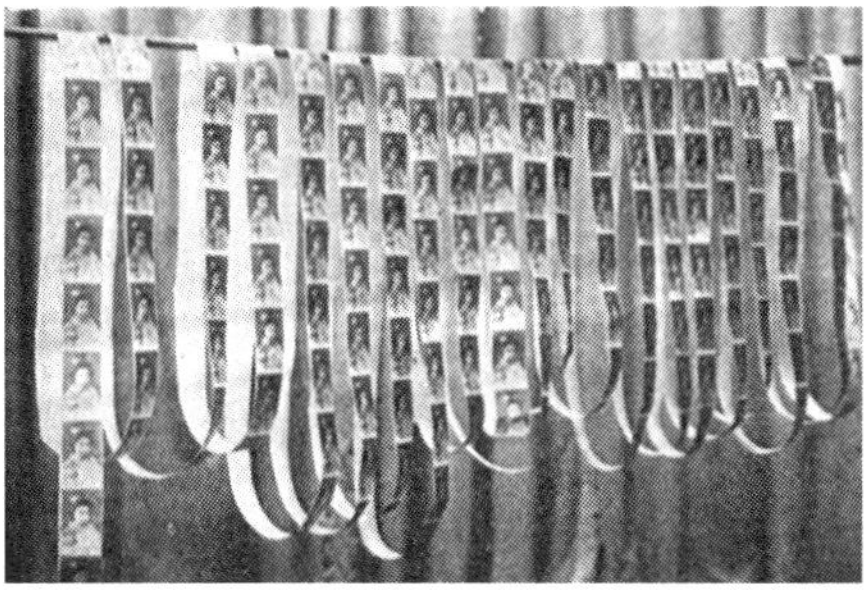

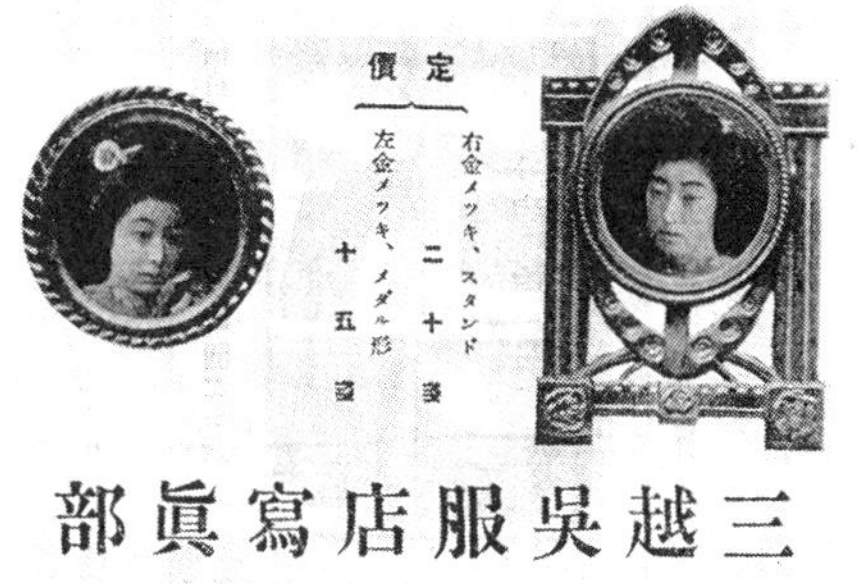

上＝輪転写真（『三越』1912年8月号）
下＝一分間写真の広告（『三越』1913年1月号）

翌年の一九一二年八月一日になると、輪転写真がスタートする。「輪転写真の開始——及水中スクリーンの応用」（『三越』同年八月号）は、「一枚の種板より一時に八百枚以上の写真を印出する新発明」と謳っている。同号に収載された写真を見ると、長い紙に同じ写真が焼き付けられている。輪転写真が便利なのは、多くの人が集まる式場・宴席・園遊会で、集合写真を撮影して、帰り際に手渡しできることだった。もちろん撮影会場から三越に戻り、焼付後に会場に届ける、往復の時間は必要だから、数時間は見ておかなければならない。実際に前月一九日に行われた新大橋の開橋式で、日本橋区の依頼を受けて、三越は一二〇〇枚の写真を参列者に渡して好評だった。サブタイトルの「水中スクリーン」というのは、ガラス製の背景である。撮影室にいながら、まるで川の浅い流れの中に立っているかのような写真を撮影することができた。

一時間写真を始めてから一年四カ月後の一九一二年一二月七日から、三越写真部は一分間写真を売り出している。『三越』一九一三年一月号の広告で確認しておこう。右のスタンド型と左のメダル型の二種類があり、金属製の丸いフレームに、写真をはめ込む形になっている。「一分間写真の大々的好評」(『三越』同年一月号)は、商品をこう説明する。輸入機械で撮影する写真で、サイズは通常より小さいが、鮮明度は劣らない。一分間で写真が完成するので、評判は非常に良く、開始日だけで二二〇人の撮影を行った。依頼者がかなりの数に上ったため、材料が払底する事態となったが、海外に追加注文した分はすでに届いていると。フレームにはめ込むので、家族のアルバムに入れることはできない。それでも机や棚に置くことで、生活空間の中の画像を気軽に増やすことができた。

一分間写真は話題となり、新聞各紙が報じている。たとえば一九一二年一二月七日の『読売新聞』は、「一分間で写真が撮《うつ》る」という記事を掲載した。それによると一分間写真は欧米で大流行していて、三越の泉谷技師がベルリンのタルウオット社から購入し、数日前に持ち帰ったばかりだという。撮影後に機械のボタンを押すと、乾板が現像液のタンクに落ちて二〇～三〇秒で現像が終了する。泉谷技師とは三越写真部主任の泉谷氏一。「独逸新流行の写真」（『三越』同年一一月号）で泉谷は、七月下旬に妻と共に、ベルリンの土を六年半振りに踏んだと述べている。ベルリンでは写真界や活動写真界の状況を視察したが、旅行中に一分間写真を知って、その機械を三越にもたらしたのである。

家族のアルバムにとって最も画期的だったのは、一九一三年八月から三越が写真機販売を始めたことかもしれない。「写真器械と舶来靴の売出し」（『三越』同年九月号）によれば、写真器械販売部はアマチュア写真家のために、アメリカのイーストマン社や、ドイツのゲルツ社や、フォクトレンダー社のカメラを揃えた。イーストマン社のコダックのように、ポケットに入る小型サイズのカメラもある。三脚などの附属品は、写真部で実際に使いやすかった製品を用意した。現像薬や混合鍍金液は、三越が独自に調製して販売している。また写真の懸賞募集を行って、その用具も取り揃えた。自分のカメラを持ち、好きな被写体を撮影して、押入れの暗室で現像するようになれば、家族のアルバムは飛躍的に変わる。記念写真や絵葉書とは異なる、家族の歴史や固有の思い出を、紙の上の映像の記録として、反芻できるようになるからである。

19　三越少年音楽隊と、都市空間の西洋音楽

一九〇〇年代の日本の都市空間で、西洋の音楽はどのように流れていたのだろうか。一八七一（明治四）年に陸軍と海軍の制度がスタートすると、軍楽隊が設置されている。西洋音楽を教える東京音楽学校は、一八九〇年に開校して山田耕筰や瀧廉太郎らの作曲家を送り出していた。しかし第二次世界大戦以前に唯一、長期間にわたって活動を続けたシンフォニーオーケストラ、新交響楽団の結成は、一九二六年まで待たなければならない。ジョヴァンニ・ヴィットーリオ・ローシーが帝国劇場に招聘され、歌劇部のオペラ指導者になるのは一九一二年である。それより三年早い一九〇九年二月一六日に、三越呉服店は三越少年音楽隊を編成した。

三越少年音楽隊が初めて演奏を行ったのは、一九〇九年四月一日に開幕する第一回児童博覧会である。服飾館の二階に音楽堂が設けられ、少年音楽隊は勇ましいマーチや唱歌を演奏した。『読売新聞』は四月三日の「三越主催児童博覧会」で、「異装の少年楽隊が頰を膨《ふく》らせて吹奏して居る彼等は総てスコツトランドのキルド《ママ》、ジヤケツを着け羽毛の帽子を斜に被り海老茶の細ヅボン長い毛の附《つい》た巾着肩飾り、靴等何れも目新しい」と紹介している。『大三越歴史写真帖』（一九三二年一一月、大三越歴史写真帖刊行会）に収録された写真を見ておこう。スコットランドの伝統衣裳、キルトのタータン・チェック（多色の糸による格子柄）と羽毛の帽子は、多くの聴衆の目に「異装」と映ったに違いない。演奏技術よりまずファッションで、少年音楽隊の印象は強く心に刻まれた。三越少年音楽隊は三越呉服店が主催する行事にだけ出演したのではない。一九〇九年一〇月号

上＝キルトのジャケットを着た三越少年音楽隊（『大三越歴史写真帖』1932年11月、大三越歴史写真帖刊行会）
下＝『みつこしタイムス』1909年10月号の三越少年音楽隊の広告

の『みつこしタイムス』に、少年音楽隊の広告が掲載されている。「三越少年音楽隊は熟練と勉強とを以て嶄新《ざんしん》なる楽譜を演奏仕り候祝事弔祭は更なりいかなる時いかなる場所とを問はず御招聘に応じ申候」と、広告文はアピールした。具体的には、運動会・園遊会・同窓会・演芸会の四つが挙げられている。都市空間のさまざまなシーンでの演奏を、少年音楽隊は活動の柱にした。広告の写真を見ると、制服は夏服である。暖かそうな毛織物のタータンとは違い、白いパンツルックが涼しげな印象を醸し出している。

たとえば一九一〇年一〇月一六日は越中島に出張した。陸軍糧秣本廠《りょうまつほんしょう》で牛魂祭が行われたからである。「頗《すこぶ》る振《ふる》つた牛魂祭」（『東京朝日新聞』同年一〇月一七日）によると、糧秣本廠は食用缶詰を製造している。日露戦争中は毎日一二〇～一三〇頭の牛を屠り、平時の現在でも一日に二八、九頭の牛を屠っていた。そこで同廠の仕事を請け負う神戸や広島の商人が、屠殺された牛の鎮魂のため、牛魂祭を企画する。祭壇の上段には「牛魂碑」と書いた木標を安置して、神官が祝詞をあげ、廠長らが参拝した。三越少年音楽隊はこの儀式の最中に演奏を行っている。

この年の一一月一日には　朝鮮貴族団が三越呉服店を訪れている。李址鎔夫人ら四〇余人の一行は、まず三階の食堂に案内されて茶菓子の接待を受け、記念撮影をしたと、「三越から後楽園」（『東京朝日新聞』一九一〇年一一月二日）は伝えている。その後は陳列場を回り、時計や指輪、緞子や羽二重など、総額二〇〇〇円の商品を買い上げた。買物を終えてから、三越少年音楽隊の演奏に耳を傾け、午餐会に出席するため後楽園に移動している。同じ日の『東京朝日新聞』には、「慶応義塾同窓会」という短い記事も掲載された。記事によれば三越少年音楽隊は、広尾にある福澤家の別邸で六日に行われる、同窓会に出張することになっている。丸一の太神楽《だいかぐら》や薩摩琵琶、坂東一鶴《いっかく》一座の子供芝居と同じように、余興としての演奏である。

三越呉服店や出張先で演奏を積み重ねることにより、三越少年音楽隊の演奏技術は上達していった。初演奏から一年半後の一九一〇年一〇月からは、東京音楽学校出身の小林禮が教師として指導するようになる。東京帝国大学で哲学を教え、東京音楽学校でピアノを教えたラファエル・フォン・ケーベルの、弟子の一人が小林である。「三越少年音楽隊第一回試演会」（『三越』一九一一年一〇月号）は、小林の指導を一年近く受け、少年音楽隊のピアノや唱歌は「長足の進歩」を遂げたと述べている。同年九月三日には三越の中央階段の下で、第一回試演を行えるレベルになった。試演に招待された海軍軍楽隊楽長の赤崎彦二や、ヴァイオリニストの東儀鉄三郎は、今後も管弦楽の練習を継続するように勧めたという。オーケストラの編成という夢の未来像は、少しずつ現実感を帯びてきていた。

一九一一年一一月三日に三越呉服店は、第三回秋季店員慰労会を鎌倉で催している。松居駿河町人「少年音楽隊の歌劇について」(『三越』同年一二月号)によると、第一回準備委員会で豊泉益三から、少年音楽隊の余興の企画を頼まれて、「オペラでもやつて見ませう」と安請け合いをしてしまう。日本で最初のオペラは、帝国劇場で先月始まったばかりだった。普段から少年音楽隊には、舞台や活動写真を見せないようにしている。しかも声楽の勉強を始めてから、まだ一年しか経っていない。引き受けた後で松居は、さすがに乱暴だと思った。ただ帝国劇場での次回のオペラの作歌を依頼されたところだったので、少年音楽隊が得意な曲の間に、歌を挟み込めば、作曲の手間を省けると考えたのである。久松鉱太郎楽長に九人の唱歌者を推薦してもらい、位置や動作を確認するドレス・リハーサルをこなして、本番は予想以上の出来栄えになったという。

一九一二年も三越少年音楽隊の活躍は続いた。少し変わったところでは、相撲の西方力士優勝旗祝賀会に呼ばれている。開催日は一月二九日で、場所は吾妻橋にある札幌ビールの庭内だった。会場入口では常陸山や西ノ海が、来賓を出迎えて挨拶をしていたと、「奮へ〳〵の園遊会」(『東京朝日新聞』同年一月三一日)は伝えている。池畔や樹木の周辺に、一〇以上の模擬店が設営され、新橋・赤坂・下谷・柳橋の芸妓百数十人が、おでんや燗酒の売子を務めた。約九〇〇人の来賓を前に、余興場で各種の催しが行われる。その先頭を切ったのが、少年音楽隊の奏楽である。

この祝賀会は明治大学や慶應義塾の学生も参加する無礼講だった。対照的に厳粛な催しに招かれて演奏することもある。「東宮大山邸行啓」(『東京朝日新聞』一九一二年三月二一日)は、「東宮殿下」が二〇日に葉山御用邸から東宮に戻り、青山にある大山元帥邸に「行啓」したと伝えている。「東宮殿下」は皇太子を指す言葉で、大山元帥とは大山巖のことである。大山邸の食堂での昼食時間に、三越少年音楽隊の演奏は行われた。食後は別室で須田綱義が薩摩琵琶を奏でる。一同はそれから八〇〇〇坪の庭園に移って、ほころびはじめた桜や、数百株のバラを楽しんだ。

小林禮らの指導下、三越少年音楽隊は一年半ほど、オーケストラ(管弦楽団)の練習を積み重ねる。技術的な進歩を遂げ、三越の三階で公開コンサートに踏み切ったのは、一九一三年二月九日の夜である。「三越少年音楽隊管弦楽《オーケストラ》試演」(『三越』同年三月号)によると、「新聞の音楽に堪能なる記者」や「音楽専門の雑誌記者」を、この日は招待している。ドイツの作曲家カール・タイケの「軍楽行進曲」から始まるコンサートは、全九曲を演奏して幕を閉じた。一堂に会した多数の専門家は、「一曲を奏し了《おわ》る毎に拍手喝采」をして、「激賞の辞《ことば》」を寄せたという。お披露目はこの日に済み、第五回児童博覧会以降は公衆の前で、オーケストラの演奏を行っている。

演奏のレベルが上がれば、演奏する場所も変わる。余興として呼ばれるのではなく、鑑賞目的の公演を行えるようになる。「三越少年音楽隊と東京市の音楽」(『三越』一九一三年一一月号)が伝える演奏会は、その一例だろう。日比谷公園に日本で最初の野外音楽堂ができたのは一九〇五年。軍楽隊の定期演奏が行われたこのスポットは、東京市民が気軽に西洋音楽を楽しめる数少ない場所だった。少年音楽隊がここでコンサートを行ったのは一九一三年一〇月一九日である。久松鉱太郎楽長が指揮棒を振り、第一部はカール・タイケ「親しき軍友」以下の六曲を、第二部はジュゼッペ・ヴェルディ「アイーダ」の一節から始まり六曲を演奏した。少年音楽隊が「社会と交渉をもつ」ことは、三越にとって「光栄」だと、記事は結ばれている。

一九一三年九月六日の『読売新聞』は、「帝劇管弦楽部員の動揺――歌劇団に影響なし」という記事を掲載した。小林愛雄や大塚淳、帝国劇場楽長の竹内平吉、同歌劇部主任の塚田同一らが東京歌劇団を設立して、一〇月末に五日間、帝国劇場で歌劇「マルタ」の第一回公演を行う予定になっている。その際にファゴットやトライアングルなど、「軽妙な」楽器が必要になるが、帝国劇場の管弦楽部員だけでは、それらの楽器に手が及ばない。そのため三越少年音楽隊の応援を得ようと、現在交渉中と報じた記事である。もしそれが実現すれば、西洋と比べても遜色のない「大人数の管弦楽《オーケストラ》」が組織され、「未曾有の大歌劇」を演出できると、記事は結ばれている。

20　電話販売係／自動車／メッセンジャーボーイ

三越呉服店は買物を楽しむだけでなく、さまざまな文化を編成するスポットに変容していった。しかしその一方で、忙しくて買物に行けない人もいる。地方在住者はなかなか上京できない。そんな人に便利なシステムが、一九一一年から始まった。「電話販売係の開始――三月二十五日より」(『三越』同年四月号)は、来店の余裕がない客への対応策として、電話販売係を新設すると伝えている。回線数が少ないと、話し中の状態が続いてしまう。そこで電話は店舗用の九台以外に、電話販売係用の一二台を増設した。交換手は二五人に増やしている。さらに監督器を用意して、係長がすべての電話を監督できるようにした。

上の写真(『三越』一九一一年五月号)の、横並びで座っているのは交換手で、立っているのが監督である。電話交換室は二階に設けられ、一二人の交換手が顧客に対応した。交換手一人あたりの担当は、外線が二回線と、内線が二、三回線である。左の耳につけているのは受話器で、送話器は胸の位置にある。両手は空いているので、注文を受話票に記入する。二人の監督が受話票を

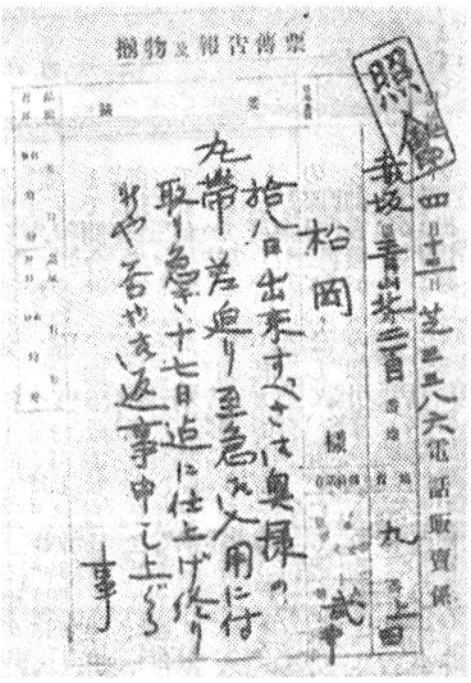

上=電話販売係(『三越』1911年5月号)
下=伝票方が作成した「揃物及報告伝票」(『三越』1911年5月号)

受け取り、伝票係にそれを渡す。注文だけでなく、問い合わせの電話がかかることもある。同号の「電話販売係は如何に活動しつ、あるか」に、その際の「揃物及報告伝票」が掲載されている。丸帯が至急必要なので、一七日までに仕上がるかどうかという問い合わせがきた。その内容を記した受話票を回すと、伝票方が「照会」の印を押し、前頁の下写真のような伝票が売場主任に届く。売場主任は工場に電話で確認して、その日のうちに顧客に返事をする。

三越呉服店ではもともと、工場・機場・染物屋など、社内調整や取引先との交渉に、電話を使用していた。そのため顧客が三越に電話をしてもつながりにくい。そこで事務用と顧客用を完全に分離して、注文をスムーズに受けられるようにしたのである。開始から一〇日ほどの間に、顧客を待たせるケースはほとんどなかった。電話注文を受けると、「揃物及報告伝票」が発送方に回ってくる。発送方は商品をメッセンジャーボーイに渡す。商品配送のために、自転車隊や自動車隊が待機している。商品の発送時刻と、届け先への到着時刻、メッセンジャーボーイの帰店時刻は、分単位で記録された。

商品配達の交通手段は、時代によって異なる。『東京と博覧会』（『時好』臨時増刊、一九〇七年三月）の附録の「三越呉服店見物案内」によれば、買物をしてホテルに戻ると、すでに商品が届いている、西洋のデパートがお手本だった。東京市は面積が広いので、一〇〇パーセントの実施は難しいが、短時間での配達を目指している。配送料は無料。一九〇七年頃は、自動車・自転車・馬車・荷車が使用されていた。自動車による商品の配送を始めたのは、三越が最初である。『大三越歴史写真帖』（一九三二年一一月、大三越歴史写真帖刊行会）に、そのときに使ったクレメント号

三井呉服店の自動車クレメント号（『大三越歴史写真帖』1932年11月、大三越歴史写真帖刊行会）

（貨物車）の写真が載っている。一九〇三年四月から使用しているので、三越呉服店の設立よりも古い。車体に「三井呉服店」と書かれているのはそのためである。

それから五年後の一九〇八年八月一日に行われた「自動車遠征」という催しに、クレメント号が参加している。「自動車遠征隊」（『東京朝日新聞』同年八月三日）はこう伝える。自動車奨励の目的で、有栖川宮を中心に、甲州街道の立川まで乗合が企画された。一一台の自動車が揃って走るのは「見物《みもの》」で、沿道の村民は国旗を掲げて一行を出迎える。立川で昼食を済ませたとき、矢野恒太（第一生命創業者）が自動車倶楽部の設立を提案すると、一同は賛成した。矢野は続けてこう演説している。「現在多くの人々が乗つて居る馬車人力車は此忙しい時代に仕事をする人の乗用車としては実に非文明的で又不便である。之は是非自動車の如き文明的なものに代へなければならぬ」。自動車の黎明期に、クレメント号は東京市街を走っていた。それは単に配送に役立っただけではなく、宣伝車の役割も兼ねている。

有栖川宮は自動車の普及に尽力した人物として有名である。一九〇五年にイギリスから大型の自動車二台を輸入して、自らハンドルを握ったと、「有栖川宮の自動車」（『読売新聞』一九一二年八月一一日）は伝えている。参内はもとより、少しの外出でも、馬車を使わずに自動車を利用した。

伊藤博文公爵、山尾庸三子爵、戸田氏共伯爵、大隈重信伯爵、渋沢栄一男爵らが、自動車を使うようになったのは、有栖川宮の感化である。有馬家従をイギリスの自動車学校に留学させ、日本最初の自動車技師として帰国したときに、宮廷自動車技師長に据えたのも有栖川宮だった。イギリス・フランス・ドイツ・アメリカから購入した車は、十数台に及んでいる。

一九一〇年代前半の東京で、お歳暮の贈答品を積んだ三越の自動車は、歳末風景の一コマになっていた。「新橋へ、京橋へ——俄《にわか》に景気立つた銀座街」（『読売新聞』一九一二年一二月二四日）は、「光と色彩とに眩惑」された年の暮を、こう描き出している。新橋際の博品館は「紅白の布」を巻き立てて売り出し中である。竹川町の亀屋はクリスマスのデコレーションとして「緑のアーチ」を作り、三階から「赤い大幟《おおのぼり》」を垂らしている。明治屋は「西洋の玩具《おもちゃ》や燦然たる銀モール」で、エキゾティックな空気を醸し出す。そんな師走の街中を、「贈答品を山積した森永、三越等の自動車」は、ガソリンの匂いを振りまきながら、注文先への配達を行っていた。

その光景は、小説家でフランス文学者の後藤末雄の、「素顔」（『新小説』一九一三年一一月号）という小説では、次のように描かれている。「向ふの妾宅《めかけ》には三越の車が着いて、綺麗な小僧さんが御誂物を持つていつた。それと引き違へに年増盛りのお内儀《かみ》さんが、手套《てぶくろ》を穿《は》めながら出てきて羨しげに振り返つた」と。年末の忙しい時期に、年の瀬らしい光景はいろいろとある。そのなかで三越の贈答品を配達する自動車は、人々を羨ましそうに振り返らせる魅力を持っていた。

もちろん自動車自体の珍しさも、人々の注目を集めた理由の一つだろう。東京の市中を走る自動車数はまだ少ない。「東京の自動車」（『東京朝日新聞』一九一一年五月二五日号）は、警視庁の調査結果として、次のような数値を伝えている。皇族用の車と軍用車を除くと、自家乗用車が一一台、自家用貨車が四台、運搬専用車が一三台、合計一二八台しか、東京の街を走っていない。東京自動車、帝国、日本、築地自動車製作所などは、自動車やその附属品を販売する傍ら、貸自動車の営業も行っていた。ただ顧客は外国人と「洋行帰りのハイカラ紳士」が中心である。それ以外は、料理屋などの客が芸妓に望まれて、向島や亀戸に繰り出すときに使うくらいだった。「年増盛りのお内儀さん」のような一般人は、目にすることはあっても、縁のない乗物である。

メッセンジャーボーイ隊が活動を始めるのは一九〇九年九月一日からである。「当店新組織のメッセンジャー、ボーイ」(『みつこしタイムス』同年一〇月号)は、ヨーロッパ諸国の大デパートで、非常に便利な組織として活躍中なので、イギリスを手本に編成したと述べている。同号所載の写真を確認しておこう。制服はロンドンのデパートを参考にしている。帽子は三越の表示として、

上＝メッセンジャーボーイ(『みつこしタイムス』1909年10月号)
下＝少年案内人(『三越』1911年11月号)

三本の太い白線を目立たせ、「㊌」の徽章を付けた。肩章は三本の太い白線で、胸間の徽章と袖章は富士山の輪郭をデザインしている。自転車の塗料をわざわざ汚れやすい白にしたのは、瀟洒な印象を与えるだけでなく、常に拭いて清潔さを保つためである。

一九一一年一〇月一日以降は少年案内係が、店内に配置されている。各階のフロアに数人ずつで、顧客の質問に答え、店内のどこにでも案内する。金ボタンの襟付きの、藍色のユニフォームを着用して、「案内係」の金文字が目印だった。「少年案内人の新設」（『三越』同年一〇月号）によると、店内が広くて、売場を探すだけで時間を費してしまい、急いでいるときは困るという声を耳にして、案内係の設置を決めたという。土蔵造り二階建ての時代には生じなかった問題で、百貨店に近付いてきた証だろう。前頁下の写真は、『三越』一九一一年一一月号に掲載された。「如何にその服装の清洒《せいしや》軽快にして、その少年たちの愛らしき事よ！」とキャプションに記されている。

三越で買物をする際に、顧客はしばしば商品切手を持参した。呉服切手の発行は一八八〇年代の終わりに始まり、一九〇六年六月に名称が商品切手と改められる。お中元やお歳暮で商品を贈る代わりに商品切手をプレゼントすれば、相手が自由に商品を選ぶことができた。一九一一年七月四日の『読売新聞』に、「商品切手交換所の拡張」という興味深い記事が載っている。下谷区の小西幸道がこの仕事を始めたところ好評だったので、各区各郡に代理店を設置することにしたという。この交換所が発行する商品切手は、三越でも白木屋でも使える。酒店でビールを購入できるし、銀行預金や換金も可能である。「時節柄中元の贈物には最も好適」と記事は勧めている。

100年前の百貨⑧——玩具

1

2

3

4

5

6

1・2：舶来の「西洋人形」（『三越』1913年7月号）で、動かすと両目を開いたり閉じたりする。3：布製の「自働疾走配達夫」（『三越』1912年1月号）。4：ドイツ製の「滑稽スキー人形」（『三越』1913年5月号）で、横に歩いていく「道化人形」。5：舶来の「射的」（『三越』1912年1月号）で、「吸付ゴムの矢の付る鉄砲」を使って的を当てる遊具。6：「木製首振動物」（『三越』1911年10月号）

第四章

モードの発信地

21　三越の目の道楽をして帰り――文学表象のなかの三越

文学作品のなかで、三越呉服店はどのように表象されてきたのだろうか。近世文学なら浮世草子の代表作、井原西鶴『日本永代蔵』（一六八八年）に越後屋呉服店が登場することは知られている。一九〇七（明治四〇）年九月号の『時好』に、「「三越」を主題としたる美文学創作募集」というお知らせが掲載された。「三越呉服店の前身なる越後屋は、江戸名所の一として、或は文人墨客《ぼっかく》の諷詠する処となり、或は艶麗なる錦絵となりて、諸国に流布せられたるものなるが、今や三越と改称せられて、其名は独り日本、東洋に止らず、弘く泰西諸国までも伝へらるゝに到りたれば、之を主題として、文学の各方面より観察し、描写するも亦清興ならずとせずとて、今回懸賞に依り弘く募集する」と、さまざまな文学形式での応募を読者に呼び掛けている。

選者の審査を経て、優秀作は『時好』一九〇八年一月号に発表された。時代はちょうど自然主義文学の全盛期である。近代になって井原西鶴を再評価したのは、明治四〇年代の自然主義文学者だった。その潮流の反映だろうか、脚本で一等に選ばれたのは、後に劇作家として活躍する川村花菱《かりょう》の「喜劇自然主義一幕」である。ただしリアリズムの方法で書かれた作品ではない。タイトルに冠した「喜劇」という言葉や、登場する自然主義作家・鸞尾花冠の姓の「うそを」というルビに明らかなように、小説には自然主義への揶揄が内包されている。三越の陳列場に姿を現した鸞尾は、「真を写す」ために店員に説明を求め、それを手帳に書き留めていく。写真部に貸衣裳があると聞いて、ゾラやバルザックの服がないかどうか尋ねる。食堂では「空腹の折美味に接した心理」を描きたいと、無料で「研究的」に食べることができないか交渉する。

写真部を訪れたときに、「万引だ、万引だ！」という声が聞こえてきた。鸞尾花冠は警官に向かって「万引？　実に愉快だ！」と語る。小説に書き込める事件が、絶好のタイミングで起きてうれしかったのだろう。警官は「何が愉快だ！」と鸞尾を突き飛ばし、周囲の人々はそれを見て笑った。大きな騒ぎを起こすのは屋上庭園である。藤棚の下のベンチで、「ハイカラ男」と女学生が語り合っていた。鸞尾はベンチに背後から忍び寄り、二人の会話を手帳に記録し始める。盗み聞きを咎められると、「うつされた奴が悪い！　又自然主義鸞尾花冠のモデルに成れば、寧《むし》ろ君等の光栄だ」と強引に主張する。警官と店員が駆けつけてきて、鸞尾は警察署に引っ張られた。連行中も鸞尾は、「苦しい心裡《しんり》」を描写しようと、手帳に筆を走らせ続ける。

和歌・俳句・川柳の場合は、三一文字か一七文字で世界を作るため、「三越」か「駿河町」という言葉を含めないと、三越を「主題」にしたかどうか分かりにくい。和歌で二等に選ばれたのは、「友禅の小袖にかろき春風や人うちつとふ三越の春」（櫻井直太郎）。選者の佐佐木信綱は、「情趣、景趣があつて面白い」と述べた。俳句の一等は、「江戸の春三越の前通りけり」（若翁）。「三越の繁栄の様が想像され」ると、選者の巌谷小波は書いている。川柳の三等には、「三越に見と

『時好』1908年2月号に掲載された「清水氏令嬢」の写真

れ電車に引きづられ」（喜藤斎）が入った。いったい乗車するのかしないのか。発車時に車掌がやきもきするほど、三越にまだ未練が残り、視線を向ける人の姿が浮かんでくる。

川柳の音数律は、俳句と同じ五七五である。ただし季語の約束がなくて、言葉遊びができるので、軽妙で機微に触れた世界を作ることができる。越後屋・三井呉服店・三越呉服店を題材にした古今の川柳を調査して、井上剣花坊は「新古川柳に現はれたる三越呉服店」（『時好』一九〇七年五月号）を書いた。「三越は買人《かいて》の方も錦なり」（思案坊）に触れて、「美しい句だ、三越へ来る程の人はいづれも扮装《みなり》が奇麗で、花やかなといふところを詠だもの、買ひに来る客を賞めて、売る店を盛《さかん》なりとした手際」を剣花坊は称賛している。コメントはないが、「三越の目の道楽をして帰り」（長谷坊）は、買物をするとは限らない、顧客の姿をよく捉えている。商品を吟味しながら売場を回るだけで、「目」は「道楽」に満足して、心が浮き浮きとしてくる。

華やかな着物を目の当たりにすれば、着飾った自分の姿を想像して、その商品をどうしても欲しくなる。高価で手が届かなければ、欲望を押さえられずに、万引きに走る者も出てくる。川村花菱が「喜劇自然主義一幕」に織り込んだ万引きは、当時の新聞をしばしば賑わせていた。一九〇六年八月一九日の『読売新聞』は、「一万円の万引」という記事を掲載している。浅草に住む男性二人と女性一人が共謀して、日本橋の三越や、上野の松坂屋を始めとする呉服店で、お春という女性に、一万円余りの太物類を万引きさせていた。万引きした商品は、浅草の古物商に持ち込んで現金化している。事件が明るみになって、共謀者三人は逮捕され、検事局に送られた。古物商はまだ逃走中という。呉服店がデパート化していけば、所有したい商品の種類は増えていく。

　万引きのような犯罪とは異なるが、着物をめぐる笑い話はよく新聞種になった。「紳士の魂胆は細君の妙計」（『読売新聞』一九〇六年一二月一七日）が伝えたのは、保険会社の重役の話。赤坂の女性に入れ込んだ重役は、春着を無心され大金を用意した。ただ養子という立場なので、毎日外出するときに、妻から「紙入の検閲」を受ける。そのため一五円以上の金は持ち出せない。そこで古新聞に包んだ大金を、書斎の額の裏に隠しておいたが、いつの間にか消えてしまった。ある朝、三越呉服店から三枚重ねの妻の着物が届く。「今年は此様《こんな》贅沢はしない約束ぢや無いか」と重役が渋面を作ると、妻は微笑みながらこう言った。「御心配なさらずとも宜《よろ》しふございますワ二百円ばかり拾ひましたから」と。

　海外に向かう人々が、渡航前に必要品を買い揃える場所は三越だった。三宅花圃「蜜月《ホネームーン》の振袖」（『三越』一九一一年六月号）に登場するのは、移民として渡った南米で、巨万の富を得て一時帰国した青年である。日本で暮らしていた母は、息子と一緒に南米で生活したいと希望していた。そこで青年が妻帯して、三人で海を渡ることになり、結婚話がまとまる。財産は十分にあるので、「婚礼の儀式」用の着物から「平常着《ふだんぎ》」まで、三越で誂えて調製してもらった。横浜を出航する船の甲板に立つ新婦は、こう描写されている。「着て居たコートを侍女にわたせば、ハラリとこ

ジョージ5世の戴冠式のパレード（鳥居赫雄『頰杖つきて』1912年12月、政教社）

ぼる、薄紫の振袖姿、絽縮緬《ろちりめん》の金糸銀糸の縫模様は、浪に千鳥の長襦袢鴇《とき》色の重ねに色はえて白のベールをサッとなで、汐風に侍女が手際の高島田鼈甲《べっこう》の花笄《はなこうがい》が朝日に映じて目を射り輝く」と。

渡航前に三越で買い揃えるのは、小説の中だけの話ではない。一九一〇年五月にイギリスのエドワード七世が死去して、翌年の六月二二日に、ジョージ五世の戴冠式がウエストミンスター寺院で行われた。このとき日本から参列した一人が東伏見宮妃殿下である。「御渡英のお支度《したく》」（『読売新聞』一九一一年三月二四日）によると、四月に横浜から出帆する予定だった妃殿下は、三月二三日に岩倉公爵夫人などを従え、三越に「微行」（お忍びで外出）している。一般客に交じって、二階から三階へと陳列場を見て回り、三階の竹の間でしばらく休憩してピアノの奏楽を楽しんだ。帰りの馬車には、「目醒むる計《ばか》りの友禅を始め種々の雑貨品」が積み込まれる。イギリスに行くための準備だと、新聞記者は推測した。ロンドンで列席するときの着物や、持参する土産品が、そこには含まれていただろう。

一九一二年五月五日にパリに向けて出発した与謝野晶子も、旅立ちの前に三越呉服店で買物をしたらしい。「春を追ひつ、（五）——当世購買欲刺戟所」（『東京朝日新聞』同年四月二一日）は、こう報じている。「良人より、成るべく派手な姿《なり》して来よと雁の便りがあつたとかにて、夫人晶子の洋行支度は三越で万事万端、お召も柄の大きな色美しきを、縮緬の友禅も秋草の模様艶なるを、帯は新製の藤原式か有職模様か」と。パリとロンドンで女性のファッションを、与謝野は対照的と感じた。「倫敦より（三）」（『東京朝日新聞』同年七月三一日）には、パリの女性は「外見は派手であり乍《なが》ら粗末な質の物を巧に仕立てる」のに対して、ロンドンの女性は「表面質素《じみ》な様で実は金目の掛つた物を身に着けて居る。唯だ惜い事に趣味が意気でない」と感想を記している。

南米に向かう女性が振袖を、イギリスに赴く妃殿下が友禅を、パリに行く与謝野晶子がお召を、三越で購入したことが示すように、一九一〇年代の女性は基本的に和装である。数少ない例外は、海外から戻ってくる女性だった。森鷗外「さへづり（対話）」（『三越』一九一一年三月号）に出てくる百合子はその一人である。小説で彼女は、「手縫の青色の薔薇の花を着けたる、黒の大帽子。黒のpaletot式外套。鼠色の毛皮襟巻。同じ色のマツフ。鼠色の肘まである手袋。ヲラン附小形の蝙蝠傘《こうもり》」を身にまとっている。「paletot」（パルトー＝ポケット付き前ボタンの短いコート）を脱ぐとその下から、薄い青色の羅紗服が現れる。百合子はその洋装を、一年間滞在したパリで手に入れた。パリでは「三越」のような、ただし和服ではなく洋服を調製する店が、「何百軒」も存在する。しかし日本で少し上等な洋服を入手したいとき

パリ滞在中の与謝野晶子（与謝野寛・晶子『巴里より』1914年5月、金尾文淵堂）。ただし和装ではなく洋装である

は、横浜のイギリス人の店まで行かなければならないと、鷗外は百合子に語らせている。

ファッションは単独で存在するわけではない。それを着る人の、環境や状況と密接な関係を結んでいる。三宅花圃は「望みの婦人服」(『時好』一九〇八年三月)で、若い頃は「日本人の服」を洋服にすべきだと考え、洋服ばかり着ていたと回想した。しかしこの文章は、「普通の日本人には、日本服の方が好《よ》い」と結ばれている。その理由は、洋服が日本の住空間に合わなかったからである。アメリカから帰国した橋口信助が、「あめりか屋」という住宅専門会社を設立して、雑誌『住宅』で住宅改良運動を始めるのは一九一六年八月。三宅の回想の八年後である。ヨーロッパの住空間にフィットしていた洋服は、日本の住空間で身に付けても、ちぐはぐな感じしかしなかった。森鷗外「さへづり(対話)」の百合子が洋装で訪れたのは、「卓。椅子。長椅子。瓦斯炉」で構成される洋室である。それはまだ日本の住空間で一般化していない。

22 元禄模様から桃山模様へ――和装のモード

日本の女性がまだ洋装から遠かった時代に、女性のモードとは、和装とその附属品のモードを意味していた。内田魯庵の小説「指環」(『時好』一九〇五年五月号)に、作中の女性のこんな夢想が書き込まれている。

三越の売出しには有るだけの有切れを買つて、座敷一杯にお召や友禅を散らかして、其中央《まんなか》に座つて、アレを長襦袢にコレを襦袢の袖に、アレを斯《こ》うしてコレを斯うしてと、眼の醒めるやうな綺麗なものを腕に下げたり肩に掛けたり腰に巻いたりして自分の姿を鏡に照らして見て一日暮らしたら如何《どん》な心持だらう。若し又数寄《すき》な贅沢をして註文した着物が新裁上《したて》つたのを持つて来る三越の馬車が家の前へ駐《とま》つたなら如何な心持だらう。

小説が発表された一九〇五（明治三八）年五月は、日本海海戦で日本の連合艦隊が、ロシアのバルチック艦隊を破った月である。女性の夢想には何が流行しているのか記されていないが、当時の最も代表的なモードは元禄模様だった。三越呉服店意匠部主任を務めた籾山東洲は、「衣裳模様流行の変遷（上）」（『読売新聞』一九〇八年六月二五日）で次のように述べている。「彼《か》の三十七八年戦役の頃からポツ〳〵流行《はや》り出した元禄模様は、役後益々世人の注意を惹いて、一も元禄二も元禄と云ふ風に、何が何でも元禄でなくては終局《おさまり》が着かぬやうになつた」と。籾山が元禄模様の流行を回想したのは、日露戦争終結の三年後である。三年間の変遷を確認すると、「元禄は粋《いき》に過ぎた。故に上下各階級を通じて之を用ゆると云ふことが一寸出来難《にく》い、其処で元禄も稍《や》や鼻に附いた頃、之に代つて表はれて来たのは桃山風」ということになる。元禄模様から桃山模様に――これが日露戦争終結後のモードの変遷だった。

ヨーロッパやアメリカでは、モードの担い手は上流階級の女性である。たとえばパリではシーズンになると、衣裳店が上流階級の顧客を招待して、デザイナーの一点物の作品を披露する。森鷗外「さへづり（対話）」（『三越』一九一一年三月号）の百合子が、「相談が纏《まと》まるまで一寸《ちょっと》三時間は掛かるのね。右へ向かせられる。左へ向かせられる。前から見る。背後《うしろ》から見る。着せられる。脱がせられる。間で腰を掛けて休むなんといふことはないわ。丸で鏡の前でぐるぐる廻りをさせられて」と語っているのは、衣裳店での体験である。衣裳店で購入したドレスは、ブーローニュの森にあるロンシャン競馬場や夜会など、交際場に出掛けるときに着用する。

一九〇〇年代の日本には、ヨーロッパやアメリカのような、上流階級の社交場はあまりなかった。「大隈伯の衣服と流行談（名家衣服談の一）」（『時好』一九〇五年七月号）で、日本の上流社会・中流社会の女性が、社会との接触をあまり持たず、外出する機会が少ないと大隈重信は指摘している。おのずから日本では、モードの担い手は彼女たちではなかった。日本で交際場の花となっていたのは、上流階級の淑女ではなく芸妓である。もちろんこの記事の執筆者が述べるように、西洋と同じシーズンごとの流行が、日本で作り出されたわけではない。三越呉服店の売場に行けば、「多少の流行」は分かるが、流行発信力自体はまだ弱かった。ただ最も華やかな衣装を身にまとう芸妓が、モードの担い手になっている。

一七世紀後半から一八世紀初頭の元禄年間は、経済力をバックに、都市部の町人階級が台頭して、文化諸ジャンルで新しい機運が起きた時代である。服飾もその例外ではない。近代日本の和服の原型というべき小袖は、元々は貴族階層などの下着であり、庶民階層の日常着だった。それが町人階級という新興勢力の勃興により、服飾の基本になってくる。一七世紀末に成立する友禅染の染色法によって、山水や花鳥を自在に染色した小袖を大量生産できるようになり、元禄模様

「元禄模様長襦袢」(『時好』1905年4月号)。「地質は新製の竪横絽にして地色は御納戸なり、浪は白揚りに槌車には焦茶、白茶、萌黄等の色入り疋田の上に金箔を押したる一見眼さむるばかりの品」とキャプションが付されている

新橋芸妓の元禄舞(『時好』1905年4月号)

と呼ばれていた。三越呉服店はその華やかな様式を研究して、近代的な元禄模様を、新しいモードとして押し出そうとしたのである。

一九〇四〜〇五年から元禄模様が少しずつ流行したと、籾山東洲は述べたが、新聞でもその関係記事が目立つようになってくる。「或人曰く」(『東京朝日新聞』一九〇五年三月二七日)が「新橋美人の誰彼三四名は三越好み元禄風の服装で大に優美なり元禄踊をお座敷に持込むげな」と報じた「新橋美人」とは、新橋芸妓のことである。『東京朝日新聞』は同年四月七日の「元禄美人の絵葉書」で、日本橋の美明舎が発行した絵葉書を、こう紹介している。「近頃評判なる新橋芸者の元禄姿をコロタイプにて美麗に印刷し三越呉服店が意匠を凝らせし服装を鮮明に写出《しゃしゅつ》せし」と。芸妓の着物の元禄模様は、お座敷で人々の目を楽しませ、絵葉書の画像として伝播していった。

一九〇五年四月一〇日の『読売新聞』も、「三面便り」で元禄模様について、次のように報じている。歌舞伎座では「元禄花見」の舞台が話題を呼んでいた。「三越の考案に煽《おだ》てられ元禄熱に浮かされて伊達姿に派手な手振り」を、出演者が披露する。元禄模様は「伊達姿」を演出する着物だけに見られたのではない。「手廻りの道具」や「煙草入」「煙管《きせる》」も、元禄式で統一していた。元禄模様の流行は、お座敷や絵葉書だけでなく、舞台も動員しながら作り出されていく。どこで元禄模様を目にしても、三越呉服店に行けばそれを入手できた。三越の側から眺めると、芸妓や出演者は、元禄模様の生きた広告塔の役割を果たしていたことになる。

三越呉服店では一九〇五年四月一日から、第九回新柄陳列会を開催している。翌日の『読売新聞』に掲載された「三越の陳列会」という記事によれば、出品された帯地・友禅物・半襟などのすべてが、元禄模様を写していた。特に人目を引いたのは、元禄友禅一〇種の陳列である。一〇種の模様とは、「『海にさちある御代かな』の浪鹿の子、『花のしがらみ春の風情』の雪月花、『ほと、ぎす大竹やぶをもる月夜』の竹格子、『九重の蔀《しとみ》の藤波の花のさくらの鹿の子模様』の松に桜に朱《あけ》の欄干、『小草《おくさ》の露』の露草模様、我友とは俊成卿の『我友と君がみかげのくれ竹に千代にいく代のかげを添ふらん』の歌意を採りし竹模様、『手振りの蝶』の蝶模様、『風涼し』は槌《つち》車に水、『松竹梅のわび模様』は名の如き大模様、『夕千鳥』は資季《すけすえ》卿の『夕汐《ゆうしお》や遠つ干かたにみちぬらんなきて近づく友千鳥かな』に拠りし浪に千鳥」である。それらは「派手」なだけではなく、「古雅」を偲ばせる模様だった。

　元禄模様の陳列会は評判を呼び、三越は大勢の来店客で賑わう。陳列会を開始して四日後の『東京朝日新聞』に、「三越呉服店の売出しと万引」という記事が出ている。四月一日の来店客は二万一〇〇〇人、二日は一万九〇〇〇人、三日は一万八〇〇〇人で、三日間の売り上げは二〇万円に上った。混雑が激しい方が、見出しの「万引」も発生しやすくなる。五十代半ばの「紳士体」の男が、人力車で乗り付けてきた。各陳列場を回ってから、木綿陳列場で双子織一反を一円で購入して、「悠々と」立ち去ろうとする。警戒にあたっていた日本橋署の刑事が不審に思い帯を解かせると、着衣の間から「糸織友禅縮緬其他の上等品」が七、八反出てきた。代価一〇〇円余りの商品を隠していたという。

　三越呉服店はモード発信の一環として、元禄研究会の活動に携わり、その足跡を『時好』に記した。「元禄研究会」（『時好』一九〇五年八月号）によれば第一回の研究会は、七月二五日に柳原胤昭邸で開かれている。参会者は五〇人余りで、日本女子大学教授の戸川残花が発会の趣旨を述べた。歌舞伎座座付作者の福地桜痴、俳人の角田竹冷、人類学者の鳥居龍蔵らの講演に交じって、三越意匠部主任の籾山東洲が元禄衣裳流行の理由を説明する。また「元禄研究談片」（『時好』同年一一月号）は、一一月五日に日本橋倶楽部で、第二回の研究会を開いたと伝えている。このときの参加者は一四〇人で、第一回の三倍近かった。日本画家の久保田米僊が「元禄時代の絵画」について話し、詩人の野口米次郎らが講演を行っている。次頁上の写真は、この日に会場の二階で催された「元禄時代参考品陳列」の様子。着物や掛軸が展示されている。

さらに三越呉服店では一九〇五年五月に、「元禄風裾模様」と「元禄風友禅模様」の懸賞図案募集を行った。募集のお知らせは、各新聞に掲載されている。ちなみに五月二二日に『東京朝日新聞』に掲載された「三越の懸賞図案募集」を見ると、応募締切は七月一五日。賞金は一等（一人）が一〇〇円、二等（二人）が五〇円、三等（三人）は四〇円、四等（五人）は二〇円、五等（一〇人）は一〇円で、当選作品は一〇月一日から三越店内で陳列されることになっている。

元禄模様に続いて登場する桃山模様の記事も、新聞紙上に散見される。桃山文化（安土桃山文化）は元禄年間より一世紀遡る、一六世紀後半から一七世紀初頭の文化である。豪商の出現やキリシタン文化の影響下に、この時代の小袖は、刺繡や絞り染めを多用する華麗な世界を実現した。元禄模様と同じように、桃山模様の生きた広告塔の役割を果たしたのは芸妓である。「横浜芸者の桃山踊」（『東京朝日新聞』一九〇五年五月一八日）は、二五日に千歳楼で踊りを初めて披露すると予告している。衣裳を調製したのは三越呉服店で、そのいで立ちは元禄模様より、さらに優美だという。

三越呉服店の陳列会に桃山模様が登場するのは一九〇六年四月一日である。「三越呉服店の新柄陳列会」（『読売新聞』同年四月五日）によると、このときは友禅や帯地などに桃山模様を応用することになっていた。元禄模様との違いは瓢と桐で、「此の二個《ふたつ》を応用せざれば桃山模様ならず」と記されている。結果的に友禅も帯地も、「派手にして美麗」な仕上がりになった。『時好』同年

上＝「元禄時代参考品陳列」（『時好』1905年11月号）
下＝第11回新柄陳列会場の様子（『時好』1906年5月号）

五月号に掲載された写真は、来客の様子を、階上の出納係の側から撮影している。右側手前の大きな机の上には複数の反物が並べられ、反物を挟んで、女性客と男性店員が言葉を交わしている。中央のショーケースには模様が分かるように反物が展示され、女性客が熱心に見入っている。江戸時代の呉服店とは異なり、パリの衣裳店のように新しいモードを生み出す――それがデパートメント宣言を行った後の、三越の呉服部の目標だった。

23 ニューヨークから始まった尾形光琳ブーム

一九〇〇年代半ばから後半のモードの変遷を回想した、籾山東洲「衣裳模様流行の変遷」には、一九〇八年六月二六日に『読売新聞』に掲載された下篇がある。籾山はそこでこう述べている。日露戦争後に「元禄風の応用意匠」をやり尽くしてしまい、「桃山風」がその後に流行した。しかし「斬新な別種な趣」を見せるための材料がやがて枯渇し、「桃山風」も勢いを失って、「流行の大勢」は尾形光琳に向かう。ただ光琳はもともと「染める」という程ではなく、十分に模様になっていない弱点があった。そこで俵屋宗達《たわらやそうたつ》も慕われるようになってくる。さらに「元禄風」「桃山風」「光琳風」「宗達風」の長所を合わせ、新たに写生を加味した、「明治式模様」も生まれていると。

一七世紀末から一八世紀初頭に装飾の様式を完成させて、元禄文化を代表する画家・工芸家になったのが尾形光琳である。平安時代の古典を学び、屛風・蒔絵《まきえ》・小袖・扇面《せんめん》などに独自の意匠を残した。一九〇八年にブームとなるまで、「光琳模様」が顧みられなかったわけではない。三越呉服店になる以前、一九〇四年一〇月に三井呉服店は、第八回新柄陳列会と併せて光琳図案会を催した。「光琳図案会」(『時好』一九〇四年九月号)は、図案会を開催した目的をこう説明している。「軍国の意匠家諸氏をして更に雄大高妙《こうみよう》なる大美想を練りて此盛運に酬《むくゆ》るの覚悟あらしめんことを望み、又我日本国民の多方面に発達して単に武勇の世界を驚倒せしむるのみならず、美術的思想も亦《ま》た如何に他に卓絶するかを洽《あまね》く内外の人に知らしむるの微意に外ならず」と。ロシアに宣戦布告して八カ月、日本の第三軍が第一回旅順総攻撃に失敗した翌月に、この文章は発表された。引用の前半部が、「軍国」の意匠家に呼びかける形になっているのはそのためである。

その四年後の一九〇八年に、尾形光琳がクローズアップされるようになるのは、一つの契機があった。光琳の墓所が何処にあるかは、それまではっきりと分かっていない。ところがこの年の二月に京都に滞在していた久保田米斎は、妙顕寺泉妙院の墓地内にあると、人づてに聞いた。「万年筆」(『東京朝日新聞』同年八月二七日)によると、久保田が同院を訪れて探すと、南天の木と竹藪に挟まれ、草がぼうぼうと生い茂る荒れ果てた場所に、弔う者もなく墓石がある。そこで久保田は三越呉服店に、「墓を引受け」て「香華《こうげ》を絶え」ないようにすることを提案した。六月に再び京都を訪れた久保田は、光琳の墓の石標を、門前に建てるよう妙顕寺に依頼する。しかし管長の許可がなく、寺の風致を害するという理由で、寺側はなかなか首を縦に振らなかった。

三越呉服店は一〇月一日から第一六回新柄陳列会を開催するが、募集中だった光琳式明治模様・図案を併せて陳列し、参考資料として光琳派古美術品を展示することにした。さらに同月一二日から光琳祭を行うことを決める。「三越呉服店の光琳祭」（『読売新聞』一九〇八年一〇月一三日）によれば、尾形光琳の作品と関係が「最も深い」という理由で、三越は京都にある光琳の墓の永代供養を決定した。光琳祭では竹の間に祭壇を設け、墓所の写真や石摺を安置して花を飾っている。陳列場には光琳の「風神雷神図」や、「宗達、光悦、乾山《けんざん》、宗雪、光甫、南鶴等光琳派に属する名匠」の、数百点の作品が展示された。食堂では「光琳式折詰料理」が供応され、「嵐山の豪奢に擬《なぞら》へてか金泥塗の竹の皮に」包んだ菓子が、一同に配られている。

1908年4月に開店した仮営業所の食堂（『大三越歴史写真帖』1932年11月、大三越歴史写真帖刊行会）

食堂で食事を終えてから、日比翁助が挨拶に立ち、何人かの演説が行われた。『みつこしタイムス』一九〇八年一一月号に、このときの演説が載っている。金子堅太郎子爵の演説に出てくる、尾形光琳に関する三つのエピソードは興味深い。一つは数十年前に京都・奈良で美術調査を行ったアーネスト・フェノロサが、東京に戻って金子にした話である。西洋では美術家が尊敬されているので、墓に詣でる人々が数多くいる。室町時代の画僧・兆殿司《ちょうでんす》（吉山明兆）の絵を研究していたフェノロサは、京都の寺に詣でた。ところが墓の場所を僧侶に尋ねると、そんな墓は知らないと言われる。調べてほしいと依頼して、翌日に出直すと、笹藪の奥で傾いた墓が見つかった。フェノロサは石屋に墓を起こしてもらい、香華料を納めて回向《えこう》を依頼する。美術国として知られる日本で、兆殿司のような名工の墓が、忘れられているのは残念だと、フェノロサは慨嘆した。

一八七一年に金子堅太郎は、岩倉使節団の随行員としてアメリカに渡り、その七年後にハーバード大学を卒業した。第三次伊藤博文内閣で農商務大臣を務めた政治家だが、日露戦争開戦後や終戦後に、アメリカのセオドア・ルーズベルト大統領と会談したのは、ハーバードの同窓で面識があったからだろう。フェノロサもハーバードの先輩にあたる。フェノロサが兆殿司の墓所を発見した話を、金子が紹介したのは、久保田米斎が尾形光琳の墓所を発見した話につながるからである。

エピソードの二つ目は、一九〇七年に来日したチャールズ・ラング・フリーアが、金子堅太郎にした話である。十数年前にフリーアは、ニューヨークの日本人商店で、興味深い屛風を見た。素晴らしい名品なので調べると、作者は尾形光琳である。その後は日本に注文するようになり、光琳を中心に、俵屋宗達・尾形乾山・酒井抱一らの五〇～六〇雙《そう》の屛風を収集した。光琳作は屛風だけでなく、蒔絵や陶器なども購入している。自分の死後は自費で東洋美術館を建て、合衆国政府に寄贈して、スミソニアン博物館の一部としてもらおうと、議会に建議書を提出した。しかし議会はなかなか動かない。セオドア・ルーズベルト大統領に直接手紙を書くと、すぐに整理に取り掛かってほしいと言われた。そこで不足品の追加のために来日したという。フリーアが構想した東洋美術館は、現在はスミソニアン博物館群の一つである、ワシントンのフリーア美術館になっている。

金子堅太郎は博覧会と縁が深く、一九〇七年に日本大博覧会会長を、その翌年に東京大博覧会会長を務めた。三つ目のエピソードは、一九〇四年にセントルイス博覧会に行ったときの話である。ガイドを務めてくれた日本画家の高島北海が、美術館のスウェーデン美術の部屋に、見てほしい油絵があると言う。それは高島の言葉を借りると、「光琳の絵と光琳の意匠が」生きた作品になっている。今年になってスウェーデン公使にその話をすると、画家は公使と親しい「ラホチヌール」だと分かった。日本の美術、特に光琳派を研究しながら、自作を描いている。

アメリカのフリーアと、スウェーデンの「ラホチヌール」の、光琳作品の意匠や色彩に対する「尊崇」を踏まえて、金子堅太郎はこう述べる。「尾形光琳の絵は今日欧羅巴の言葉を以て云ふたならば「ヌーボー」式であつた」と。そして金子は、光琳が元禄年間に元禄式を創出したように、今日の美術家が明治式を作り出すことを希望すると語って、自らの演説を終えた。その実現に向けて、一九〇九年一月の流行会は、懸賞光琳式模様図案の課題を検討している。「三越の懸賞図案」（『東京朝日新聞』同年二月九日）は、「夢、愛、海、朝、眠、田舎、都」など一二のテーマで、図案を募集すると報じた。選ばれた図案は、四月一日から三越に陳列する予定になっている。また三越は従来の意匠係とは別に、図案部を新設することを決定した。

懸賞募集に応募して当選した三〇〇の模様は、京都の美術書肆芸艸堂《うんそうどう》から刊行される本に収録されることになる。「三越呉服店懸賞光琳式明治模様の出版」（『みつこしタイムス』一九〇九年五月号）は、「製本内容共に近来稀有の美本」であると称賛した。これは同年六月に出た『光琳式明治模様——三越呉服店懸賞図案』で、鶴と亀の二冊本になっている。鶴の巻頭には、巌谷小波の序文が収録された。「我が尾形光琳は、今や洋の東西を通じて、図案界の祖師である、明星である。見よ、アールヌーボーと云ひ、ゼセッシヨンと云ひ、法を彼に模し、式を彼に倣はぬは少い」という文章は、金子堅太郎の挨拶と響き合っている。二世紀前の光琳に寄せる関心は、一九世紀末から二〇世紀初頭の、すなわち現代の国際美術運動への関心と響き合っていた。

一九〇八年一〇月に東京で光琳祭を行った三越呉服店は、翌年の六月二日に京都の妙顕寺で法会を営んでいる。寺の門前には、正面に「尾形光琳墓在此寺中《このじちゅうにあり》」と、側面に「明治四十二年六月建之《これをたつ》　三越呉服店」と記した石標を建立した。「京都に於ける光琳忌」（『みつこしタイムス』一九〇九年六月号）によれば、当日は一六五人の来客と、十数名の三越関係者が参集して、正午過ぎに回向と焼香が終わる。一同はその後、方丈の広い二間と、奥の書院二間に分かれて、斎《とき》の膳（法要の食事）についた。誰一人訪れることなく荒廃にまかせていた光琳の墓は、石標に導かれて多くの人が訪れるようになる。

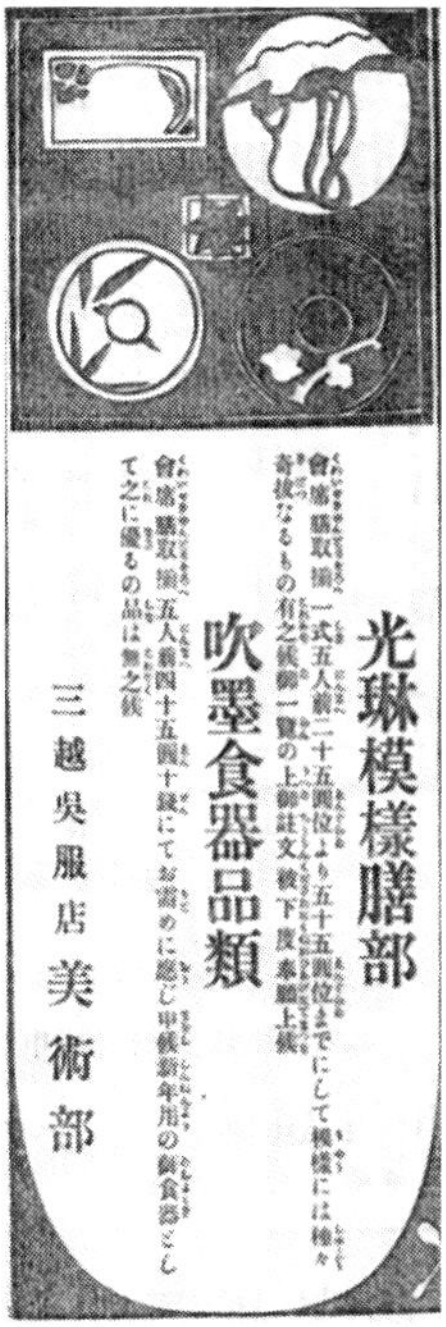

『みつこしタイムス』1908年12月号に掲載された「光琳模様膳部」の広告

24　三越ベールと、夏目漱石『虞美人草』浴衣

和服のデザインの材料は、古典文化に見出すこともできるし、自然界に見出すこともできる。河井酔茗の「三越の歌」という詩が、『大阪支店開設紀念　日本の三越』（一九〇七年五月、三越呉服店）に載っている。第四連を引こう。「仏師が描《か》きし天平《てんぴょう》の／鳥の形もいろどられ／大陸遠きベコニアの／花の姿も此処に見て」。天平年間は七二九〜四九年で、奈良時代の最盛期である。一一〇〇年以上隔てた遠い時間に描かれた鳥の模様も、海の彼方の遠い空間に咲いている花の模様も、和服のデザインとして、新しい生命を与えられる。和服の形態には大きな変化をもたらす余地がないので、モードの可能性はデザインと色彩が中心になる。

模様は必ずしも時間や空間の彼方にあるわけではない。河井酔茗「三越の歌」に、編集者はこんなコメントを付している。「先度我三越にては岩崎男爵家よりの注文にて同邸のベコニアの咲き乱れたる様を極めて見事なる友禅に染め上げたるが其出来際精巧なるを以て大々的喝采を博したることありき。河井氏之を知つて歌はれしとすれば吾人は只其機敏なるに驚くのみなり」。河井がその話を聞いて、詩を書いたかどうかは分からない。編集者は「歌はれしとすれば」と仮定しているだけだし、詩は「大陸遠き」と場所を指定しているからである。それよりもこのコメントが興味深いのは、自宅の庭園の花を、友禅の模様にしてほしいという注文を受けて、染めるこ

ともあったという事実である。

　作品に描かれるファッションに、定評があった小説家は尾崎紅葉である。篠田こてふ「紅葉好みの婦人衣装――《小説中に書ける衣裳髪飾》」（『時好』一九〇七年一月号）は、「紅葉山人が衣裳の好みは、精巧緻密、微を穿《うが》ち、細を刻むといふ風で、小説の巻中男女の衣裳《きつけ》を記す時、其人々を読者の頭脳《あたま》に、さこそと頷かしめ、殊に婦人の衣裳の如き、生粋の旨味を有《も》たしめる」と賞賛した。それは外出用の華美な和服だけではない。家庭内の着衣も同様である。篠田はそれを舞台に譬えている。背景を前提として役者が動くように、「背景的衣裳《きつけ》」の下に小説内人物が活躍すると。明治時代の「江戸的生粋の風俗」を調べる際に、尾崎の小説は格好の材料である。

　尾崎紅葉の小説内のファッションが、読者を感心させたのは、日頃から装いに強い関心を抱き、着物を注意深く観察していたからである。尾崎は一九〇三年に亡くなったので、三越呉服店の設立には立ち会っていない。ただその前身の三井呉服店には、ときどき足を運んでいた。桜桃子「故紅葉先生と我三越（十《と》千《ち》万堂《まんどう》日録を読む）」（『みつこしタイムス』一九〇八年一二月号）は、尾崎の日記からその足跡をたどろうと試みたエッセイである。たとえば一九〇一年五月三〇日の日記に、「三井呉服店に赴き、ちゞみ二端を買ひ、博多帯（二円二十五銭）を自用に求め、日比氏と会食し」という記述がある。同年六月八日には、「此日三井呉服店より結城紬藍《つむぎあい》鉄舞袴出来《しゅつらい》（十一円余）」と書いていて、前日に注文した袴が届いたことが分かる。

　三井呉服店や三越呉服店で購入した着物が小説に描かれることもあるが、その逆に、小説に着想を得た着物や附属品が店内に並ぶこともある。その一例は、夏目漱石が一九〇七年六月二三日

〜一〇月二九日に『朝日新聞』に連載した「虞美人草」だろう。『東京朝日新聞』は連載開始から二週間後の七月六日に、「虞美人草浴衣」でこう報じた。三越は早くも虞美人草浴衣を染め上げて売り出し中である。模様は茎の部分が粗い縞になっていて、花と葉を上品にあしらい、「令嬢向」の浴衣に仕上がっている。色彩は三種類あり、納戸色（暗い藍色）の濃淡と、鼠色から選ぶことができた。人気が高くて、供給が間に合わないので、職工に染め上げを急がせていると。さらに三カ月後の一〇月一三日には、「三越白木屋玉宝堂と虞美人草」という記事が掲載された。それによると、三越と白木屋は小説に因んだ裾模様の衣裳を制作し、以前に虞美人草金指輪を売り出した玉宝堂は帯留めを制作して、三店連合で近日中に販売を開始する予定になっている。

　虞美人草浴衣の翌年、一九〇八年に発売されたのは三越ベールである。黒田撫泉は「秋の籬《まがき》」（『時好』一九〇七年八月号）で、直射日光を避けて皮膚を保護し、白粉の乗りを良くするために、三越では以前からベールの販売を考えていたと述べている。しかし西洋で流行するベールを日本に輸入しても、日本人の「衣服、頭飾、風采」に合わない。そこで代替策として洋傘を奨励していた。今年の夏に街を歩くと、洋傘を手にした女性の姿が目立つ。ところが意外なことに、ベールも流行の兆しを見せ始める。そこで和服と釣り合うように、地合・色合・形に工夫を凝らして、西洋の製品とは異なるベールを考えてみた。地はシフォン（薄い平織りの絹織物）を用いて、頭から顔を庇髪形に覆う形にする。ただ形態はもう少し工夫の余地があると、黒田は考えていた。

　三越呉服店が実用新案登録出願中の三越ベールを売り出すのは一九〇八年三月。次頁上の写真は「三越ヴエール」（『時好』同年三月号）という記事に添えられた。「今回当店にて考案発売せる三越ヴエールはシフホン其他薄地の絹織物にて調製せる婦人の被《かぶ》り物なり色合も形ちも種々あり又縁りに繍《ぬい》など模様を付けたるもあり途上の砂塵を除《よ》け髪形ちを崩さず且つ容姿一段の美を添ゆるを以て頗《すこぶ》る好評」と、記事は語っている。二月から三月にかけて、現在では「春一番」という呼称が一般化した、南側の高気圧からの強風が吹く。夏の強い日差しだけでなく、春の風が運ぶ砂塵も、ベールは防いでくれる。その意味で三月という発売時期が選ばれたのだろう。

三越ベールは新聞で紹介され、消費者の購買意欲は高まっていく。たとえば『東京朝日新聞』

上＝三越ベールの写真（『時好』1908年3月号）
下＝三越ベール発売翌月の1908年4月1日に、三越はルネッサンス式3階建ての仮営業所を開店した。この日は混雑のため、入店が制限されている（『大三越歴史写真帖』1932年11月、大三越歴史写真帖刊行会）

は一九〇八年五月二四日に「三越ヴエール」を掲載した。『時好』の紹介内容に付け加えて、「風多き東京にては必要品として之をショールに代用する向少《むき》からず」と説明している。このような新聞記事の後押しもあり、三越ベールは売れ行きを伸ばしていった。「三越ベールの大売行」(『時好』同年五月号)によれば、「製造間に合はざる有様」だという。大連出張所には第一回分として数百点を送ったが、わずか一両日中に売り切れてしまう。「満州の如き砂塵深き地にては、殊更必要を感ずる由」と、この記事は解釈している。実用新案登録も許可されて、三越ベールは上々のスタートを切った。

一九〇八年五月号の『時好』に、喬木生「大阪に於ける三越『ヴヱール』——将《まさ》に大いに流行せんとす」という記事が載っている。大阪支店では当初、三越ベールは上方では歓迎されないと予測していた。西洋から輸入されるベールは、和服に慣れた女性のファッション感覚とは相容れないと考えたのである。だから中古・中世の時代に女性が旅をする際、笠の周囲に薄く布を垂らした「虫の垂衣《たれぎぬ》」を持ち出して、それを「ハイカラ式に改良」したものが三越ベールだと説明している。しかし四月一日から始まる新柄陳列会で、花見人形に着せたところ、評判を呼んで、その心配は払拭された。特に一八九一年に浅草で男女合同改良演劇の済美館の旗揚げに参加し、近代日本で最初の女優と言われた千歳米坡《ちとせべいは》は、三越ベールがとても気に入った。「早速自分が冠つて大阪の流行界を風靡させて見やう」と気炎を上げていたという。

三越ベールを発売してわずか二カ月後、タイトルにベールを織り込んだ「喜劇顔蔽《ベール》」(『時好』一九〇八年五月号)を、稲波生は発表する。この戯曲の「階上休憩室の場」のト書きを見ると、舞台にはテーブルや安楽椅子を配置して、三越呉服店の休憩室という設定である。幕が開くと、大学生の春山春雄と、女学生の秋月澄江が、椅子に腰掛けている。澄江は「鴇色顔蔽《ときいろベール》」を手にしていた。春雄がそれは何なのか尋ねると、春雄が知らないことに澄江は驚いて、ベールだと教える。そこからの二人の会話はこう書かれている。

春雄『ハヽア――時好に載せてあつた、アノ顔蔽《ベール》ですか、何時の間にお求めなすつた』
澄江『貴郎《あなた》がお笑ひ遊《あそば》すと不可《いけな》いから、帽子を御覧の中に窃《そつマ》を買つて置きました』
春雄『有繋《さすが》に新思想の豊富な嬢は、流行の着眼に敏捷なのでは恐れ入つた』
澄江『お止《よし》遊ばせ、嫌ですわ』

『みつこしタイムス』1909年6月号に掲載された三越ベールの写真

春雄『之はまた恐れ入《いつ》た、だが併し西洋婦人の外出には「ボンネット」や「ベール」があつて克《よ》いのですが、日本に之まで無いのが遺憾でしたが、三越で早くも新製したのは敬服の外なし、その新製品を澄江嬢のやうに新思想に富《とん》だ婦人達が賛成し、之を社会へ鼓吹せねばならぬ義務があります、ドレお見せなさい……』

西洋のベールは洋装のアイテムである。それを変形させ、まだ洋装化が始まっていない日本の女性の、和装の世界に持ち込んだのが三越ベールだった。春雄の言葉を借りれば、それは「新思想」に富む女性の表象のように見えただろう。三越ベールの人気は、単年度限りだったのではない。前頁の写真は『みつこしタイムス』一九〇九年六月号に収載された。「夏期御婦人の必需品としてお薦め申上げたき品なり日に焼けず塵に染まず実に此上の御重宝やあるべき」という文章が、写真に添えられている。日除けと塵除けという実用性が、宣伝文では強調された。しかし何の変哲もない和服姿に、一枚被るだけで生じるハイカラなイメージは、当時の女性たちの心を捉えたに違いない。

25　ロンドンから来た洋服部の主任、アレキサンダー・ミッチェル

劇作家の小山内薫に「帰り道」（『三越』一九一一年九月号）という小説がある。作中の「私」は巣鴨で「乳屋」を営む伯父の家に寄宿している。伯母が焼いたフランスパンと牛乳の朝食をとり、紺の背広に着替えて出勤する。「私」が働いているのは、日本橋駿河町にある呉服店で、今日ではデパートになったと書いてある。店名は不記載だが三越呉服店だろう。しかも配属先は他の呉

服店に率先してできた洋服部。かつて札幌に住んでいた頃に、「道楽半分」でドイツ人女性から、洋服の仕立てを三年ほど教わったことがある。それが身を助けて、洋服の仕立てが「糊口《たつき》の道」になった。三越が洋服部を新設（再開）するのは一九〇六年九月である。小説に洋服部の様子は描かれていないが、開設してまだ五年という時代の最先端の職業を、小山内は「私」に与えている。

一言で洋服といっても、さまざまな種類がある。欧米の社交界の作法通りに、時と場所によって使い分けるのは大変だろう。園田孝吉「洋服着用の作法は如何に心得べきか」（『実業之日本』が、『時好』一九〇七年二月号に転載されている。外国人との交流が盛んになるにつれて、「世界共通」の洋服が一般化するのは当然で、日本で洋服が「常服」になりつつあるのは、「文明の進歩した徴《しるし》」と園田は述べた。ただし背広は和服の「着流し」と同じなので、懇意の人に会ったり、仕事に行く場合を除くと、社交的には使えないという。結婚式・園遊会・葬式・見舞いのときは、フロックコートでなければならない。晩餐会・舞踏会・観劇の際は、燕尾服を着用する。フロックコートを着る場合、帽子はシルクハットで、手袋は革製、靴は黒で光沢のあるもの。燕尾服は上下を黒で揃えて、ネクタイは白の横結び、手袋は白の革製、靴は黒と決まっている。またズボンのポケットに両手を入れるのは論外で、椅子に腰掛けるときに手を腿のあたりにおくのは不作法である。

もっともこれは欧米の社交界の話だろう。渡航のケースを除くと、男性は気軽に活動的な洋服を着るようになっていた。心理学者の元良《もとら》勇次郎は「私の便利な衣服」（『時好』一九〇八年三月号）

仮営業所に移転した洋服部（『大三越歴史写真帖』1932年11月、大三越歴史写真帖刊行会）

でこう述べている。「今日の日本人の衣服は、和洋混合の有様で、同じ公会の席上にあつても、洋服もあれば、袴羽織もある。同じ人であつても、家では和服で居るもの、、他所行《よそ》にはすつかり洋服に着替へるといふ有様で、我が国の現今は、服装上実に混沌な時代である」と。ジョンズ・ホプキンス大学に留学した元良は、アメリカで長年暮らすうち、洋服にすっかり馴染んでしまった。だから外出だけではなく、自宅で寛ぐときも、洋服姿で通している。

男性の間で洋服が急速に一般化しつつあることは、三越呉服店の洋服部の動向からも確認できる。一九〇八年一〇月号の『みつこしタイムス』に、「洋服部其他売場の大拡張」という記事が載っている。この年の四月から三越は、ルネッサンス式三階建ての仮営業所を開店させるが、洋服部は室町で営業していた。しかし一〇月一日から仮営業所に移って、規模を拡張して「面目を一新」する。さらに顧客の急用に対応できるように、「トンビ、外套、チヨツキ、東《あずま》コート」などの既製品を常備しておくことになった。規模の拡張が、需要の増加に伴う措置だったことは間違いない。

三越呉服店は洋服部開設の二カ月後、一九〇六年一一月に、ロンドンの紳士服の本場であるウエスト・エンドから、アレキサンダー・ミッチェルを裁縫主任として招聘した。同月には洋服部の裁縫工場を、日本橋に完成させている。「世界共通」になりつつある洋服を、流行の中心地で見ていた人物の雇用は、男性の洋装化を推進するうえで必要だった。それは流行の最先端の情報を日本にもたらすだけでなく、日本人の体格に合った洋服の模索も意味している。

たとえば三越洋服部技師長の肩書でアレキサンダー・ミッチェルは、「米国に於ける今春の流行」（『みつこしタイムス』一九〇九年四月号）という談話を発表している。ミッチェルはそのなかで、世界で最も流行の変化が激しいのはアメリカで、新形・新柄の発案はアメリカから生まれてくると語った。アメリカで顕著なのはモーニングの流行だと、ミッチェルは述べている。欧米の男性が夜間に着る、最も格式の高い服は燕尾服で、やや略式の服がタキシード。それに対して、男性が昼間に着る礼装はフロックコートである。モーニングはカット・アウェイ・フロックコートと呼ばれるように、乗馬用にフロックコートの前裾を切り落としている。二〇世紀に入って、後者は前者を駆逐した。モーニングがフロックコートと肩を並べる頃に、この談話は発表されたが、その理由をミッチェルは、「米国の社交界が服装の簡易軽快を好む傾向」に求めている。

アレキサンダー・ミッチェル（『時好』1907年2月号）

アレキサンダー・ミッチェル「洋装の礼服」（『みつこしタイムス』一九〇九年一〇月号）に掲載された、次頁の三点の図版を確認しておこう。右がフロックコートで、裾の部分は鈴形に開いている。その裾を大きく斜めにカッ

アレキサンダー・ミッチェル「洋装の礼服」(『みつこしタイムス』1909年10月号）収載の、フロックコート（右)、モーニング（中央)、背広（左)

トした中央がモーニング。両者とも腰部は細くしまっていて、身体にフィットしている。それに対して左の背広は丈が短く、身体との関係は緩やかである。イギリスのファッションは、アメリカよりも厳格だが、一九世紀後半のヴィクトリア朝時代と比べると、簡略化されてきていた。日本では陸海軍に厳密な服装の規定があるけれども、一般社会では洋服自体が浸透し始めた段階にすぎない。式場の案内でも、「羽織袴若《も》しくは洋服着用の事」という記載だけで、洋服の種別はほとんど書いていなかった。欧米に赴くときは仕方なく、種別を意識して用意したのである。

　来日して四年半、一九一一年六月二二日にロンドンのウエストミンスター寺院で行われたジョージ五世の戴冠式に、アレキサンダー・ミッチェルは参列した。「裁方《たちかた》主任ミッチェル帰朝す」（『三越』同年一〇月号）によると、戴冠式を機に渡欧した主目的は、「欧州最新流行の詳細」の「観察」だった。もともとウエスト・エンドの「第一流のカツタア」だが、流行は移るので、現在の「粋」を現地で確認しようとしている。ただし新しい流行をそのまま日本に持ち帰ろうとしたのではない。日本で仕事をしながらミッチェルは、「日本人の体格を研究」してきた。三越の洋服部が目指していたのは、「世界の粋を抜き之に日本の趣味を吹き込みたる日本的最新式洋服の根元地」になることである。

　帰国後の談話を基にしたアレキサンダー・ミッチェルの「日本人の洋服は拵《こしら》へ易《やす》し」（『三越』一九一二年一一月号）には、その方向性がはっきりと現れている。ロンドンは国際都市だから、各国の人々が暮らし、人種の坩堝になっている。おのずから身長や体重は言うまでもなく、首の長さや、肩幅や、腰回りは多様である。その意味で、ウエスト・エンドでカッターを務めるのは、

1909年9月号の『みつこしタイムス』の口絵を飾った、小山きせ子（右）・さわ子（左）姉妹の洋装姿

大変だったとミッチェルは言う。それに比べると日本人の体格は、比較的一致していて作りやすい。ただ初めの頃は、ズボンの調製に困惑した。欧米では歩きやすく作るが、日本では畳に座ることを考慮しなければならない。また体格が違うので、ロンドンの流行を必ずしも導入できない。ちょうどイギリスでは、粗い格子縞が若い人々の間で流行していた。しかし日本人は身長が低く、粗い格子縞が似合わない。縦縞の方が身長を高く見せることができた。

アレキサンダー・ミッチェルが草創期の洋服部を背負っていた頃、三越呉服店は日本人のカッターの育成を目指して、スタッフを留学させている。数年前にニューヨーク・スクール・オブ・カッティングを卒業した坪田千太郎は、洋服部で働いていたが、一九一〇年にロンドンに留学したことが、「新たに帰朝せる我が洋服裁断師」（『三越』一九一二年五月号）で紹介されている。坪田はロンドンの学校で、「あらゆる種類の紳士の上着、チヨツキ、ヅボン、半ヅボンの裁方《たちかた》に熟達」した。さらに卒業後はロンドンのカッターの下で、実地の修業を積んでいる。そして三月に帰国して、三越の洋服部で再び働き始めた。

女性の洋装にも、アレキサンダー・ミッチェルは関心を示している。「夏から秋までの御婦人洋服」（『三越』一九一一年六月号）はその一例である。「本誌が一度《ひとたび》御婦人の洋服に就いて、巴里最新流行を御紹介致しまして以来、当店では其御注文に、始《ママ》ど応じ切れない程多忙を見る事と相成りました」という文章から記事は始まっている。しかし洋装・断髪のモダンガールが話題になる一九二〇年代はまだ遠い。一九一〇年代初頭の東京の都市空間では、女性の洋装を見ることはほとんどなかった。『みつこしタイムス』一九〇九年九月号に掲載された、前頁の小山きせ子・さわ子の写真が示すように、洋装は大人の女性ではなく、女児の場合が多い。また日常着というより、西洋人形のように着飾るアイテムだった。

生活空間が洋式になっていないことが大きな理由だが、日本人の体格も一因である。三越呉服店外国部員のエリザ夫人の見解が、「日本の服装は世界に冠たり」（『みつこしタイムス』一九〇九年三月号）にまとめられている。そのなかでエリザ夫人は、洋装は「可愛らしき日本婦人の体に適する事が困難」と述べた。率直に言うと、日本女性の洋装は多くの場合に「間違ひ」があり、「不体裁な着付け」で、「欧米の下女の服装の様に不格好」な印象を与えてしまう。だから日本女性には、「日本固有の優美なる服装」をしてほしいとエリザ夫人は希望している。

26 洋室・和洋折衷室の装飾品と、杉浦非水・橋口五葉の商業美術

一九〇七（明治四〇）年一二月一日に三越呉服店は新美術部を設置した。百貨店の百貨の部門に、美術品が加わったのである。「美術部の新設」（『時好』一九〇八年一月号）は、その目的を二つ述べている。一つは「常置展覧会」の機能を備えることである。この年に第一回文部省美術展覧会が開催されている。しかし日常的に美術を鑑賞できるスポットは、東京の都市空間に少なかった。もう一つは自宅用の美術品の販売である。画家に直接依頼しても、引き渡しまで時間がかかる。業者から購入する場合は、贋作のリスクを伴う。三越の美術部にストックがあれば、好みの作品を選択できる。日本画家の川端玉章・下村観山・橋本雅邦・横山大観らの絹本《けんぽん》（絹地に描いた書画）や、洋画家の岡田三郎助・黒田清輝・橋本邦助《ほうすけ》・和田英作らの油彩を、三越は取り揃えていた。

大阪支店では二カ月余り前の一九〇七年九月一五日に新美術部を新設し、好調な販売実績を残している。「佳作を集めたる絵画室」（『時好』一九〇八年三月号）によると、半年間で「夥しい」数の絵画を販売した。顧客は絵画室で時間をかけて選ぶことができるし、美術家は安定した収入につながる。だから竹内栖鳳《せいほう》の半切の月や、川合玉堂の牧童、富岡鉄斎の山水など、新作が続々と集まっていた。三越を経由してそれらの作品は、購入者の自宅の玄関や床の間に飾られたのである。

官庁や会社は煉瓦造りの西洋的な建築が多く、オフィスにはデスクや椅子が配置されている。

個人商店でも同じような建物が増えていた。しかし一般住宅の場合は、西洋的な建築はまだ普及していない。それでも日本画だけではなく、西洋画のニーズも存在した。三越の加工部主任の林幸平はその理由を、「折衷的室内装飾について」(『三越』一九一二年一月号)で次のように述べている。「私宅に於ても泰西的の部屋を要する人が沢山になつてまゐりました。即ち中流以上の活動的紳士になりますと、せめては客室兼書斎の一室と食堂位とは西洋風にして置きたいといふ注文が多くなりましたが、之を全然西洋風に致しますと、窓、ストーブ等の関係上、是非従来の日本風の母屋《おもや》と別建にする必要があり、それに西洋建築は日本建築に比して余計な経費を要するといふ経済上の問題がありまする。かたがた日本家屋内の一部を西洋室にするといふ変化——即ち和洋折衷的建築の必要が起つてまゐるのでございます」。

和洋折衷の部屋を確認しておこう。次頁の写真はこの時代の客室である。もともと日本的な建築として建てられたので、右側に床の間が見える。中央やや左側の奥に、ガスストーブが設置され、その上は鏡になっている。床は畳なので、その上に「トルコ模様」の大きなカーペットを敷いた。そこにテーブルと椅子を置き、腰掛ける空間にしている。洋画家の油彩はこの部屋に掛けても違和感はない。三越は「泰西的の部屋」のモデルも提示していた。「エングリツシユ、コッテージ」(『三越』一九一二年一一月号)は、イギリスの「別荘風の装飾」の見本を、三階のバルコニーに展示したと伝えている。具体的には食堂・書斎・読書室・喫煙室のモデルで、輸入品の暖炉から、テーブル・デスク・チェア・スタンド、さらにカーペット・壁紙・カーテンに到るまで価格を明らかにした。

林幸平「折衷的室内装飾について」（『三越』1912年1月号）が紹介した和洋折衷の客室

三越呉服店では美術部に作品を常置するだけでなく、各種の展覧会も開いている。「第一回洋画小品展覧会」（『三越』一九一二年六月号）は、五月一〇日にスタートした展覧会を紹介した。「洋画を三越で売つてもらひたい」というのは、需要者側と供給者側に、共通する希望であると、記事は説明している。このときに出品されたのは、岡田三郎助・黒田清輝・藤島武二・和田英作ら二九人の画家の一四六点。オープンしてすぐに売約済になった作品もあり、会期半ばで半分以上が売れた。あえて「小品」と記したのは理由がある。「第四回洋画小品展覧会」（『三越』一九一三年一〇月号）によれば、三越は顧客の意見をまとめ、「日本の室内にも適当な小品」を洋画家に依頼したのである。和洋折衷の部屋にも、さらに和室にも掛けられるようなテーマと号数で、洋画家は制作した。

一九一二年一一月一二日の『読売新聞』に、「三越洋画小品展覧会」という記事が掲載されている。第二回の展覧会では出品数が増え、四〇人余りの画家の二八〇点になった。大半は油彩画だが、三〇～四〇点は水彩である。いずれも「日本間の装飾」に相応しく描かれ、価格は三～二〇円の間に抑えられ、「我々の様な書生でも一寸《ちよつと》買ひたくなる」作品だった。もちろん三越は洋画の展覧会だけを開いたわけではない。図版は、日本画家として有名な鏑木清方の「八ツ橋之図」。三越呉服店新美術部編『三越展覧会画集』（一九一三年四月、山田芸艸堂）に収められた一枚だが、同書収録作品はすべて日本画である。三越にとって洋画も日本画も、室内装飾の商品であることに変わりはない。

住宅の一部を洋室や和洋折衷の部屋にする場合は、西洋的な家具を購入する必要が出てくる。一九一三年四月号の『三越』に掲載された「家具図案の懸賞募集」は、「当店の西洋家具並に附属装飾品の製造販売は開始以来まだ日が浅いのにか丶はらず、御客様がたの御引立で、日増に繁昌致してまゐります」という文章から始まっている。西洋家具の需要が高まってきたことを背景に、「西洋室書斎用デスク及椅子又は和洋室兼用書棚など」の図案を、三越の家具装飾品部は募集した。その結果は、翌月の『三越』で発表されている。「懸賞家具図案の決戦」によると、応募者は八二人に上った。その多くは家具の製作に携わっているか、専門の学校で勉強中の人々である。優秀な応募図案は、五月一日から三越の三階で、一般客に公開された。

『三越展覧会画集』（1913年4月、山田芸艸堂）に収録された鏑木清方「八ツ橋之図」

西洋化の波は、部屋や家具だけではなく、美術工芸品全般に及んでいる。『三越』一九一三年五月号には「懸賞家具図案の決戦」と並んで、「富本津田両氏工芸試作品展覧会」のお知らせが出ている。東京美術学校で室内装飾を学んだ富本憲吉は、イギリスのウィリアム・モリスのデザインから刺激を受け、一九〇八年にロンドンに留学して、アーツ・アンド・クラフツ運動に携わった。関西美術院で日本画と洋画を学んだ津田青楓は、一九〇七年にパリに留学して、鉄やガラスなどの素材を利用した、アールヌーボーのデザインの影響を受ける。ヨーロッパの新しい芸術運動と連動しながら、二人が制作した「各種工芸試作品」二〇〇点余りが、五月一〜六日に大阪三越で展覧された。それ以外にも三越は、彫刻・彫金を始めとする大規模な「美術及美術工芸品展覧会」を定期的に開いている。

これらの催しは単発ではなく、波状的に、あるいは同時並行的に、三越呉服店の店内で開かれた。たとえば「エングリツシユ、コツテージ」と、「第二回洋画小品展覧会」と、「第三回美術及美術工芸品展覧会」のお知らせは、同じ『三越』一九一二年一一月号に出ている。洋室のモデルを参考にしながら、顧客は壁に掛ける洋画を検討し、室内におく装飾品を選んだのである。さらに付け加えると、同じ一一月号に「西洋食器セット売りの開始」という記事が掲載されている。洋食は数年前までは、洋食屋で注文する料理だった。しかし最近は「中流以上の家庭にて洋食調理の法を弁《わきま》へざるもの極めて尠《すく》なき有様」に変化したという。三越の食器部でも西洋食器の売り上げが増加している。そこで三越ではヨーロッパから輸入した食器セットを販売することにした。食堂を洋室に変えた住宅で、それらは頻繁に使用されただろう。

三越呉服店の1911年2月のポスター図案懸賞募集で、1等になった橋口五葉「此美人」。

杉浦非水が制作した『三越』1913年2月号の表紙

雑誌『みつこしタイムス』や『三越』も、洋室や和洋折衷室の装飾品の一つとしてふさわしかった。表紙を担当した杉浦非水は、アールヌーボーに魅了された図案家で、一九〇八年二月に三越呉服店の嘱託デザイナーになり、ＰＲ誌の表紙を担当している。一九一〇年一月に三越の図案部が、意匠部から独立したときには、その主任を務めた。三越のＰＲ誌の表紙も含めて、杉浦のデザインが注目されていたことは、一九一二年三月に日比谷図書館が杉浦の作品を集めて、「書籍装幀雑誌表紙図案展覧会」を開催したことからもうかがえる。黒田清輝は「杉浦君の表紙画」（『三越』同年五月号）で、数年前まで表紙画の世界は「内容とは何等の関係」もなく、口絵は「単に絵や色をあしらつて」いるだけだったが、杉浦の図案はまったく違うと賞賛している。前頁右の図版は、『三越』一九一三年二月号の表紙だが、食堂のテーブルや書斎のデスクの上に置いても、何の違和感もなかった。

西洋では装幀の研究が行われ、展覧会も開かれるが、日本では日比谷図書館の企画が初めてだと、黒田清輝はエッセイのなかで述べている。アールヌーボーの影響を受けていたのは橋口五葉も同じだった。一九一一年二月に三越呉服店が、ポスターの図案を懸賞募集したときに、橋口の「此美人」は一等に入選している。「三越の懸賞広告図案審査発表」（『読売新聞』同年二月二八日）は、応募総数三〇一点の中から橋口の作品が選ばれたと報じた。「広告画としては其意匠の新しい点と、装飾画風の多い点」が優れていると、記事は評価している。「意匠」の新しさとは、「現代の美人を中心に置き、其の見てゐる絵本で時代ものをきかした」ことだという。三越のモードは、ヨーロッパの世紀末芸術につながるイメージと共に発信されていった。

第五章

日本近代の「児童」と「新しい女」

27 児童博覧会の国際性と地方への波及

ルネッサンス式三階建ての仮営業所が開店して一年後、一九〇九（明治四二）年四月一日から五月一五日まで、旧店舗跡の広場に特設の陳列場を設置して、三越呉服店は児童博覧会を開催した。同年三月号の『みつこしタイムス』に、「児童《こども》博覧会開設趣旨」が発表されている。児童に欠くことのできない、『衣服、調度、及び娯楽器具類を、古今東西に亘《わた》りて、洽《あまね》く鳩集《きゆうしゆう》し、又特殊の新製品をも募りて、之を公衆の前に展覧し、以て明治今日の新家庭中に清新の趣を添へん」というのが、児童博覧会の目的である。会長は日比翁助で、顧問は巌谷小波。優秀な「新製品」には、記念の賞が贈呈される。審査員一二人の中に、黒田清輝・菅原教造・高島平三郎・塚本靖・坪井正五郎・新渡戸稲造が含まれている。児童博覧会の開催には、流行会が重要な役割を果たしていたのである。

児童《こども》博覧会がスタートする一二日前の三月二〇日に、『読売新聞』は「三越主催児童博覧会」で準備の状況をこう伝えた。会場の建設は昼夜兼行で行われ、二五日に竣工する予定で進んでいる。出品店は五〇店を越え、音楽堂・余興場・食堂・遊戯場・休憩室・医師室が設けられる。四

○○人を収容できる余興場では、お伽芝居や剣舞、児童講演会などが行われることになっていた。中庭には噴水を設置する。博覧会に出品されるのは、日本の製品だけではない。ロンドンに出張中の店員が、ヨーロッパ各国の「遊戯器（玩具）」を蒐集して、日本に輸送中だった。動物も海を越えてやってくる。「北海産の大熊」や「台湾鼠」は、子供を喜ばせるに違いないと期待されていた。

自己の文化を相対化するためには、他者の文化を知ることが必要である。それは児童文化の場合も同じだろう。ヨーロッパの「遊戯器」を輸入すれば、その刺激を受けて、日本の玩具の世界は変化する。「外地」の動物を知ることで、「内地」の風土や気候について改めて考えることになる。農商務省博覧会課長の山脇春樹が開場式で行った次のような挨拶を、「会いろ〳〵」（『読売新聞』一九〇九年四月二日）は報じている。「「フランス」には教会に種々の玩具《おもちゃ》が揃へてあつて父母の方から十歳位の小児《こども》ですから玩具を送て下さいと云《いつ》て遣《や》ると教会では夫《それ》相応な玩具を選んで送る事になつて居るが日本では未だ玩具が統系的に揃つて居ない」。また新渡戸稲造は「負《おう》た子に教へられて浅瀬を渡る」という諺を引きながら、「少年少女の重《おもん》ず可き」ことを説いた。児童への関心を深め、玩具を含めた児童用品を開発することを、博覧会は目標にしていたのである。

目標を達成するためには、渡航体験が豊富な流行会会員の協力が必要だった。児童博覧会で展示された玩具は、三越の店員がヨーロッパで蒐集したものだけではない。たとえば巖谷小波が出品したロシア製の起き上り人形について、「各国の起上《おきあがり》人形」（『読売新聞』一九〇九年四月八日）は、「ゴム製で灰色の外套を着け防寒用の帽子を被りお腹がビール樽の様」だと紹介している。巖谷がどこでこの人形を手に入れたのかは分からない。ただ一九〇〇年から二年間、巖谷はベルリン大学東洋語学校の講師を務めていた。海外の玩具を手に入れる機会には恵まれている。塚本靖が出品した紙製で首が動く、シンガポール製の起き上り人形も、この記事に出てくる。建築家で東京帝国大学助教授の塚本は、ヨーロッパや清で、工芸品の意匠の調査を行っていた。

流行会会員が所持していた海外の児童用品は、数点や数十点の程度ではない。「清き心に映じた東京――京都少年旅行団の市中見物」（『読売新聞』一九一一年八月六日）は、少年旅行団が三越呉服店を訪れたことを報じている。外国のデパートは葬式まで取り扱うという話に一行は驚き、三越少年音楽隊が演奏する「聞いた事のない音楽」に「恍惚」となった。東京見物は未知の世界への通路のように感じられただろう。一行はその後に、高輪の巖谷小波邸を訪れる。そこで目にしたのは、書斎に陳列してある玩具だった。巖谷が午年生まれだからだろう、世界各国の馬の玩具が五〇〇体以上飾られている。児童博覧会に巖谷が出品したのは、コレクションのほんの一部にすぎなかった。

第一回児童博覧会は好評のうちに終わり、同様のイベントがそれ以降、繰り返し開かれるようになる。次の児童博覧会は翌年の四月一日に開会した。「第二回児童《こども》博覧会前記」（『みつこしタイムス』一九一〇年四月号）に「児童博覧会絵図」が載っている。絵図を使って会場のイメージを把握しておこう。三越呉服店に隣接して、道路に面した中央に正門がある。門の上の大きな桃と、久保田米斎が彩色した桃太郎を合わせると、高さは六〇尺（約一八・二メートル）余りになる。門と塀は、鬼ヶ島の楼門を擬して作られた。正門の両側には「本城を奪はれたる青鬼赤鬼」が、塀の上には桃太郎に従う犬・雉子・猿の姿が見える。ただしこの正門は通行用ではない。博覧会場への経路は、三越の入口を入って左に折れる。そこに出品物の陳列場があり、児童の玩具や衣類などが展示されていた。

一九一〇年五月号の『みつこしタイムス』には、三越呉服店と児童博覧会会場の平面図が掲載

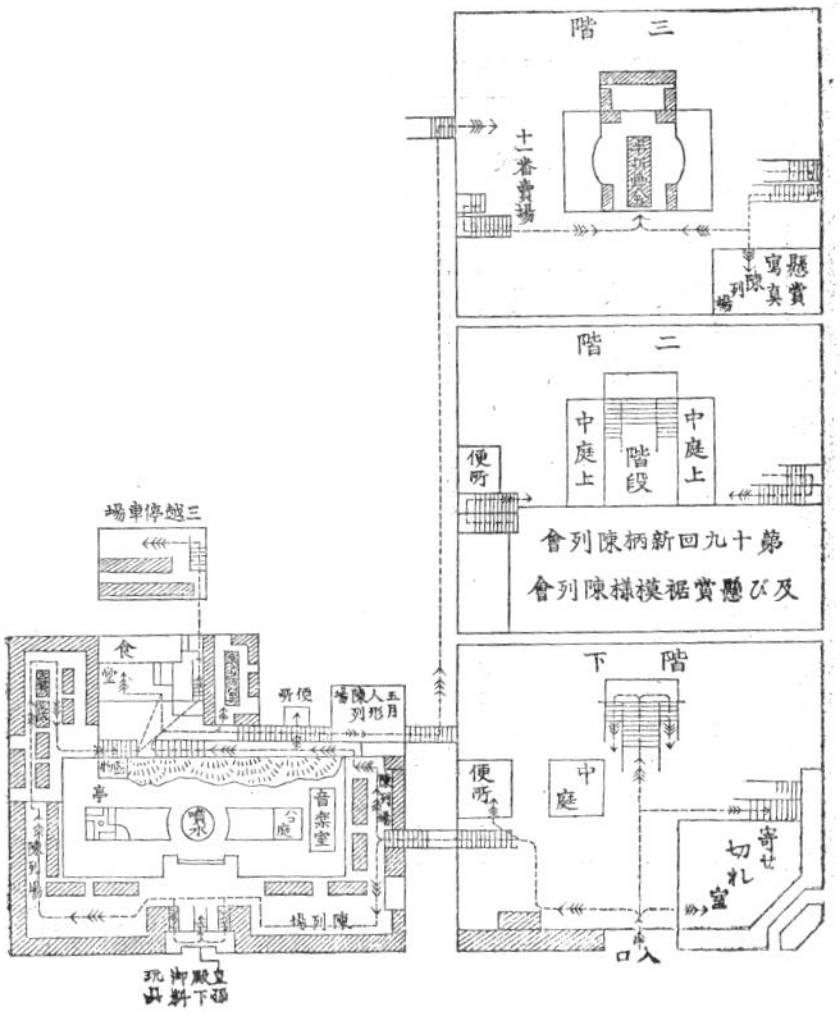

上＝三越呉服店と第二回児童博覧会会場の平面図（『みつこしタイムス』1910年5月号）
下＝「児童博覧会絵図」（『みつこしタイムス』1910年4月号）

されている。「階下」「二階」「三階」と表示された前頁上の図の右側が前者で、左側が後者である。前頁下の「児童博覧会絵図」と対照させると、塀の内側が陳列場で、教育・服飾・保育・玩具の四部門で構成されていた。矢印に従って陳列場を進むと、平面図の左手の奥に売店があり、出品物を即売している。その先には、林幸平が「泰西の緑園式」にデザインした食堂がある。「西洋草花」を植え、その奥はロンドンの公園を模している。同年五月にロンドンで開幕する日英博覧会の気分に浸りながら、「日本一の黍団子《きびだんご》」を味わってもらおうという仕掛けである。日本女子商業学校の女生徒数十人が交代で食堂に来て、学校で調理方法を学んだ、ちらし寿司などを振る舞った。

絵図の中央には、幅一八〇尺（約五四・五メートル）余りの富士山がそびえている。御殿場からの景観を再現し、手前には箱根を配していた。模型の蒸気機関車は、白い煙を吐きながらトンネルに向かう。日本の空を初めて飛行機が飛ぶのは、八カ月後の一九一〇年一二月一九日。徳川好敏大尉がフランスで操縦法を学び、持ち帰ったアンリー・ファルマン式複葉機を、代々木練兵場で高度七〇メートルまで飛行させた。ライト兄弟が初飛行を成功させた七年後のことである。徳川機に先んじて、この絵図では複葉機と飛行船が、富士山麓を飛んでいる。さまざまな交通機関を取り込んで、児童が同時代の「科学の実際智識」に関心を寄せるように企画されていた。

この絵図で大きくクローズアップされたのは、富士山の背後に見える汽車である。平面図では食堂の右側の階段を上がると、三階に「三越停車場」がある。ここには鉄道院の協力を得て、ボギー車輛二輛が置かれていた。『みつこしタイムス』一九一〇年五月号に掲載された写真を見ると、「東海道観覧車」と記載されている。座席から東海道沿線の風景を眺められるようになっていた。同誌掲載の「第二回児童博覧会の好況」に、初日の混雑ぶりが紹介されている。最初の客が訪れたのは午前四時五七分で、午前七時の開店と同時に店内は人でいっぱいになる。食堂は正午に売り切れてしまい、店員は食事をとる暇もない。とうとう午後三時には入口を閉鎖して、入店を断る事態になった。

「東海道観覧車三越停車場」（『みつこしタイムス』1910年5月号）

児童《こども》博覧会は国際性を有していたので、他者（西洋）という鏡に映し出される、自己（日本）がクローズアップされてくる。たとえば「児童博覧会授賞式」（『読売新聞』一九一〇年五月六日）は、日本の玩具の輸出額が一〇〇万円を突破して、ドイツに次ぐ金額になったという、高島平三郎の話を紹介した。しかし高島は「出品に対する所感（第三回児童博覧会褒賞授与式に於て）」（『三越』一九一一年六月号）では、玩具の質の違いを指摘している。ドイツなど西洋で製作された玩具は、精巧な機械仕掛けが多く、人形が踊ったり、ヴァイオリンを奏でたりする。これは「一般の工芸」が進歩しないと不可能なので、その分野の開発が要請されていた。

　一九〇九年にスタートした三越呉服店の児童《こども》博覧会は、仮営業所の時代に毎年開催されている。それは東京だけの現象ではない。巖谷小波は「関西お伽舌栗毛」（『三越』一九一一年六月号）で、四月一二～一三日は名古屋に出張して、伊藤松坂屋のこども博覧会で講演したと述べている。また滋賀県野洲の小学校で講演をしてから、一五～一六日は大阪に赴いた。帝国座で開かれた『少女世界』の愛読者大会や、箕面の動物園で行われた大阪お伽倶楽部主催の少年少女大会で講演するためである。さらにその翌日は守山と京都で講演を済ませ、一九日に東京に戻ってきた。巖谷は博文館が発行する『少年世界』『幼年世界』『少女世界』『幼年画報』の主筆を務めている。一九世紀末から二〇世紀初頭の少年雑誌・少女雑誌の隆盛と、児童博覧会の人気はリンクしている。

地方の講演に呼ばれたのは巖谷小波だけではない。松江では一九一一年五月一六日から二週間、子供博覧会が開かれた。このときは三越の児童用品研究会を代表して、高島平三郎と武田眞一が松江に赴いている。安来駅まで出迎えに来たのは、子供博覧会の委員を務める牛尾軍太郎。牛尾は同年の第三回児童博覧会を見学するために上京し、四日間にわたって調査を行っていた。武田の「出雲紀行」（『三越』一九一一年七月号）によると、博覧会のプログラムに含まれる市内小学校連合運動会には、五〇〇〇人の生徒が参加した。各会場への人出は驚くほど多く、入場が困難になるケースもある。高島が市役所で行った講演会は、女性を中心に六〇〇人が集まり、満員の盛況だった。高島は「旅行感想」（同前）に、地方で開かれた子供博覧会として、松江は最も成功したケースと記している。

28　桃太郎と海事思想

第二回児童《こども》博覧会は一九一〇（明治四三）年四月一日に開幕する前から、桃太郎が話題になっていた。「三越児童博覧会――楽しい春の別世界」（『読売新聞』同年三月一五日）は、「円頂風の建物は会場の正門で彼《あ》れが今に真紅《まつか》に熟れた大きな桃に出来上ります桃の上には丸々と肥つた桃太郎が跨《またが》りグルリの塀にはお供の猿、犬、雉等が頑張る訳ですが正門の下にも鬼ヶ島の鬼二疋が小さくなつて蹲《うずく》まる相です」と紹介している。児童博覧会なので、児童がよく知っている昔話やお伽噺の登場人物を、正門に据えても不思議ではない。ただなぜ桃太郎なのか。たとえば一八九〇年代に博文館から刊行された『日本昔噺』全二四編には、『花咲爺』『舌切雀』『かち〳〵山』『文福茶釜』『浦島太郎』『一寸法師』などが並んでいて、広く児童に親しまれている。

第2回児童博覧会の商品袋。桃太郎を中心に、雉と犬と猿が描かれている（『大三越歴史写真帖』1932年11月、大三越歴史写真帖刊行会）

桃太郎の物語の系譜は、江戸初期か室町末期まで遡ることができる。またストーリーは系統本によって異なる。桃から生まれた桃太郎が、鬼ヶ島に鬼退治に出かけ、家来の犬と猿と雉に黍団子の褒美を与えるという物語は、一八八七年に国定教科書に採用され、その七年後に『日本昔噺』第一編として刊行されてから普及する。『日本昔噺』のシリーズをまとめた巖谷小波は、「我が桃太郎君」(『みつこしタイムス』一九一〇年五月号)で次のように主張した。「桃太郎の銅像建設！　是が私の年来の議論だ。成る程西郷隆盛もよい、井伊直弼《なおすけ》も悪くは無からう。が、それよりも、所謂《いわゆ》る国民教育の上には、彼の桃太郎の銅像を、日本到る所に建てた方が、新に日本を負《しょ》って立つべき、他日の帝国臣民、即ち今の少年少女の、壮快な、進取的気象を養ふに、多大な効果のある事を僕は固く信ずるのである」と。

銅像を建てたいという巖谷小波の主張を読むと、児童博覧会の桃太郎人形の発案者は、巖谷だったように思える。しかし実際はそうではなかった。一九〇九年八月に巖谷はアメリカに旅立ち、不在中に桃太郎人形が決まったからである。発案者は建築家の塚本靖で、日比翁助会長以下、児童博覧会の審査員一同が賛同した。長年にわたって「桃太郎主義」を提唱してきた巖谷は、その話を聞いて喜び、「大いに溜飲が下がつた」という。「我が桃太郎君」によれば、『花咲爺』や『舌切雀』、『猿蟹合戦』や『かち〳〵山』は、「勧善懲悪に泥《なず》んで、教訓が消極的」にすぎる。対照的に『桃太郎』は「徹頭徹尾積極的」で、一頭地を抜いていると巖谷は考えていた。

現在はまだ「少年少女」の年齢だが、将来は「帝国臣民」として日本を背負う人々の、「進取的気象」とは何を意味しているのか。お伽外史「桃太郎君万歳」(『みつこしタイムス』一九一〇年六月号)を併せて読むと、その意味はより明確になる。これは一カ月半にわたる児童博覧会が終わるときに、桃太郎への惜別を表明したエッセイである。「左手に日本一の旗を突き、右手を勇ましくかざしながら、キット鬼門を睨んで」立つ桃太郎に、お伽外史はこう語りかける。「君が日本に居なかつたら露西亜にはとても勝てなかつたらう。支那にも負けてしまつたらう」と。桃太郎は海を渡って鬼を退治する。それを日清戦争・日露戦争という時代的コンテクストに引き付けて解釈するなら、「進取的気象」とは帝国の伸張に取り組む気質を意味している。

一九一一年の児童博覧会は海をテーマに開催された。「第三回児童《こども》博覧会褒賞《ほうしょう》授与式の盛況」(『三越』同年六月号)に、顧問の巌谷小波の挨拶が載っている。それによると前年に比べて会場がやや狭いので、地下を掘って空間を広げることにした。前回は桃太郎人形が「空中を占領」していたが、今回は空を「流行の飛行機」に譲り、海のテーマは地下の空間で展示する。日本は「海国」なので「海本位」の趣向にして、三保の松原の景色を作り、「龍宮的お伽芝居」を催すことにした。児童の「手工」の懸賞募集も、海と関係のあるテーマにしている。さらに児童用品研究会は、児童の「海事思想を発達」させようと、海の絵本を編纂することにした。

この「海事」という言葉は、海上に関する事柄を意味するので幅広く使われる。ただその中核は、海運や船舶や船員に関わる事項だろう。一八七〇年代以降の帝国主義の時代に、大きな役割を果たしたのは海運と鉄道である。ヨーロッパの列強に遅れて、東アジアの帝国を目指した日本では、海に囲まれた島国という地勢的条件も加わり、海運の興隆と海事思想の普及が急務と意識されていた。高島平三郎は「児童博覧会の感想　幷《ならび》に参考室の解説」(『三越』一九一一年六月号)で、「西洋各国は勿論本土以外の琉球、台湾、朝鮮の領土」の児童の服飾が、参考室に陳列されたのは、比較研究上有益だと述べている。すでに前年八月の「韓国併合ニ関スル条約」により、朝鮮半島は日本の植民地になっていた。植民地をさらに拡大するために、海事思想の発達が要請されている。

第三回児童博覧会で海がテーマに選ばれたのは、その要請を前提としている。高島平三郎以外の審査員の文章からも、そのことは読み取れる。東京帝国大学教授の斯波忠三郎が児童博覧会の審査員に選ばれたのは、船舶工学者であり、海軍大学校教授を兼務していたからだろう。一八九九年から二年間、イギリス・フランス・ドイツへの留学体験をもつ斯波は、「専門家の智識を借りよ」(『三越』一九一一年六月号)でこう語っている。ロンドンのハイドパークや、パリの公園に行くと、児童が池で玩具のヨットの競争をしている。それは遊びにすぎないが、勝負に熱中するうちに、帆や風の研究をするようになる。ひいては「海事思想の発達」にもつながると。

女子高等師範学校教授の宮川壽美子(後の大江スミ)も、『三越』の同じ号に「第三回児童博覧会の出品について」を書いている。宮川もヨーロッパ体験が長い。一九〇二年に文部省から派遣され、家政を研究するためイギリスで四年間を過ごした。ベッドフォード大学では社会衛生学を学んでいる。おのずからロンドンの広い公園を堪能したのだろう。リージェンツパークやハイドパークの池で、女性や子供がボートを楽しむことに言及して、日本でも不忍池や芝公園で貸ボートを始めたら、「海事思想教育」のために役立つだろうと述べている。もちろんロンドンの公園の池で、玩具のヨットを使って遊び、ボートを漕いだから、海事思想が育成されるとは考えにくい。斯波忠三郎や宮川が共にロンドンの公園を想起したのは、児童博覧会が海をテーマにしていたからである。審査員の立場で、「海事思想を発達」させるため、日本に欠けていることを、留学の記憶から探したときに、二人とも公園の池を思い出したのだろう。

一八八四年から一〇年間フランスに滞在した、東京美術学校教授の黒田清輝も審査員を務めている。「海の児童博覧会」（『三越』一九一一年六月号）に黒田は、「今日では大分新領土が出来たが、それとても多少今までとは気候風土の変つたところへ行かうと思ふと、皆海に由らねば行く事が出来ぬ。かゝる種種なる理由から云つても、日本人には海事思想といふ様な事は必要でもあり、又自づから発達せねばならぬ」と記した。海外航路の開拓が急務であるという声が強くなるのは、日清戦争の直後である。一八九五年二月に帝国議会は、航路拡張と船舶保護の建議案を可決する。『日本郵船株式会社五十年史』（一九三五年一二月、日本郵船）によれば、急務とされた理由は二つある。一つは「兵事上の目的」で、日清戦争の経験から、日本の戦時の海運力は、約四〇万噸《トン》不足していると認識されていた。もう一つは「商事上の目的」である。一八九四年に日本に出入りした貿易船は、外国船が噸数の八八パーセント、搭載貨物量の九〇パーセントを占めている。日本船はわずか一〇パーセント内外にすぎなかった。

日本郵船は海運拡張の声に応えるため、三大航路（欧州航路・米国航路・濠州航路）の開始を決め、汽船一八隻を発注する。イギリスのベルファストで建造された土佐丸（五四〇二噸）が、欧州航路の第一船として、横浜を出航したのは一八九六年三月である。その五カ月後の同年八月には、米国航路（シヤトル線）の第一船として、イギリスのサンダーランドで造られた三池丸（三三〇八噸）が神戸を出帆する。さらに二カ月後の同年一〇月に、濠州航路の第一船として、イギリスのニューカッスルで建造された山城丸（二五二八噸）が、横浜からメルボルンに向けて出発した。三隻がそうであるように、鉄や鋼の船質で、総噸数一〇〇〇噸以上の船舶のほとんどは、イギリスの造船所で造られている。七つの海を征服した大英帝国の背中を、日本は追いかけていた。

上＝シヤトル入港中の三池丸
下＝三菱造船所が建造した常陸丸（いずれも『日本郵船株式会社五十年史』1935年12月、日本郵船）

黒田清輝がフランスに滞在した一〇年間に、日本郵船の欧州航路はまだ影も形も現わしていない。斯波忠三郎が留学するのは欧州航路開始の三年後、宮川壽美子が留学するのは六年後である。日清戦争を経て、日本の造船力は急速に伸びようとしていた。欧州航路には一八九八年から六〇〇〇噸級の新船一二隻が投入される。そのうち鋼製の常陸丸（六一七二噸）と阿波丸（六三〇九噸）は、長崎の三菱造船所で建造されている。三大航路以外に、アジアでは航路が次々と創設されていく。日本郵船にとって最初の遠洋航路となる孟買（ボンベイ）航路は、一八九三年一一月にスタートしていた。

大阪郵船と日本郵船の近海航路の主な新設を、一九世紀末から二〇世紀初頭に限定して確認しておこう。まず一九世紀末。大阪商船は一八九七年に神戸基隆線・台湾東回沿岸線・台湾西回沿岸線・基隆打狗線を開始し、一八九八年には上海漢口線、一八九九年に淡水香港線・神戸牛荘線、一九〇〇年には香港福州線を開始した。日本郵船は一八九九年に神戸北津線・上海天津線、一九〇〇年に長崎香港線・神戸韓国北清線を開いている。次は二〇世紀最初の一〇年間。大阪商船は一九〇二年に横浜打狗線・厦門石碼線・厦門同安線、一九〇五年に大阪大連線・淡水福州線、一九〇六年に大阪天津線、一九〇七年にウラジオ直航線をスタートさせた。日本郵船は一九〇三年に上海漢口線、一九〇五年に横浜北清線・横浜打狗線、一九〇六年に神戸大連線・横浜漢口線・横浜牛荘線、一九〇九年に神戸上海線、一九一〇年に神戸基隆線と続く。一九一一年の児童博覧会で海がテーマとなり、海事思想がクローズアップされるのは、一方ではヨーロッパの帝国と比べたときの後進性、他方ではアジアでの急速な発展が背景となっていた。

29　児童用品研究会・オモチャ会と、尚武の精神

一九一一（明治四四）年の第三回児童博覧会の際に、海の絵本を編纂した児童用品研究会は、いつ頃発足したのだろうか。一九一〇年の第二回児童博覧会の褒賞授与式は、五月五日に博覧会会場で行われた。顧問を務めた巌谷小波の挨拶が、「児童博覧会褒賞授与式《ほうしょう》」（『みつこしタイムス』同年六月号）で紹介されている。それによれば前年の第一回児童博覧会が幕を閉じるとき、一時的な催しとして終わらないように、児童用品研究会を作り、普段から児童用品の研究を続けていくことで合意したという。「来賓高島平三郎氏の演説」（同号）によると、高島も巌谷の挨拶を受けて児童用品研究会の意義に触れ、湯浅一郎がヨーロッパで集めてきた児童用品を参考にすれば、新しい子供のエプロンや履物を開発できるのではないかと述べている。

研究の継続を申し合わせてから約一年、一九一一年二月一五日に児童用品研究会の会員八人が、新橋停車場から神戸行きの急行列車に乗り込んだ。八人とは、巌谷小波・柴田常恵・菅原教造・高島平三郎・武田眞一・坪井正五郎・日比翁助・松居松葉で、大阪で開かれる児童博覧会を見学し、講演を行うことが目的である。高麗橋の三越呉服店大阪支店では、児童用品研究会の講演会が催され、四〇〇人の聴衆が会場に詰め掛けた。松居駿河町人「京阪遊記」（『三越』同年四月号）によると、日比は「開会の辞」で児童用品研究会をこう紹介している。一九一〇年に創立してから、三越に事務所をおき、児童用品の研究・改良・普及を図ってきた。これは「学俗の共同の事

上＝「第2回児童博覧会最終日の大混雑」（『みつこしタイムス』1910年6月号）。「ドンナオモチヤガ出マスカ」と書いた紙が、売場に吊るされている
下＝巖谷小波が考案した木製写真立て「お伽噺カチカチ山模様」（『三越』1911年9月号）。おばあさんを殺したタヌキを下に、おじいさんを助けたウサギを上にあしらい、中央に洋装の女児の写真が入っている

業」である。現在進行中の活動は、ドレスデンの博覧会への出品で、「日本在来の玩具」を輸送していると。

一行は講演会の翌日に、第二北野小学校で少年剣術を見学してから、大阪毎日新聞社に赴いた。同社の懸賞募集玩具の審査員を務めていて、募集玩具三〇〇点余りの下見を行ったのである。この日は「子供おとぎ会」の児童を対象に講演会も予定されていて、一行は三越の大阪支店に足を延ばした。「子供本位に砕けた面白い話」をするので、前日の講演会とは雰囲気が異なる。夜は児童博覧会主催の晩餐会に出席し、教育関係者や新聞記者と交流して京都に向かった。三日目は京都大学に立ち寄り、中国で出土した土偶や、エジプトの発掘品を見せてもらう。その後に三越京都支店に向かい、染物工場を見学してから、講演会に臨んでいる。八〇〇人の聴衆のなかに、多くの西陣染織家が含まれていて、服飾学者・菅原教造の「色彩の話」が特に好評だった。

三日間の関西旅行で行った講演・審査・交流・見学は、児童用品研究会の活動内容をよく示している。ところで日比翁助が「開会の辞」で触れた、ドレスデンの博覧会とは、どのような性格の博覧会だったのだろうか。一九一〇年一二月二〇日の『読売新聞』に、「三越の玩具《おもちゃ》陳列」というわずか四行の記事が出ている。「三越呉服店にては本日午後二時より四時迄来春開催のドレスデン博覧会に出品す可き日本玩具《おもちゃ》七十七点を店内に陳列する由」というのが、その全文である。

博覧会というのは、正確には万国衛生博覧会である。一九一一年七月に発行された『薬学雑誌』第三五三号に、「ドレスデン市ニ開催セラレタル万国衛生博覧会日本館」という記事が掲載されている。それによると日本館は五月一三日に開館して、「保健衛生上直接間接ニ関係アルモノ」を展示していた。館内は「土地、及気候、等」「住家、用水支給、埋葬」「営養、及食物」「衣服、及身体衛生」「伝染性疾病」「職業、交通患者ノ看護」「小児ノ世話、及学校衛生」「歴史的区分」「陸軍」「海軍」の一〇区画に分けられ、それ以外にジオラマが設置されている。「小児ノ世話、及学校衛生」の区画には、「家庭ニ於ケル玩具及教育方法」が含まれる。三越が送った「日本玩具」は、この区画に展示されたのだろう。

　実は寄生虫研究者の宮島幹之助が、児童用品研究会の武田眞一に宛てて、七月二〇日にドレスデンから送った書簡が、「児童用品研究会出品は弥《いよい》よ好評なり」（『三越』一九一一年九月号）に紹介されている。「殊に児童に関する出品物は人の注意を大に惹き毎日説明に口を酸《す》くする程に御座候目録文説明書御送り被下《くだされ》大に助かり申候」という文面から察すると、宮島は来館者への説明役だったのだろう。書簡には「当博覧会にも児童部あり学術的の調査成績を多く陳列 仕《つかまつり》 候共日本部の如く一般玩具を蒐集せるものは無之《これなく》貴会の出陳物は日本館の一特色を発揮仕大に喜ばしく存申候」と記されている。説明文だけではなく、玩具の実物を展示するインパクトは大きかった。

　宮島幹之助の書簡が、単なる外交辞令でなかったことは、アメリカのマサチューセッツ州にあるクラーク大学教育博物館から、問い合わせの手紙が来たことからも分かる。「クラーク大学と児童用品研究会」（『三越』一九一二年四月号）によると、ドレスデンの万国衛生博覧会に出品したのは七七点ではなく、六〇点余りだった。そのなかに教育博物館が所蔵したい玩具が含まれているので、価格を教えてほしいという内容である。児童用品研究会の仕事は、海外への発信という性格も備えている。それは一方的な情報の発信ではない。「三越の玩具展覧会」（『読売新聞』一九一一年一二月四日）は、同月一日から始まった玩具展覧会で、ハンブルクで作られたオルゴールなど、一〇〇点以上が展示されていると報じた。海外の玩具を蒐集して研究する一方で、日本の玩具を集めて海外に送るという、双方向の交流が行われている。

児童用品研究会の活動は、玩具の製作と頒布にまで及んだ。そのために作られた組織がオモチャ会である。「みつこしオモチヤ会」（『三越』一九一二年六月号）によれば、「最新考案の玩具、既往に廃れてしかも今日に適当すべき玩具、地方の特色を示せる玩具、海外のものをば日本的に適用したる玩具」を選び、月額一円の会費で、年に一二回、七月から会員に頒布していた。『三越』一九一三年六月号に、「第二回オモチヤ会の組織」という記事が掲載されている。頒布開始後の一年間に、入会希望が多く寄せられたが、途中からの申し込みは受けることができなかった。そこで二回目のオモチャ会を組織して、一回目とは異なる玩具を頒布することになる。児童用品研究会の研究成果を活用して、三越が製品化に踏み切った玩具は、子供たちの間に流通していった。

オモチャ会は一九一二年一一月二日の夜に、日本橋倶楽部で講演会を開いた。「オモチヤ会講演会」（『三越』同年一二月号）で紹介された巖谷小波の「開会の辞」は、児童用品研究会の考え方を伝えている。日本で根強く流通している「女子供」という言い方は、「失敬千万」で「野蛮」な言葉の代表である。児童研究の進み具合は、その国の文化の成熟度を示していると。児童用品研究会は発足以来、一五〇回の例会で研究を積み重ね、ここ数年は各地の子供展覧会や教育品展覧会に資料を貸し出してきた。玩具は児童用品の一部で、それに対象を絞ったのがオモチャ会である。オモチャ会は規定により、春秋二回の講演会を開くことになっている。一回は保護者のた

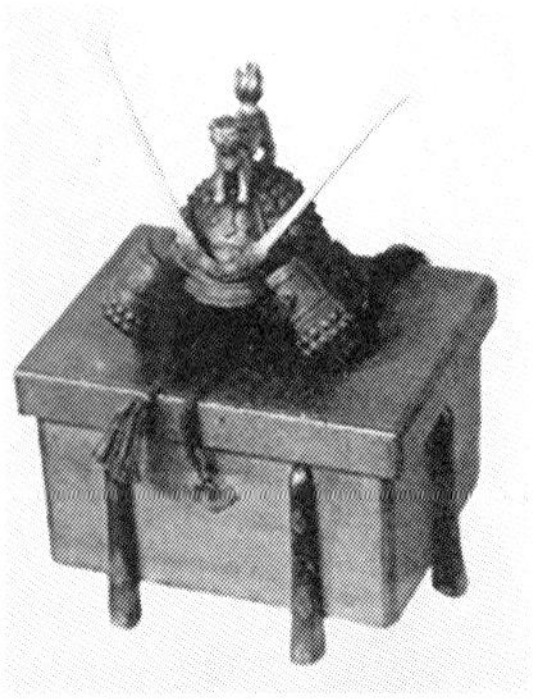

第4回児童博覧会記念品（『大三越歴史写真帖』1932年11月、大三越歴史写真帖刊行会）。尚武主義を象徴する兜になっている

めに、もう一回は子供のために。この日の講演会は前者を対象にした講演会だった。

後者の児童向けの催しは、一九一三年六月一日に三越の児童博覧会会場で行われている。「オモチャ会主催子供会の記」（『三越』一九一三年七月号）は、子供と保護者を合わせて約一〇〇〇人が集まったと、盛会ぶりを報告した。間宮一座の神楽「玉の井」の後で、巌谷小波が「運探し」というお伽噺をする。さらに養老一座の手品に続いて、三越少年音楽隊が松居松葉作歌の歌劇を披露した。オモチャ会のために尽力してきた坪井正五郎が、数日前にロシアで客死したという、衝撃的なニュースがこの日に伝えられる。しかし子供会自体は楽しい雰囲気のうちに終了した。

ただ児童への期待のなかに、将来の「帝国臣民」として、日本を背負うことが含まれていたことは間違いない。一九一〇年の第二回児童博覧会では、海を渡って鬼退治をする桃太郎に、あるべき少年像が仮託されていた。その翌年の第三回児童博覧会では、海事思想の発達が急務と意識される。その延長線上で、一九一二年に開かれる第四回児童博覧会は、尚武主義がコンセプトになった。尚武とは、武道や軍事を重んじて、軍備を充実させるという意味である。「三越の児童博覧会」（『読売新聞』同年四月三〇日）は、「今回は凡《すべ》て尚武主義に由《よ》つた趣向で金太郎がその表《しん》象《ぼる》」と報じている。

尚武主義のコンセプトは、一九一三年の第五回児童博覧会にも引き継がれていく。「第五回児童博覧会規定」（『三越』一九一三年二月号）は、出品を呼びかける案内で、陳列予定の物品を一〇項目に分類した。「建物、機械、船舶、武器等の模型又は標本」がそのなかに含まれている。博覧会の期間は四月一五日〜五月三一日。そのさなかの五月五日は端午の節句にあたる。『読売新聞』は同年四月二七日の「尚武国の五月」という記事で、三越の武者人形の新製品を紹介した。それは「桃太郎の出陣」という人形で、桃が二つに割れると、勇ましく控える「日本一の連中」が姿を現す。

尚武主義は端午の節句の日に限定した話題ではない。この年の一一月九日に日本橋倶楽部で開かれた三越のオモチャ会の講演会で、有坂鉊蔵は「尚武玩具」（『三越』一九一三年一二月号）という講演を行っている。有坂は日清戦争・日露戦争に触れて、日本は尚武精神が最も発達した国だと規定し、児童の意識を尚武に導く必要性を説いた。そのうえで有坂は、三越のオモチャ会と家庭の父母に、次のように要望する。「現今の陸海軍の武装及び諸兵器の簡単で丈夫な雛形を玩具《おもちゃ》として造つて戴きたい、即ち大砲或は空中飛行機、其外イロ〱ありますが、此種類のものをどうぞ沢山殖して戴きたいと云ふことを玩具製造の当局の御方に希望致します、又各御家庭でも斯う云ふものを盛んに児童の尚武的教育用として御使用を願ひたい」と。海を越えて鬼退治に行く、近代の桃太郎を想定するなら、携帯するのは近代兵器ということになる。

30　寄宿舎・教育・慰労運動会――店員の福利厚生

三越呉服店では児童博覧会の「児童」にルビを振り、「こども」と読ませている。「こども」と呼ばれる存在は、顧客の家庭だけではなく、三越の店内にもいた。一九一〇年六月二五日に彼らが共同生活する「小供寄宿舎」が、本郷弓町に完成する。翌日の『読売新聞』は「「こども」の寄宿舎――三越の模範的設備」でこう報じた。「三越呉服店では九百余名の店員を使つて居るが其中《そのうち》三百十名は所謂「こども」と呼ぶ十二三歳から十七八歳迄の少年店員で少年音楽隊も居れば自転車で飛廻るメッセンジヤーボーイも含まれて居る」と。尋常小学校を修了して、あるいは一四歳になって、義務教育を終えた少年が入店してくる。彼らのために、以前は女子美術学校だった二階建ての四棟を改築して、一二室を寝室に、二室を学習室に充てた。衣服室・病室・食堂・応接室も整えている。彼らは午前五時にラッパで起床して床をあげ、室内の掃除を終えて六時に出発する。夜に帰宅すると九時まで自修、入浴後の一〇時には就寝という、規則正しい生活を送っていた。

次頁の写真に写っているのは、『大三越歴史写真帖』（一九三二年一一月、大三越歴史写真帖刊行会）に収録された寝室。「この中から将来の重役や参事が出るのです。三越の精神は睦みあひ枕を並べて相抱いて寝る少年時代に宿されるものでせう」と、キャプションには書かれている。「三百名の子供寄宿舎」（『東京朝日新聞』一九一〇年六月二六日）で補うと、入店して三カ月ないし半年が「見習ひ」の期間で日給は二三銭。「一人前の子供」になると二五〜三〇銭が支給される。三回の食事は三越が、一日一六銭で提供していた。以前は親元から通勤していたが、そのやり方だと、仕事に慣れるまで時間がかかる。そこで寄宿舎での共同生活に改めたのである。「少年店員の優遇又は教育の一方法」として「適当な設備」であると、記事は報じている。

食事はどのような献立だったのか。一九〇五年九月三日の『読売新聞』に、「三大呉服店の食物」という興味深い記事が掲載されている。三越には伊豆脇が、一日一五銭で仕出しをしていた。朝は味噌汁に香の物、昼は豆腐油揚または塩物類が付き、夕は煮豆と香の物。貧弱なように見えるが、一九〇〇年代はこの程度が普通だったのだろう。白木屋は村田の仕出しを使っているが、朝は味噌汁に香の物、昼は肉類と香の物、夕は煮豆に香の物である。大丸を見ても、朝は汁と香の物、昼は豆腐か芋の煮しめ、夕は沢庵のみで、どの店も大差があるわけではない。違いがあるとすれば、白木屋と大丸の番頭には、ときどき酒肴がつくという程度だった。

『大三越歴史写真帖』（1932年11月、大三越歴史写真帖刊行会）に収録された、「小供寄宿舎」の寝室

三越呉服店の寄宿舎では、夜に自修の時間を設けている。彼らは何を学んでいたのか。一九〇八年七月二〇日の『東京朝日新聞』に、「東洋大学の出張講演」という記事が掲載されている。東洋大学では「商家店員にして学校に通ふ暇なき者」を対象に、『普通商科講義録』を発行して、「店員小僧の教育普及」

を行っていた。三越や白木屋ではそれぞれ、一〇〇人ほどが会員になっている。東洋大学は多数の会員がいる場所に、出張講演に行くことを決定した。その第一回が七月一九日で、中島徳蔵が白木屋で講演したと伝えている。三越の寄宿舎でも、東洋大学のテキストを開く少年がいただろう。

三越では三井呉服店の時代から、女性の店員を採用していた。「東京の女（二十五）――当世の女店員」（『東京朝日新聞』一九〇九年九月二三日）は、「三越は呉服店が進化して、デパートメントストアになつたゞけに、凡ての遣り方がハイカラで、女店員の如きは今より九年前、高橋義雄さんが理事で、日比翁助さんが支配人の時代から、率先して採用して居ります」と伝えている。九年前といえば一九〇〇年だから、まだ三井呉服店の頃である。このときに採用したのは電話係と仕立物検査係だが、その後は人数が少しずつ増え、職種も広がっていった。一九〇九年九月の時点では、女性店員は五六人を数えている。彼女たちは事務・販売・接待の部門に分かれて勤務していた。

記事が書かれた当時、女性店員を統括していたのは、就職して七、八年になる二人の女性である。事務部門では、電話係・仕立物検査係・買上品渡し係・地方販売文書発着係に、女性が配属されていた。販売部門では、化粧品・袋物・小間物・半襟・帯・洋傘・下駄・木綿物・小切類・進物品などを担当している。接待部門では、休憩室・食堂・貴賓室で入店間もない女性が働いていた。彼女たちの最終学歴は、尋常小学校・女子職業学校・高等女学校卒業とさまざまである。勤務時間は八時から六時半まで。出世すると日給が五〇～六〇銭に上がり、半期ごとの賞与を除いて、月給は三〇～四〇円になった。著名人と結婚した女性店員もいる。『肉弾―旅順実戦記』（一九〇六年四月、丁未出版社）の著者櫻井忠温と、森田千町の結婚は話題になった。三越は男女の間で「間違ひがあつてはならぬ」と慎重で、退店時刻を別々に分け、仕事の都合で退店が遅れる場合は、帰宅時間の確認までしていた。女性の社会進出はまだ一般化していない。同時期の女性店員は、白木屋に三七人、松屋に三五人が勤務していたが、大丸には六人しかいなかった。一九〇九年一一月六日に三越呉服店は、全店を休業にして、鎌倉大慰労会を催す。三越本店店

上＝雑誌『三越』の製本女工工場（『三越』1911年8月号）
下＝鎌倉大慰労会の200ヤード競走（『みつこしタイムス』1909年11月号）

員だけで七五〇人、そこに附属工場員三〇〇人と、来賓二〇〇人余りを加えると、一三〇〇人の大移動になった。「三越の運動会」（『読売新聞』同年一一月七日）によれば、一行は午前七時四〇分新橋発の、別仕立の列車に乗って鎌倉に向かう。鶴岡八幡宮に参詣してから、由比ヶ浜の会場に赴き、男子少年部の二〇〇ヤード競走を皮切りに、さまざまな競技を楽しんだ。女性店員は鎌倉を午後四時四三分に出発する列車で、男性店員は六時四〇分発の列車に乗車して、それぞれ東京に戻っている。『みつこしタイムス』は一九〇九年一一月号で「鎌倉大慰労会」の特集を組む。前頁下の写真はそこに掲載された一枚で、二〇〇ヤード競走の場面である。

三越呉服店はなぜ、運動会をメインにした「慰労会」の会場として、鎌倉を選んだのだろうか。日比翁助は「何故に全店員慰労会を開きし歟《か》」（『みつこしタイムス』一九〇九年一一月号）に、「店員職工全体に対し、同日同刻同処に於て愉快なる慰安」を与えたいと思い、欧米視察中も研究を続けていたと記している。「商人の休日」がない日本では、全店員が「同一の歓楽」の機会を持つことは難しい。三越の事業は拡大して、仕事はどんどん忙しくなる一方である。もう躊躇している場合ではない。鎌倉を選んだのは、「源氏の武運を守護」した鶴ヶ岡八幡宮があるからだった。シカゴのデパートでは、開店前に店員を集めて、支配人が祈りを捧げ、一日の仕事が始まる。それと同じように、全員で「商運の繁昌」を祈り、翌日からの仕事に集中したいと、日比は考えていたのである。

一三〇〇人が集まるから、準備だけでも大変な作業になる。豊泉益三「慰労会の設備について」（『みつこしタイムス』一九〇九年一一月号）によると、由比ヶ浜の会場入口には、大きなアーチを立てて、太鼓櫓《やぐら》を組み立てた。来賓席・楽隊席・相撲の土俵を設けて、二二軒の売店を用意する。それらの建築は、横河工務所が請け負った。波打ち際で打ち上げる数百発の花火と、一〇〇〇本以上の爆竹も用意しないといけない。海上では四〇艘《そう》の漁船に満艦飾を施して、地引網を引けるようにした。地元を騒がせるので、事前に一九〇〇軒に手拭と絵葉書を配っている。鬼殻焼用の海老や、壺焼用の栄螺《さざえ》は、一週間前から集め始めた。日程の変更も起きてくる。当初は三日に実施する予定でいたが、伊藤博文が亡くなって四日が国葬になる。そのため慰労会は六日まで延期された。地元の人にも門戸を開いたので、当日は五〇〇〇〜六〇〇〇人の人出となる。

鎌倉大慰労会はその翌年も行われた。「由比ヶ浜辺の歓楽――三越店員の慰安会」（『読売新聞』一九一〇年一一月四日）は、臨時列車二八輛に乗り込んだ一行が、三日午前九時すぎに鎌倉に到着したと伝えている。人数は前年より二〇〇人多い一五〇〇人。鶴岡八幡宮に詣でると、舞楽殿では神官らが古雅な舞楽を奉納した。一行は店の繁昌を祈って、万歳を三唱する。その後に少年音楽隊の行進ラッパに先導されて、由比ヶ浜へと向かった。ただ戸外の行事は、どうしても天候に左右される。東の空を暗い雲が覆い始め、やがて豪雨のために、一行は濡れ鼠になった。着飾った女性たちは旅館に避難させ、慰労会はいったん中止と決定される。しかし昼食後に晴れたので、提灯競争など二九の競技が実施された。なかでも坪井正五郎新案の「郊外歌留多《かるた》遊び」は話題となる。紅白の襷が華やかな女子店員二〇人が、横六〇センチ、縦九〇センチの大歌留多で競い合った。

この慰労会は年中行事となり、一九一一年一一月三日には第三回が実施される。ただし内容は少しずつ変化している。第二回の慰労会が、悪天候で中止になりかかったことは、大きな教訓になった。三越の店員数も増えてきて、会場を再考せざるをえなくなる。「第三回三越呉服店全員慰労会」（『三越』一九一一年一二月号）によれば、由比ヶ浜の砂浜は、波のために面積が年々減少してきて、狭さを感じさせるようになっていた。そこで三越呉服店は、由比ヶ浜の数倍の広さがある、鶴岡八幡宮前の馬場に会場を移す。店員数の増加に伴い、臨時列車は二九輛連結になった。多くの店員は、まだ鎌倉の名所旧跡を訪れたことがない。そこで八幡宮に詣でた後、すぐに運動競技を始めるのではなく、少年隊も女子隊も、まず長谷の大仏を見物するように改めた。店員の福利厚生として慰労会を行ったのは、三越本店だけではない。関西では京阪支店の運動会が催されている。

31　国木田独歩未亡人の治子と「新しい女」

国木田独歩の妻の治子は寡作だが、独歩の勧めで執筆を始めた小説家である。『三越』一九一一年四月号に発表した「嬉涙《うれし》」では、三越の着物が重要な役割を果たしている。ある日三越から「お召の二枚襲《がさね》に丸帯」が届く。着物には「上羽《あげは》の蝶の御紋」が縫い込まれ、帯は和蘭《オランダ》織で、「素人の着る衣服《きもの》」ではないように見えた。「旦那様が芸者に衣服《きもの》を調製《こしら》へておやり遊ばした」と、その家では大騒ぎになる。実は新聞社の主筆を務める夫と友人の、共著の本が売れて、予想外に

「ゴシック式階下休憩室」（『大三越歴史写真帖』1932年11月、大三越歴史写真帖刊行会）

多い原稿料が入ってきた。友人は妻のために「二枚襲」の着物を買うことにして、夫にも購入を勧める。しかし夫は丸善で本を買いたかったので、半分だけ使うことにして、同居する十代の妹と姪のために袴を購入した。二人一緒に注文したために、商品が入れ替わり、それぞれの家庭で不貞を疑う騒ぎになったのである。

一九〇八（明治四一）年六月二三日に、国木田独歩は結核のため亡くなる。子供を抱えて未亡人になった治子は、三越呉服店の嘱託として働き始めた。「独歩未亡人の発奮――三越給仕女の監督」（『読売新聞』一九一一年九月二八日）は、治子が三越で働いていることを知った記者が、治子と日比翁助に取材して執筆した記事である。治子の話では、独歩の印税はわずかしかなく、未発表原稿もほとんど残っていない。「小供と一所に家に居ても」仕方がないので、田村江東や田山花袋に相談すると、田村が日比に依頼して、九月二四日から働くことになった。仕事は「上下二室」（休憩室）の「給仕娘六人の取締」である。彼女たちはよく訓練されていて、治子自身は「遊んで居る」感じだった。勤務時間は午前八時～午後六時半で、「重役室の側《そば》」に治子の席がある。日比によると、「文豪の遺族扶助」などという言い方は「失礼」だが、生前の独歩と親交があった。また給仕係は「品格を保つ」必要があるので、嘱託として指導を仰ぐことにしたという。

日比翁助は謙遜して「失礼」と語ったが、文学者が亡くなった後に、未亡人が直面する経済的困難は、大きな問題になっていた。『東京朝日新聞』は一九一二年三月二一日の「三文士の遺族」で、二葉亭四迷の未亡人柳子、国木田独歩の未亡人治子、山田美妙の未亡人かね子の、三人のケースを紹介している。まず柳子。二葉亭四迷の友人が斡旋して、全集の出版にこぎつけたが、そのわずかな印税では、残された母と妻と四人の子供の、生活費を捻出できない。しかも長男は父と同じ結核を患っている。そこで柳子は女子商業学校に通学してタイプライターを習い始めた。「卒業後は何処かに就職」して、義母を扶養し、子供を養育するつもりだと、柳子は記者に語っている。

次はかね子。山田美妙の遺族を瀧野川村の「詫住居《わびずまい》」に訪ねると、門には「洗張仕立物山田」と書いてある。石段を下りると「常磐津《ときわづ》山田」という「憐れ」な瓦斯燈が目に入る。かね子の姿はというと、「髪は巻付けたるまま日毎に重《おも》り行く眼病に今は見る影もなく窶《やつ》」れていた。一六歳の長男と一三歳の次男を仕事に就かせ、三男を連れてこの借家に移ってきたという。「工場へでも通つたらと思ふのですけれども何分此の子が居ますものですから唯今では母が八人の近所の娘弟子に常磐津を浚《さら》つたり妾《わたし》が賃仕事をして如何《どう》やら其日を送つてゐます。然し妾の眼も次第に曇りまして只今では針の目も見えかねる有様に甚だ難儀を致してをります」と、かね子は涙を拭いながら語った。

最後は治子。『読売新聞』記者の取材の、わずか半年後なので、三越の嘱託という身分に変わりはない。長女は仏英和女学校に、残りの二人は小学校に通っている。治子は三越に勤めるようになっても、小説の執筆はやめなかった。ただし十分な時間は取れない。「書く事はたゞほんの楽みで大した事は書けませんが夕刻帰宅してから筆を執つて婦人雑誌に隔月位に投稿して居りました、此店を了《おわ》つて活花点茶の稽古などに廻りますと何にも考へる暇などは御座いません」と、「諦め切つた」様子で記者に話している。

三人を比較すると、国木田独歩未亡人の治子だけが職に就くことができた。そのために文学者の未亡人の経済的困難という文脈とは異なる、別の文脈で注目を集めることになる。別の文脈とは「新しい女」。両者の文脈が交叉する記事が、「新しい女（一六）」（『読売新聞』一九一二年六月三日）である。「文士の遺族の悲惨を語るたびに、いつも、山田美妙斎、長谷川二葉亭と川上眉山と国木田独歩とが数へられる」と、記事は始まる。三人に川上が加わり四人になっている。文部省の文芸調査委員会では「保護案」が提案されたが、うやむやのままで進展していない。見かねた坪内逍遥は、授与された「賞金」の一部を四遺族に寄贈した。しかし「山田氏の未亡人は最も陋巷《ろうこう》に泣き長谷川氏のは郊外に隠れ川上氏のは実家に」戻っている。「寂しく暗い」三遺族とは異なり、国木田治子だけが「華やかな三越の店員」になったのは、「や丶人の目をひく」と記事は述べている。

もちろんこの記事は、国木田治子の生活が裕福だと報じているわけではない。四人の子供のうち末っ子は、三越写真部員の家庭に預けることになった。しかし三人の子供を養わなければならない。三越の収入は「お米と家賃と婆やの手あて」程度にすぎない。新潮社の『独歩小品』（一九一二年五月）をまとめると、独歩の遺稿も底をついた。「子供に夏着の一枚」でも買いたいと思うと、

長谷川如是閑『倫敦』（1912年5月、政教社）に収録された「女権拡張示威運動行列」の写真。見物人も含めてピカデリー通りが人で溢れている

三越の仕事を終えて帰宅し、子供を寝かせた後で、徹夜しながら小説を書くしかない。他の未亡人に比べて、恵まれているといっても、相対的にという程度だろう。ただタイトルを見ると、「新しい女」という連載の一編である。言い換えるとそれが、他の三人の未亡人への視線とは異なる、治子への視線ということになる。

新聞紙上で「新しい女」への注目は、一九一一年から顕著になってくる。『東京朝日新聞』は同年五月一八日～七月二四日に、「新しき女」という連載を掲載した。第一回の「新しき女（一）——婦人問題の大勢」には、こう書かれている。「昨年五月、倫敦南ケンシト《ママ》ンよりアルバートホールに到る数哩《マイル》の間二万の婦人蟻と拡がり一大示威運動を試みし事などは、恐らく婦人界未曾有の出来事であらう、当時本社の長谷川如《にょ》是《ぜ》閑《かん》君折よくも同市に居合して絵のやうな行列の様を伝へたりし」と。大阪朝日新聞社の特派員として、一九一〇年四月一一日にロンドンに到着した長谷川は、日英博覧会やエドワード七世崩御の大葬だけでなく、女権拡張示威運動を目撃することになる。「世界に於る婦人運動の大勢は今や何人も阻止す可らず、是を之れフエミニズムと言ふ」と、記事は結ばれている。

一九一〇年五月のロンドンで起きたフェミニズムの波が、極東の日本に到達し、明確な姿を現すのは、翌年の九月に創刊される『青鞜』である。一九一六年二月まで五二冊発行されたこの雑誌は、一八世紀のロンドンで女権を唱えた「新しい女」の呼称、blue stocking《ブルーストッキング》の訳語を誌名に採用している。発起人の五名は平塚らいてう・保持研子《やすもちよしこ》・中野初子・物集《もずめ》和子・木内錠子《ていこ》で、全員が女性だった。「青鞜は女子のために、各自天賦の才能を十全に発揮せしむる為に、自己を解放せむとする最終の目的のもとに相手携して、大に修養研究し、其結果を発表する機関としたい」と、創刊号の「編輯室より」に、雑誌を出す目的が明記されている。発起人とは別に、岡田八千代・小金井喜美子・長谷川時雨・森しげ子・与謝野晶子ら著名な文学者が、賛助員として参加していた。国木田治子も賛助員の一人で、創刊号では平塚らいてう「元始女性は太陽であった――青鞜発刊に際して」と並んで、「猫の蚤」という短編を発表している。

三越の関係者で「新しい女」と目されたのは国木田治子だけではない。一九一二年五月一四日の『読売新聞』は、「新しい女（その九）」で神崎恒子を取り上げている。恒子は、衆議院議員を務めて、日本製糖汚職事件で有罪判決を受けた、神崎東蔵の娘である。記事の冒頭に「雑誌「青鞜」が新しい女の代表的団体であることは今や天下の均《ひと》しく認むるところであらうが」「顔を知らない人もある」と記されたように、『青鞜』の執筆者の一人だった。記事によれば

三越のさまざまな部署で女性は働いていた。写真は、三越京都支店染物工場糊置部（『三越』1911年12月号）。画工部で下絵を描いた商品は、ここで糸目糊を使って細い線書を行っている

恒子は日本女子大学国文科の出身で、一九一一年四月に三越に採用され、『三越』の編集に携わった。作品は三越の勤務時間中に、編輯室で執筆している。多忙で無理を重ねたらしく、病気を理由に、翌年二月に三越を辞職した。『読売新聞』の「新しい女」の連載はその後、三三人の女性を紹介する、X生『新らしき女』（一九一三年一月、聚精堂）という本にまとめられている。

女性は働きたくても、選択肢が限られていた。一九一二年一〇月一八日の『東京朝日新聞』に、「観光記念の断髪——関東州観光団一行」という記事が載っている。二四人の一行は、三越や白木屋、日本銀行や麦酒会社で、「多数の女事務員や女工」が働いている現場を見学した。日本の女性は仕事を持って自活できるのか、労働時間は何時間なのか、配偶者はあるのかと、彼らは熱心に質問している。団長の曲作楷《きょくさくかい》によると、中国では「稀に中流以下に農婦を見るのみで女子は一切屋外に」は出ないからである。ただ曲は、東京で目撃した女性の社会進出を賞賛したわけではない。それは「欧米直輸入の急進主義的教育に感化」された結果で、「女子教育の発達」には「危険の念」を抱いていると述べた。しかし中国でも女性に「一般初等教育」くらいは施して、「手工的職業を授けて」みたいと語っている。日本の女性は社会に進出しようとしても、壁に阻まれていた。しかし中国ではそれ以上に高い壁が、女性たちを取り囲んでいたのである。

一九一四（大正三）年三月二〇日〜七月三一日に東京府は、上野公園を第一会場、不忍池付近を第二会場、青山練兵場（陸軍飛行機格納庫）を附属地として、東京大正博覧会を開催した。この博覧会の目的を、東京大正博覧会協賛社編『東京大正博覧会遊覧案内』（一九一三年一二月、東京大正博覧会協賛社出版部）は、次のように述べている。「各種の製産品を蒐集《しゅうしゅう》して公衆の観覧に供し以て殖産工業の発達を図り、国家富強の源をつくる」と。一九一二年七月三〇日に明治天皇が崩御して、大正と改元されて間もない。「我帝国の臣民たるものは、この目出度き大正博覧会の開催を賛同し、富国強民の目的を貫徹せしめることに力《つと》めなければならぬ」と、同書は主張している。四カ月余りの会期中の入場者数は、七五〇万人近くを記録した。

東京大正博覧会に合わせ、大呉服店は宣伝を兼ねて、東京や博覧会のガイドブックを作成している。白木屋は『御注文の栞と『東京大正博覧会案内記』』（一九一四年四月、白木屋呉服店）を発行した。これは一八頁分の「東京大正博覧会案内記」と、六八頁分の「御註文の栞」を一緒にしている。白木屋は袱紗・ハンカチ・帯留・簪《かんざし》など、「博覧会記念みやげ」も特製して販売した。三越は『三日間東京案内』（一九一四年四月、三越呉服店）を刊行している。これは二一頁分の「三日間東京案内」と、一〇頁分の「三越呉服店案内」と、一七頁分の「東京大正博覧会案内」を組み合

1914年4月に三越呉服店が刊行した『三日間東京案内』の表紙

わせて編集した冊子である。『三日間東京案内』を中心に据えると、三越と博覧会のさまざまな関係が見えてくる。同書は以下のような、東京・三越・博覧会の見物プランを提示している。

一日目の午前中は、丸の内、宮城、芝増上寺、高輪泉岳寺を回る。午後は三越呉服店に赴いて、同店万《よろず》案内係に相談して買物を済ませる。時間的余裕があれば浅草見物。この日の夜は、帝劇か歌舞伎座で観劇を楽しむ。二日目は、靖国神社、乃木邸、青山大正博覧会附属地を見物。その他、市中の観光したい名所旧跡に行く。暗くなってきたら、博覧会のイルミネーションか銀座の夜景を楽しむ。三日目は、東京大正博覧会を見物して、上野周辺の名所にも足を延ばす。地方から東京見物に行きたくても、農繁期だとなかなか日程が取れない。そこで三越は三日間の日程を組んだ。三日間の順番は変更可能である。博覧会場は雨天の影響をあまり受けないので、晴れた日に東京見物をするよう勧めている。

このプランに従うなら、三越には初日の午後に立ち寄ることになる。「三越呉服店案内」は二つのキャッチコピーが目を引く。一つは、「三越は世界最古のデパートメント・ストーア」。一九〇四年一二月に顧客に向けて、「デパートメントストア宣言」を記した挨拶状を送付したとき、三越は西洋のデパートの背中を遠く見ていた。それから一〇年、呉服店から脱却する努力を続けて、三越はデパートという自己意識を確固たるものにしてきた。その自己意識が、西洋ではデパートができて六〇年にしかならないが、三越の創業は二六四年前に遡るという自負心を支えている。もう一つは、「三越は一箇の公園なり」。そこは買物をするだけの場所ではない。「御寛《おくつろ》ぎになつて、愉快に心うれしく感じられる」ように、さまざまな設備を用意したスポットである。それが「西洋の建築」や「純日本式」など性格の異なる四カ所の休憩室であり、鮨とコーヒーが評判の食堂や、「天下の名手」が演奏する奏楽室だった。三越は「公園」のように寛げる装置を、店内に備えることを目指している。

三越で寛いだのは、地方から上京する人々だけではない。たとえば一九一三年に発行された『三越』の頁を開くと、海外の観光団が次々と来店したことが分かる。いくつかの例をピックアップしてみよう。一月九日にドイツ汽船で横浜に到着した欧米各国の観光団三〇〇人余りは、帝国ホテルと精養軒に分宿して、数日の間に三越に立ち寄り買物をした。七月七日にはハバロフスクの観光団四五人が、九月一三日にはシアトル母国観光団五二人が、三越を訪れている。一〇月二一日には桑港（サンフランシスコ）の母国観光団八〇人余りが、その翌日には朝鮮人内地視察旅行の一行が、一一月九日にはカナダ母国観光団三五人が来店した。著名な個人も含めるときりがない。一人だけ挙げておくと、三月二日には孫文の姿が三越の店内で見られた。

プラン通りなら二日目の夜は、博覧会のイルミネーションを楽しむことになる。夜間開場がスタートしたのは四月一日だった。「夜の博覧会」（『読売新聞』一九一四年四月二日）はその様子をこう伝える。午後五時に昼間見物人の出入りをいったん打ち切り、七時から入場口を再び開いた。各館のイルミネーションはもとより、道路にはアーク燈が輝き、飲食店も提灯を飾っている。会場から浅草方面を眺めると、十二階や活動写真館のイルミネーションが見える。向こうにも博覧会があると錯覚するように美しい。四月一日の入場者数は一二万八六九三人だったが、夜間入場者数は一万一二七七人を数えた。

いよいよ三日目が、東京大正博覧会を見物する日になる。各府県だけでなく台湾・朝鮮・満州・樺太からも出品されている。七年前の東京勧業博覧会と比べると倍増し、内国博覧会の規模に達したと、『三日間東京案内』は解説した。入場券には福引券が付いていて、当たると物品購買券をプレゼントされる。福引は市内出品人組合が協力していたが、三越もその構成員の一員である。一九一四年七月一八日の『東京朝日新聞』は、「毎日福引続行——掉尾《とうび》の大正博」でこの組合に触れ、「三越、白木屋、丸見屋、松屋等を常務委員とし各商店よりの寄贈品は貴金属時計類絹織物小間物化粧品等数万点に達した」と報じている。博覧会閉幕まで一〇日余りの段階でも、福引は続いていた。

東京大正博覧会の目的は「国家富強の源をつくる」ことなので、日露戦争終結以降の九年間に、あるいは東京勧業博覧会以降の七年間に、産業がどのくらい発達したかが問われることになる。そのような意識は、東京大正博覧会審査員を務めた坂田貞一の、「機械工業の発達」(『読売新聞』一九一四年三月一〇日)からも読み取れる。そこで坂田は、「流行は発明を促進するから近時の如く風俗が華美になれば勢ひ染織物の進歩を促したため、最近十年来この方面にとげた発達は著大である。この点に於て三越、白木の如く流行の魁《さきがけ》をなす大呉服店の功労は没す可らざるものがある」と評価したうえで、「吾が工業界は今日位の進歩状態で満足すべきではない」と、さらなる発展を促した。

一〇年間の進歩は、染織業界だけでなく工業界にも着実に現れている。来場者が最も印象付けられたのは、第一会場と第二会場を結ぶエスカレーターだったかもしれない。『東京大正博覧会写真帖』（一九一四年五月、博画館）に、第二会場側の写真が載っている。左側の入口で一〇銭を払って昇り、上の橋を歩いて渡ってから、再びエスカレーターで降りるようになっていた。『三日間東京案内』はエスカレーターを、「自動昇降の階段で足を労せず自然に上つたり下つたりする

上＝第2会場側のエスカレーター　下＝第2会場の染織館（いずれも『東京大正博覧会写真帖』1914年5月、博画館）

事の出来る機械」と説明している。日本の都市空間に姿を見せ始めた草創期で、「此秋落成すべき三越呉服店の新建築場に据付けたのと、此処に設けたのと僅に二つしかありません」と、同書は述べている。

三越と特に関わりが深い建物は、第二会場の染織館と染織別館だった。染織関係の館が二つある理由は、「大正博批評――九、染織館」（『東京朝日新聞』一九一四年四月二五日）に記されている。最初のプランでは染織館だけだったが、出品点数に比べて面積が狭い。そこで三越や白木屋などの大呉服店と、織物問屋が運動を起こして、染織別館を新たに設けることが決まった。そのことを知った京都の西陣は、博物館の奥に西陣館を作ることにするが、場所に恵まれずあまり人は入っていない。染織業界の製品は、それ以外の館でも広く展示されていた。毛織会社や半襟商組合は、出品物を並べる別館を建てている。朝鮮半島や満州の特産織物は、それぞれのエリアの館に展示されていた。

第二会場へのエスカレーターを降りると、染織館の東入口が目の前にある。ここには富士紡績会社・鐘ヶ淵・三重紡績会社・愛知県絞同業組合・東京府下伊藤染工場などで作られた製品が並んでいた。「其装飾は何れも三越の手になつた」と、『三日間東京案内』は誇らし気に述べている。装飾別館では三越の出品が「最も優れて」いると、同書は自負していた。中央には今秋落成予定の三越の新築模型を据えて、その周囲に帯や友禅や振袖模様を飾っている。公平を期すために、白木屋の『御注文の栞』と『東京大正博覧会案内記』で補っておくと、染織別館の三越と白木屋の欧風ケースには、共に「優秀なる製織品」が飾られていた。さらに松坂屋・伊勢丹・松屋など、著名な呉服店はそれぞれの区画を持ち、全体から「流行の真髄」が伝わってくる。

ただ「富国強民」を最も感じさせたのは、東アジアの「内地」以外のエリアの館だったかもしれない。一八九五年四月一七日の日清講和条約で、台湾・澎湖列島が近代日本の最初の植民地になってから、すでに二〇年近くが経過している。白木屋のガイドブックには、満州館と樺太館が、「殖民地の現況及其産物」を示すために設けられたと書いてある。一九〇五年九月五日の日露講和条約で、旅順―長春間の南満州支線と、附属地の炭鉱の租借権は、日本に譲渡された。満州館には南満州鉄道の模型が展示されている。樺太は北緯五〇度で南北に分けられ、南半分が日本に割譲されていた。樺太館も拓殖状況の展示を行っている。一九一〇年八月二二日の日韓条約により、韓国は日本に併合され、その一週間後に国号を朝鮮と改める公布が出た。三越のガイドブックで、朝鮮館の展示物の玉座の模型が、「前朝鮮王の」と記載されたのはそのためである。「富国」と「強民」はリンクしながら、近代日本の足跡を刻んでいた。

100年前の百貨⑨——乗物

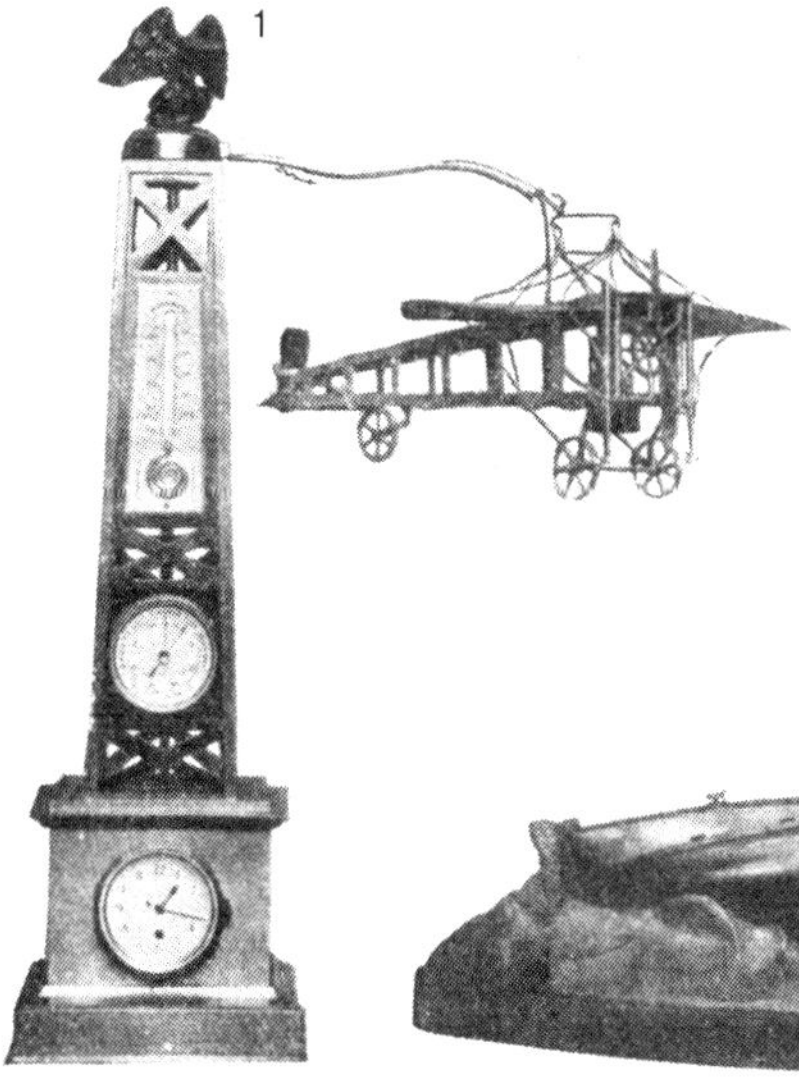

1

2

3

4

5

1:フランス製の「飛行機時計」(『三越』1913年3月号)で、時計台を中心に飛行機が回転する。2:ハンドルを回転させると疾走する「自働車」(『三越』1913年12月号)。3:「潜航水雷形置時計」(『三越』1913年4月号)。4:「軌道付電車」(『三越』1913年8月号)5:ドイツ製の「軍艦」(『三越』1913年5月号)の模型。水中を自由に航行する。近代的な乗物は、近代的な兵器でもある。潜航艇や飛行機は、翌年から始まる第1次世界大戦で、海と空の戦闘を担うことになる。

終章

「東洋一」のデパート竣工とライオン像

デパートメントストア宣言を行ってから一〇年、一九一四（大正三）年一〇月一日に三越呉服店の本店新館がオープンした。直前の九月二五日に『読売新聞』は、「新築落成せる三越の五層楼――帝都の新装飾」という記事を掲載している。横河民輔が設計したルネッサンス式の建物は、建坪が六一九坪、総延坪は四一〇〇坪で、三年余りの年月を費やして竣工にこぎつけた。室町通りに面した正面入口は、幅四間（約七・三メートル）、高さ七間半（約一三・六メートル）のアーチ形になっていて、イタリア産大理石の円柱四本で支えている。円柱の下には、イギリスの彫刻家メリフィールドの手になる、青銅のライオン像二頭が設置された。一階から五階には売場の他に、それぞれ様式が異なる休憩室や、定員一二〇人の大食堂を設けている。階上・階下には、エレベーターやエスカレーターで移動できる。屋上庭園に上がると、東京市の全景を視野に収められる。サブタイトルが語る、「帝都」を飾る新しい名所が誕生したのである。

　まず外観から確認しておこう。一九一四年七月号の『三越』に、「東京第一の高い建築＝三越新館の一偉観」という文章と、建築中の写真（次頁上）が掲載されている。後者はまだ足場が残る段階での撮影だが、塔の写真も付いているので、全体像を捉えやすい。地上から塔の避雷針の尖端までは一七〇・七五尺（約五一・七メートル）。実は一八九〇年に竣工した浅草公園の凌雲閣（十二階）が一七三尺で、三越よりわずかに高い。タイトルについて記事は、「浅草公園の十二階や、蔵前の東京電燈会社の煙突の様に孤立して居るものは別」だが、「家屋の一部」としては「東京第一の高い建築」になると主張している。凌雲閣は「雲を凌ぐ」建築物、つまり眺望のための塔なので、別の性格の建物という論理である。三越は基本的には五階建てだが、地下室と屋頂階を合わせると七階分になる。さらに高塔が四階分あるので、すべてを合わせると一一階分の高さだった。

下の「三越重役玉串を捧ぐ」という写真は、『三越』一九一四年一一月号に掲載されている。屋頂階（六階）には屋上庭園・温室・茶室があり、三囲稲荷もここに移された。眼下の東京市は霞んでいるが、高さは実感できるだろう。旧営業所から仮営業所、そして本店新館へと引っ越すたびに、稲荷神社の位置は高くなった。塔はその上の、七～一〇階の高さになる。八階には直径一四尺（約四・二メートル）、高さ八尺八寸（約二・七メートル）の大きなタンクが設置された。これ

上＝『三越』1914年7月号に掲載された、竣工前の三越呉服店の本店新館
下＝『三越』1914年11月号掲載の三越の屋頂階（6階）と東京市の眺望

三越本店新館の中央階段（『大三越歴史写真帖』1932年11月、大三越歴史写真帖刊行会）

三越本店新館のエスカレーター（『三越』1914年10月号）

は火災用スプリンクラーの貯水槽で、ここまで来ると品川沖が眼下に広がる。さらに鉄梯子を上ると、一〇階は八角形で直径一三尺（約三・九メートル）の展望台になっている。市街を見下ろすと「寸人豆馬」という言葉通りで、ヨーロッパから最近輸入された、飛行機からの撮影写真と同じような光景である。

続いて店内に入ってみよう。本店新館には最新式の設備が導入されている。一～五階の売場を見て回るときに、階段を利用してもいい。鉄筋コンクリート造りの上を、イタリア産の大理石で覆い、さらにカーペットを被せた階段は、豪華な気分を味わえた。しかしエレベーターで昇降すれば、疲労を感じることなく、何度でも行き来できる。「三越呉服店新館の特色（承前）」（『三越』一九一四年九月号）によると、アメリカのオーチス・エレベーター社から、客専用の四基と、店員用の二基を、三越は購入している。地下室から屋頂階まで昇降するエレベーターは、三二人の客が乗ったとしても、二五秒で下から上まで到達する。荷物を運搬するために、店員が使用するエレベーターは、当時の日本では最大の、幅と奥行きを誇っていた。

エレベーターより目新しいのはエスカレーターである。これもオーチス・エレベーター社の製品で、一階と二階を結んでいる。「東洋の建築に始めて応用される自働階段」（『三越』一九一四年三月号）によれば、エスカレーターが初めて登場したのは、一九〇〇年のパリ万国博覧会である。ただしその頃は「試験」段階の発明品にすぎず、その後に改良を重ねていくことで実用化されていった。ロンドンの地下鉄がエスカレーターを導入したのは、まだ三年前の秋である。日本の常設の建物への導入は、三越が初めてだった。同時期の大正博覧会でも架設する予定だったので、技師たちが三越の工事現場に見学に来ている。三越のエスカレーターの昇降角度は三〇度。一分間に六〇人、一時間に三六〇〇人、一日に三万人以上の客を、二階に運ぶ見込みだった。オーチス・エレベーター社が日本で、いやアジアで、エスカレーターを据え付けた最初の事例である。

暖房装置と換気装置も最新の設備を導入している。「此二つの設備は、少くとも新館の誇りの一つ」という自負が、「三越呉服店新館の特色（承前）」に見られる。暖房の名称は「バキユアム式暖房装置」で、パイプで低圧蒸気を各階の放熱器に送って、店内を一定の温度に保つ。これはアメリカのユナイテッド・ステート放熱器会社の製品だった。地下室と一階には、ヒートコイルという暖房設備も設けられている。温められた空気が、二一カ所の孔から店内に送られていた。さらに地下室の床上の一五カ所には、換気口が設置されている。直径五・四フィート（約一・六メートル）の「排気旋風機」を使って、屋頂階から屋外に空気が排出される。同時に直径七フィート（約二・一メートル）の「吸込旋風機」もあり、新鮮な外気が絶えず店内に入ってきた。

文明の利器といえば、「気力金銭運送機」もその一つだろう。三越は一階に中央会計部を置いている。各階の一三カ所の勘定場と、中央会計部を結ぶのが、アメリカのラムソン会社が製造した運送機である。金銭の運送は、直径二・二五インチ（約五・七センチ）の真鍮管を使って行う。機械に備え付けた「真空旋風機」が、管内の空気を排出して、札束やコインを入れた「金銭運送具」を、吸い込んでいく。中央会計部側の装置は大掛かりで、まるで「西洋の大寺院の大オルガン室」のような外観だった。

エレベーターやエスカレーター、暖房装置や換気装置、さらに「気力金銭運送機」などの設備は、すべて電気を動力としている。もちろん店内には電燈が輝き、夜になると高塔のイルミネーションを東京中から眺められた。店の内外で用いられる電球の数は三〇〇〇個を数える。そのため新館全体で使用する電力は、三三五キロワット、四五〇馬力に上った。これは「逗子や鎌倉など、いふ小都会で使用して居る電力」の四、五倍に相当する。電力は東京電燈会社の特設地下線を使って供給されるが、配電所が故障すると、店内は真っ暗になってしまう。そこで南鞘町配電所と白銀町配電所の、二カ所から送電を受けていた。店内に架設された電線の長さは一一里半（約四四・九キロ）に及ぶので、三越から鎌倉までの距離よりも長い。

一〇月一日のオープンに合わせて、三越呉服店は、食料品部・茶部・鰹節部・花部の四部を新設した。「新らしき三越呉服店は何を為る歟」（『三越』一九一四年九月号）によると、食料品部の目玉は「舶来の菓子、缶詰類、洋酒等」で、品質が優良な日本製品も併せて販売する。茶部は宇治産や狭山産を中心に、玉露・番茶・粉茶など幅広い種類を揃えていた。鰹節部は土佐・薩摩・伊豆から製品を取り寄せている。花部は屋頂階に温室を有しているが、東京や横浜の「華園会社」と特約を結び、花束・花輪・切花から、花器・花鉢に至るまで、需要に応えられるようにしていた。三越では開館当日から、新柄陳列会・雑貨新製品陳列会・懸賞裾模様図案陳列・懸賞写真「炭素紙印画」陳列・美術展覧会を企画して、集客に努めている。

オープン初日はあいにくの雨天だったが、開店前から顧客が詰めかけた。午後になると雨が上がり、来店客が急に増えたと、「新たなる三越呉服店の新たなる活動」（『三越』一九一四年一一月号）は報告している。入口でカウントしてみると、一分間に平均八〇人が訪れ、一時間で四八〇〇人、午後の四時間だけで二万人を越えたという。初日の来店客数はトータルで三万人以上になった。さらに二日目・三日目に客足が伸びる。土曜日にあたる四日目になると、午後二時頃までに四万人以上が押し寄せた。混雑があまりにもひどいので、入口を一時閉鎖している。一〇日からは寄裂見切反物大売出しが、一五日からは日本美術院再興記念美術展覧会が始まる。三越は次々と新しい催しを繰り出して、顧客の消費意欲を高めようとしていた。

読売新聞社の記者はオープン二日目に、三越の国木田治子を訪ねている。新館には各階に休憩室があり、一階はセセッション式、二階はアダム式、三階はジャコビアン式、四階は貴賓用のルイ一六世式になっていた。「忙しく立働く独歩未亡人――新築三越呉服店の女給仕監督として」（『読売新聞』一九一四年一〇月三日）によると、記者は三階の休憩室に立ち寄るが満員で、腰を掛ける椅子もない。「給仕の少女」に用件を告げると、奥から治子が出てきた。新館に移ってから、休憩室のスタッフは三人増員されている。それでも「戦場」のような忙しさで、「一日働いて帰宅しますと綿の様に疲れ果てます」と治子は語った。初日に休憩室に立ち寄った客数は一万人を越えている。

新館のオープンに先立ち、三越呉服店は九月二五日に新聞記者一〇〇人余りを招待して、店内観覧の後に、食堂で晩餐会を催した。三日後の二八日には四〇〇人余りを招いて、開館式を行っている。「三越呉服店新館落成の記」（『三越』一九一四年一一月号）はその詳しい記録である。新館を設計した横河民輔は、日比翁助から委嘱されたのが、「今から十年或はそれ以上」前になると、挨拶で回想している。その間の一九〇六年に日比は、ヨーロッパとアメリカのデパートを視察した。その翌年には横河工務所の中村工学士が、欧米に出張して調査を行っている。それ以来中村は、「此工事を専らに担当」するようになった。鉄骨・石材・鉄筋コンクリート・煉瓦を主材料とする新館の建築は、デパートメントストア宣言を行って以降の、一〇年間にわたる構想の実現である。

目標としてきたロンドンのハロッズから、オープンに際して祝電と手紙が届いたのは、うれしい出来事だっただろう。「三越呉服店新館落成の記」は「ハロツヅは当店と多年の親交あり、其専務取締役バービツヂ氏は、わが日比取締役会長と最も親善なる人」と述べて、手紙の内容を紹介している。そこには「余は貴下が当地へ来られし際貴下に対して多少の助力を為し得たりし事を深く喜び」という一節と共に、「貴店が此の如き進歩をなして今や其新館を使用せんとしつゝあるを知り、余は喜びに堪へず」と記されていた。「ボン・マルセよりも三越は立派」（「一日一信」、『読売新聞』一九一四年一〇月二五日）という言葉は、身びいきかもしれない。しかしヨーロッパやアメリカの、帝国のデパートの仲間入りを果たしたという感慨に、日比は浸っていただろう。

それはこの一〇年間を共に歩んできた三越の関係者の多くが、共通して抱く感慨でもあった。開館式の挨拶で金子堅太郎子爵は、欧米のデパートについて、日比翁助とたびたび語り合ってきたと述べている。「日本帝国が欧米の文明に成るべく接近して」「世界共通の商工業の仲間入りをしやう」とするとき、欧米の商品の輸入は不可欠である。しかし他方で、「列強と共に世界に馳駆しやうと思へば、どうしても我国で需要する品物は我国で製造しなければならぬ」というのが、金子の主張である。新館に導入した最新式のエレベーターやエスカレーター、暖房装置や「気力金銭運送機」は、アメリカから輸入している。その点で日本はまだ、欧米を追いかける立場に見える。ただ三越店内に陳列された商品の多くが、「内地の製造物」であることを金子は喜んだ。それは「東洋一の大建築」（『みつこしタイムス』一九一〇年六月号）にふさわしい、建物内部の光景である。帝国としての伸張を映し出す、鏡のような役割を、金子はデパートに見出している。

帝国の伸張は、店内の陳列品だけに表れるのではない。一九一三年一一月九日に日本橋倶楽部で、オモチャ会の講演会が開かれている。巌谷小波は「満鮮の小国民」（『三越』一九一四年一月号）で、大連・沙河口・旅順・遼陽・撫順・奉天・長春など、満州や北清の一九カ所を回り、五〇の学校で講演したと話した。さらに朝鮮半島にも足を延ばし、九カ所を回って二一回の講演を行っている。巌谷を満州に招いたのは南満州鉄道株式会社である。会社が経営する学校が沿線にたくさんあるので、子供たちに話をしてほしいという依頼だった。朝鮮半島では京城日報社と朝鮮新聞社が、巌谷を招聘している。日本の実効支配地や植民地には、すでに日本の「内地」から、多

入口のライオン像の絵（『三越』1914年11月号）

くの移民が渡航して、日本人社会が形成されていた。巖谷の講演旅行自体が、帝国の東アジアへの伸張の反映である。

三越呉服店の本店新館がオープンする二カ月前、一九一四年七月二八日にヨーロッパでは第一次世界大戦が始まっていた。八月二三日に日本はドイツに宣戦布告する。金子堅太郎が開館式で、「今や我国は欧州の列強と戦端を開いて、兵火の間に見《まみ》えて居ります」と挨拶したのはそのためである。開館式には、岡市之助陸相や若槻禮次郎蔵相の他、イギリス・フランス・アメリカの大使や、ベルギー・オランダの公使も出席していた。オープンして半月後の一〇月一四日に日本海軍は、赤道以北のドイツ領南洋諸島を占領する。さらに一一月七日には、日本とイギリスの連合軍が、ドイツの拠点だった青島を攻略した。日本の帝国としての勢力範囲が、東アジアから南方に延びていく、節目となった戦争である。青島攻囲のイギリス軍のバーナー・ジストン司令官夫妻が、三越を訪問したことは、「英将一行の三越見物――夫人日傘を購ふ」（『読売新聞』一九一四年一二月一七日）に紹介されている。

三越入口の青銅のライオン像は、帝国のデパートを象徴していた。これはロンドンのトラファルガー広場にある、ネルソン提督のコラム（円柱）の、四方を囲むライオンを模して造られている。コラムは一八〇五年にイギリス艦隊が、フランス・スペイン合同艦隊に、トラファルガーの海戦で勝利したことを記念して建てられた。「今秋落成すべき三越本館のライオン」（『三越』一九一四年四月号）によると、三越はライオン像を数年前に、イギリスの彫刻家メリフィールドに依頼している。横河工務所の中村が、イギリス滞在中の前田松韻（東京高等工業学校教授）に相談して、前田がメリフィールドに交渉した。石膏の原型を見たときに前田は、トラファルガーのライオン像と比べて、頬の筋肉が少し獰猛ではないかと質問している。メリフィールドはこう答えたという。ほとんどの人は気付かないが、広場には老若のライオンがいて、若い方は獰猛な表情をしている。日本のような「進取的な国」の、「猛進して行く商店」に飾るなら、若い方がいいと思ったと。帝国の伸張は、彫刻家のライオン像の表情の選択にも影響を与えていたのである。

あとがき

二〇一四年五月末の夕方、森鷗外記念館の副館長と学芸員のお二人が、研究室を訪ねて来られた。鷗外と三越をテーマに特別展を開くので、監修をお願いしたいという用件である。当時の私は、国際交流基金と日本近代文学館が、パリで九月に共催する、川端康成展・国際シンポジウム・川端原作映画上映週間の準備で手一杯だった。お断りするつもりでお会いしたが、そんなことは念頭にない勢いである。とうとう押し切られて、改めて会期を尋ねると、「申し上げにくいのですが、九月一三日からです」。「……」。「ということは準備がかなり進行しているわけですね?」「企画のご相談は、今日この場でスタートします」。「……」。日本近代文学館はすでに、パリの川端展の試行展示を終えている。追い打ちをかけるように、「展覧会のカタログの入稿は、もう少し前になります」。「……」。

パリの国際シンポジウムの発表原稿は、まだ手も付けていなかった。翌日から私は、馬車馬のように働き始める。そんなハード・スケジュールでも、「流行をつくる―三越と鷗外―」という展覧会にたどり着けたのは、学芸員の塚田瑞穂さんが、精力的に作業をしてくださったからである。彼女の背中を追いかけるように、私も走り続けた。パリに旅立つことができたのは、内覧会の翌日の九月一三日。信じられないほど多忙だったあの三カ月半に、展覧会とは別の区切りを付けておきたい――それが本書執筆の動機である。三越のＰＲ誌の頁をめくりながら、心に生じたさまざまな波紋に、形を与えたかった。

森鷗外記念館の性格上、展覧会は鷗外に引き付けた企画になる。本書はおのずから構成が異なる。鷗外は流行会会員の一人として後景に退き、デパートへの成長と、帝国への伸張が、前景化している。三越がデパートメントストア宣言を行う一九〇四年は、日露戦争開始の年である。鉄筋五階建ての三越本店新館が竣工して、デパートとしての体裁が整う一九一四年は、第一次世界大戦勃発の年である。デパートへの歩みは、帝国への歩みと、パラレルな関係だった。展覧会では実現できないこともある。「明治のお買いもの」を展示したくても、商品が手に入らない。ＰＲ誌の商品写真は、当時の印刷技術の限界で、画像が粗くパネル化できない。だが本の図版なら、ぎりぎり使用できるだろう。本書の「100年前の百貨」で、デパートが誕生する頃の百貨を、実感していただけたらうれしい。

本書の成立に際して、多くの方のお世話になった。森鷗外記念館のスタッフや、展覧会に足を運んでくださった方に、最初にお礼を申し上げたい。内覧会や講演会には、多くの三越伊勢丹関係者が足を運んでくださった。当時の三越伊勢丹総務部長だった吉田寛さんが橋渡しをしてくださり、三越資料編纂室に便宜を図っていただいている。本書の編集は大山悦子さん。それらの人々に支えられて、本書は成立した。感謝の気持ちを記しておきたい。

二〇一九年一〇月二〇日

和田博文

三越関連年表1904年〜1914年

1904（明治37）年　2月、日露戦争開始、日韓議定書に調印。3月、三井呉服店が「戦捷記念手拭」「戦捷ポンチ絵手拭」を発売。5月、第1軍が鴨緑江渡河、大連を占領。6月、林幸平がアメリカ視察に。8月、日韓協約（第1次）に調印。10月、初の文化催物「光琳遺品展覧会」、遼陽占領を祝うイルミネーション。12月、二〇三高地を占領、三越呉服店が設立され、「デパートメントストア宣言」記載の挨拶状を顧客・取引先に。

1905（明治38）年　1月、「デパートメントストア宣言」を新聞発表、旅順開城を祝う花自動車。3月、奉天・鉄嶺を占領。4月、初の大売出しを行う。5月、元禄風図案懸賞募集、日本海海戦勝利のイルミネーション。6月、流行研究会結成。7月、元禄研究会発足、屋上に電光文字の「WELCOME」、桂・タフト覚書。8月、輸入化粧品販売開始、第2次日英同盟協約。9月、日露講和条約。10月、輸入帽子・小児用服飾品販売開始、海軍凱旋門。11月、第2次日韓協約調印。12月、陸軍凱旋門、伊藤博文が韓国統監に。

1906（明治39）年　2月、イギリスのコノート親王が来店。4月、日比翁助が欧州のデパート視察に出発。9月、洋服部を開設。10月、子供用服飾品販売開始、京城出張員詰所を開設。11月、洋服部裁縫工場新築完成、アレキサンダー・ミッチェルが洋服部主任に。

1907（明治40）年　1月、衣裳部を新設。3月、東京勧業博覧会に出品。4月、鞄・履物・洋傘・頭飾品の販売開始、写真場・食堂・空中庭園を開設、博覧会開催中の土曜日に実物幻燈と活動写真を上映。7月、第3次日韓協約調印。8月、林幸平が在仏日本大使館室内装飾のため、豊泉益三が雑貨仕入れのため、ヨーロッパへ。9月、大連出張員詰所開設。10月、靴部新設。12月、新美術部を新設して常設展覧会開催。

1908（明治41）年　1月、濱田四郎がデパート組織調査で欧米に、在仏日本大使館の室内装飾完成。3月、子供部を新設、三越ベール発売。4月、本店仮営業所開店。6月、『時好』を『三越タイムス』に。10月、仮営業所南側に別館を新築。光琳祭を竹の間で開催。11月、流行会の第1回公開講演会。12月、三笠艦廃材で記念品を製作販売。

1909（明治42）年　1月、日本橋通りに大ショーウインドー。2月、三越少年音

楽隊編成、図案部新設。4月、第1回児童博覧会で少年音楽隊が初演奏、光琳式明治模様図案展。5月、児童用品研究会を組織。6月、尾形光琳追慕法要。9月、メッセンジャーボーイ隊を編成。10月、ハルビン駅で伊藤博文射殺。11月、第1回店員慰労大運動会開催。

1910（明治43）年　3月、PR誌『大阪の三越』創刊。4月、第2回児童博覧会開催。5月、韓国皇太子殿下が来店。6月、小供寄宿舎を新築。8月、韓国併合に関する日韓条約調印。10月、第1回美術工芸品展覧会。

1911（明治44）年　2月、帝国劇場が完成して三越が緞帳・衣裳などを調製、日米新通商航海条約で初めて関税自主権を確立。3月、PR誌『三越』を発刊し学俗協同を強調、電話販売係新設。4月、第3回児童博覧会。5月、アレキサンダー・ミッチェルがヨーロッパ視察。7月、第3次日英同盟協約調印。8月、一時間写真の営業開始。10月、少年案内係新設、天然色写真を開始、大阪の新館が開店、辛亥革命が始まる。

1912（明治45・大正元）年　1月、中村利器太郎が欧米のデパート視察に。2月、清朝が滅亡。4月、日比谷図書館で杉浦非水の表紙絵展覧会。5月、第4回児童博覧会、第1回洋画小品展覧会、玩具頒布の「みつこしオモチヤ会」発足。7月、大正と改元、商品切手を商品券と改称。8月、写真部で輪転写真機の使用開始。9月、1分間写真の営業開始、流行会が江戸趣味研究会を設置。12月、西洋食器の販売開始、風流道具会発足。

1913（大正2）年　2月、3階バルコニーに温室を新設。4月、第5回児童博覧会開催。5月、洋傘陳列会開催、第1回洋家具懸賞図案募集。6月、オモチャ会 第1回子供会開催。8月、写真器械・付属品の販売開始。9月、児童用品研究会がドレスデン市万国衛生博覧会の名誉賞状受賞。10月、少年音楽隊が日比谷公園音楽堂で管弦楽を演奏、日英独露など13ヵ国が中華民国政府を承認。

1914（大正3）年　1月、『文芸の三越』発行。3月、東京大正博覧会に出品。4月、大阪で第6回児童博覧会、会員頒布の「日用食器会」が発足。7月、第一次世界大戦が始まる。8月、ドイツに宣戦布告。9月、本店新館工事竣工。10月、ルネッサンス式鉄筋5階建ての本店新館が開店する、入口にライオン像、建築物では初のエスカレーター設置。会員頒布の「みつこしコドモ用品会」発足、ドイツ領南洋諸島を占領。11月、日本軍が青島占領。12月、第1回三越絵画展覧会。

デパート誕生に協力した流行会の主な文化人

※三越の内部関係者は除いている。

●饗庭篁村（あえば・こうそん） 1855～1922。小説家・劇評家。明治20年前後の文壇で活躍した、根岸派の中心人物。『読売新聞』『東京朝日新聞』の記者を勤めている。小説紀行文集に『むら竹』（1889～90、春陽堂）など。

●石橋思案（いしばし・しあん） 1867～1927。小説家。1885年に尾崎紅葉・山田美妙らと硯友社を起こした。『読売新聞』の記者を経て、博文館に入社し、『文芸倶楽部』の編集を行っている。『京かのこ』（1890、昌盛堂）が代表作。

●井上剣花坊（いのうえ・けんかぼう） 1870～1934。川柳作家。『日本新聞』に川柳欄を設けて、『川柳』を発行するなど、川柳革新運動を推し進めた。『新川柳六千句』（1917、南北社）や『川柳を作る人に』（1919、南北社）など。

●伊原青々園（いはら・せいせいえん） 1870～1941。演劇評論家・劇作家。『二六新報』や『都新聞』で劇評を担当した他、『歌舞伎』を創刊して歌舞伎界に寄与している。代表作に『日本演劇史』（1904、早稲田大学出版部）など。

●巌谷小波（いわや・さざなみ） 1870～1933。児童文学者。博文館の『少年世界』や『少女世界』の主筆を務めた。『世界お伽噺』100編や『日本昔噺』24編などをまとめている。1900年から2年間、ベルリン大学東洋語学校講師として赴任。

●内田魯庵（うちだ・ろあん） 1868～1929。評論家・翻訳家。ドストエフスキーやトルストイ、ポーやゾラの翻訳を行っている。丸善では『学の燈』の編集に携わった。文壇回想録として『思ひ出す人々』（1925、春秋社）がある。

●角田浩々歌客（かくだ・こうこうかきゃく） 1869～1916。新聞記者・評論家。『大阪朝日新聞』『大阪毎日新聞』の記者として活躍する。後に東京日日新聞社学芸部長を務めた。『詩国小観』（1900、金尾文淵堂）などの著作がある。

●久保田米斎（くぼた・べいさい） 1874～1937。日本画家・舞台装置家。アメリカやフランスに長く滞在した。松竹では舞台装置を担当。幅広い分野での造詣の深さが有名。編著に『江戸浮世絵大鑑』上中下（1916、風俗絵巻図画刊行会）など。

●黒田清輝（くろだ・せいき） 1866～1924。洋画家。1884年から9年間パリに留学し、帰国後に東京美術学校西洋画科教授となる。後に帝国美術院院長。集大成の本とし

て、和田英作編『黒田清輝作品全集』（1925、審美書院）がある。

●幸田露伴（こうだ・ろはん） 1867〜1947。小説家。1890年前後の短編「風流仏」や中編「五重塔」などで知られる。次第に評論や校訂の仕事に移っていき、1906年以降は『新群書類従』（国書刊行会）を編纂している。

●斎藤隆三（さいとう・りゅうぞう） 1875〜1961。美術史家。三井家の歴史や事業について該博な知識を有していた。1914年に日本美術院を再興。代表作に『元禄世相志』（1905、博文館）や『新美術史』（1917、春陽堂）など。

●佐々醒雪（さっさ・せいせつ） 1872〜1917。国文学者。学生時代に筑波会を組織して、俳人として知られる。東京高等師範学校の教授として、俳諧を中心に研究を進めた。『連俳小史』（1897、大日本図書）などの仕事を残している。

●菅原教造（すがわら・きょうぞう） 1881〜1967。心理学者・美学者。1909年に心理学通俗講話会を設立。東京女子高等師範学校教授として、家事生活や衣服心理について研究した。代表作に『服装文化論』（1964、文化服装学院出版局）など。

●高島平三郎（たかしま・へいざぶろう） 1865〜1946。心理学者・教育者。小学校教員からスタートし、日本女子大学校教授を経て、東洋大学学長を務めた。『女子新教育学』（1905、啓成社）など、教育・児童・心理・体育関係の著書が多い。

●田村三治（たむら・さんじ） 1873〜1939。新聞記者。中央新聞社に入社して主筆を務めている。国木田独歩と親交があった。号の田村江東名の著書に『活動せる実業界之婦人』（1908、博文館）がある。

●遅塚麗水（ちづか・れいすい） 1867〜1942。小説家。郵便報知新聞社や都新聞社に在職しながら、作品を書き続けた。日清戦争の従軍記録に『陣中日記』（1894、春陽堂）がある。紀行文『日本名勝記』上下（1898、春陽堂）で知られる。

●塚原渋柿園（つかはら・じゅうしえん） 1848〜1917。小説家。横浜毎日新聞社を経て東京日日新聞社に入社。歴史小説に優れ、『天草一揆』前編後編（1907、今古堂）や『由井正雪』（1907、左久良書房）などを残した。

●塚本 靖（つかもと・やすし） 1869〜1937。建築家。東京帝国大学工学部部長を務める。専門は西洋建築史で1899年から3年間ヨーロッパに滞在。工芸品などにも幅広い知識を持ち、『天目茶碗考』（1935、学芸書院）などを執筆した。

●坪井正五郎（つぼい・しょうごろう） 1863〜1913。人類学者。1889年から3年間イギリスに留学。東京帝国大学理科大学教授を務めたが、ロシアのサンクトペテルブルクで客死する。著書に『人類学叢話』（1907、博文館）など。

●中内蝶二（なかうち・ちょうじ） 1875〜1937。小説家・劇作家。博文館や国民新聞社などに勤め、新派の脚本などを執筆した。長唄の作詞でも知られ、共編著に『日本音曲全集』全15巻（1927〜28、日本音曲全集刊行会）がある。

●新渡戸稲造（にとべ・いなぞう） 1862〜1933。農政学者・教育者。アメリカやドイツで農業経済学などを研究。台湾総督府技師・東京帝国大学教授・東京女子大学学長などを歴任。『武士道』（1900、裳華房）はアメリカでも出版された。

●松居松翁（まつい・しょうおう） 1870〜1933。号は松葉。劇作家・舞台監督。欧米の演劇界の視察体験を生かして、明治座・帝国劇場・松竹などで活躍した。『松葉傑作集』（1918、南人社）や『劇壇今昔』（1926、中央美術社）などの著作がある。

●森 鷗外（もり・おうがい） 1862〜1922。小説家・翻訳家。陸軍軍医だった1884年から5年間、ドイツに留学して衛生学・哲学・美学などを研究する。演劇改良運動にも力を尽くした。翻訳長篇小説『即興詩人』上下（1902、春陽堂）など著書多数。

人名索引

ア行

カ行

サ行

タ行

ナ行

ハ行

マ行

ヤ行

ラ行

ワ行

和田博文 わだ・ひろふみ

一九五四年生まれ。東京女子大学日本文学専攻教授・比較文化研究所長・丸山眞男記念比較思想研究センター長。ロンドン大学SOAS、パリ第7大学、復旦大学大学院の客員研究員や客員教授を務める。著書に『シベリア鉄道紀行史――アジアとヨーロッパを結ぶ旅』（筑摩選書、交通図書賞）、『資生堂という文化装置1872-1945』『海の上の世界地図――欧州航路紀行史』（以上、岩波書店、台湾と中国で中国語繁体字訳・簡体字訳）、『飛行の夢1783-1945』（藤原書店）など。『猫の文学館』ⅠⅡ『月の文学館』『星の文学館』（以上、ちくま文庫）など編著多数。監修に、『コレクション・日本シュールレアリスム』全一五巻（本の友社）、『コレクション・モダン都市文化』全一〇〇巻（ゆまに書房）、『ライブラリー・日本人のフランス体験』全二一巻（柏書房）など。

協力――株式会社三越伊勢丹ホールディングス

筑摩選書 0183

三越《みつこし》 誕生《たんじょう》！ 帝国《ていこく》のデパートと近代化《きんだいか》の夢《ゆめ》

二〇二〇年一月一五日 初版第一刷発行

著者 和田《わだ》博文《ひろふみ》

発行者 喜入冬子

発行 株式会社筑摩書房
東京都台東区蔵前二-五-三 郵便番号 一一一-八七五五
電話番号 〇三-五六八七-二六〇一（代表）

装幀者 神田昇和

印刷製本 中央精版印刷株式会社

 ISBN978-4-480-01688-1 C0363

筑摩選書
0171

「抗日」中国の起源
五四運動と日本

武藤秀太郎

建国の源泉に「抗日」をもつ中国。この心性は五四運動を起点とするが、当初は単なる排外主義ではなかった――。新史料をもとに、中国のジレンマを読み解く。

筑摩選書
0172

内村鑑三
その聖書読解と危機の時代

関根清三

戦争と震災。この二つの危機に対し、内村鑑三はどのように立ち向かったのか。聖書学の視点から、その聖書読解と現実との関わり、現代的射程を問う、碩学畢生の書。

筑摩選書
0173

掃除で心は磨けるのか
いま、学校で起きている奇妙なこと

杉原里美

素手トイレ掃除、「道徳」教育など、教育現場では奇妙なことが起きている。朝日新聞記者が政治家から教師、父母まで徹底取材。公教育の今を浮き彫りにする！

筑摩選書
0174

台湾物語
「麗しの島」の過去・現在・未来

新井一二三

ガイドブックよりも深く知りたい人のために！　台湾でも活躍する作家が、歴史、ことば、民俗、建築、映画、そして台北、台中、台南などの街と人々の物語を語る。

筑摩選書
0175

林彪事件と習近平
中国の権力闘争、その深層

古谷浩一

世界を驚かせた林彪事件。毛沢東暗殺計画の発覚後、林彪は亡命を図るが、搭乗機は墜落。その真相に迫る。習近平の強権政治の深層をも浮かび上がらせた渾身作！